JN060400

反|復|式

簿記問題集

全商 **2** 級

実教出版

■ 本書の特色と内容

特　色

① 各種の簿記教科書を分析し，どの教科書とも併用できるよう配列を工夫しました。

② 全商簿記実務検定試験の出題範囲・傾向を分析し，各項目の中に，的確なまとめと問題を収録しました。

③ 各項目に収録した問題は，教科書の例題レベルの反復問題により無理なく検定レベルの問題に進めるようにしました。また，既習事項を復習するための総合問題を，適宜設けました。

④ 第1編取引の記帳（Ⅰ）と第2編会計帳簿と帳簿組織については，反復式簿記問題集全商3級で一部学習済みですが，主たる出題範囲は全商簿記実務検定試験2級になりますので，復習を兼ねて内容を充実しました。

内　容

● **学習の要点**…………各項目の学習事項を要約し，内容が的確につかめるようにしました。また，適宜，例題を用いることによって，取引の流れの中でスムーズに理解できるようにしました。とくに仕訳の例題では，基本的な仕訳パターンを示し，覚えるべきポイントが明確になるよう工夫しました。

● **問　　題**…………学習の要点で学習した内容から，検定出題レベルの問題につなげるための問題を反復して出題しました。

● **検 定 問 題**…………全商簿記実務検定試験の過去の出題問題を，各項目ごとに分類し，出題しました。

● **総 合 問 題**…………ある程度の項目の学習が終わった後，既習事項を総合して学習できるようにしてあります。

● **全商検定試験**…………全商簿記実務検定試験の出題傾向を分析して，全範囲から作問した，程度・内容が同じ問題を多数出題しました。
  出題形式別問題

◇ **解答編**…………別冊。解答にいたる過程の説明や注意事項を詳しく示しました。

も　く　じ

1 現金過不足

◀ **1** ▶ **現金過不足とは**……………………………………………………………………………………
　　現金の実際有高が**帳簿残高**よりも少なかったり，逆に多かったりする場合がある。このように，実際有高と帳簿残高とのくいちがいが生じた場合，これを**現金過不足**❶という。

◀ **2** ▶ **現金過不足に関する基本仕訳**………………………………………………………………
　　現金過不足に関する取引については，**現金過不足勘定**を用いて仕訳する。
　(1)　実際有高＜帳簿残高の場合（現金不足のとき）

例1 **現金不足が発生し** ①　現金の実際有高を調べたところ，帳簿残高より¥1,000不足していた。

　　たとき
　　　　　　　　（借）現金過不足　1,000　　（貸）現　　　金　1,000

例2 **現金不足の原因が** ②　不足額のうち¥700は，交通費の記入もれであることがわかった。
　　判明したとき　　　　（借）交　通　費　700　　（貸）現金過不足　　700

例3 **決算になっても現** ③　決算にあたり，現金過不足勘定の借方残高¥300を整理した。
　　金不足の原因が判　　（借）雑　　　損　300　　（貸）現金過不足　　300
　　明しないとき

　(2)　実際有高＞帳簿残高の場合（現金過剰のとき）

例4 **現金過剰が発生し** ④　現金の実際有高を調べたところ，帳簿残高より¥800多かった。
　　たとき　　　　　　　（借）現　　　金　800　　（貸）現金過不足　　800

例5 **現金過剰の原因が** ⑤　過剰額のうち¥600は，受取利息の記入もれであることが判明した。
　　判明したとき　　　　　た。
　　　　　　　　（借）現金過不足　600　　（貸）受取利息　　600

例6 **決算になっても現** ⑥　決算にあたり，現金過不足勘定の貸方残高¥200を整理した。
　　金過剰の原因が判　　（借）現金過不足　200　　（貸）雑　　　益　200
　　明しないとき

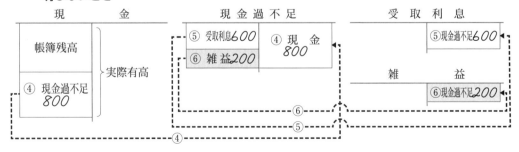

❶cash over and short

1 1 次の一連の取引の仕訳を示しなさい。

7月 7日 現金の実際有高と帳簿残高を照合したところ，実際有高は¥40,000で，帳簿残高¥42,000より¥2,000不足していた。

9日 調査の結果，不足額のうち¥1,700は，交通費の記入もれであることがわかった。

12月31日 決算にあたり，現金過不足勘定の借方残高¥300を整理した。

	借　　　　　　方	貸　　　　　　方
7/7		
9		
12/31		

1 2 次の一連の取引の仕訳を示しなさい。

10月 9日 現金の実際有高と帳簿残高を照合したところ，実際有高は¥90,000で，帳簿残高¥89,000より¥1,000多かった。

12日 調査の結果，過剰額のうち¥400は，受取利息の記入もれであることがわかった。

12月31日 決算にあたり，現金過不足勘定の貸方残高¥600を整理した。

	借　　　　　　方	貸　　　　　　方
10/9		
12		
12/31		

1 3 次の取引の仕訳を示しなさい。

決算にあたり，現金過不足勘定の借方残高¥3,000を雑損勘定に振り替えた。

借　　　　　方	貸　　　　　方

検定問題

1 4 次の取引の仕訳を示しなさい。

(1) 現金の実際有高を調べたところ，実際有高は¥30,000で帳簿残高¥26,000より¥4,000多かった。よって，帳簿残高を修正して，その原因を調査することにした。 第92回

(2) 現金の実際有高を調べたところ¥125,000であり，帳簿残高¥129,000と不一致であった。よって，帳簿残高を修正してその原因を調査することにした。 第75回

	借　　　　　　方	貸　　　　　　方
(1)		
(2)		

2 当座借越

学 習 の 要 点

1 当座借越とは……………………………………………………………………

当座預金残高をこえて小切手が振り出された場合，銀行は，その小切手の支払いを拒絶することがある。これを**不渡り**という。しかし，銀行とあらかじめ当座借越契約を結んでおけば，借越限度額まで預金残高をこえて小切手を振り出すことができる。預金残高をこえた金額は銀行からの借り入れであり，このような借り入れの方法を**当座借越**❶という。

2 当座借越に関する基本仕訳………………………………………………………

決算日に当座預金勘定が貸方残高の場合は当座借越の状態にあるので，次の仕訳によって，当座預金の貸方残高を**当座借越勘定**（負債）に振り替える。

例1 当座預金残高をこえて小切手を振り出したとき　12/10　上尾商店に対する買掛金の支払いとして，小切手#5 ¥150,000を振り出した。なお，当店の当座預金残高は¥100,000であり，銀行とは¥200,000を借越限度額とする当座借越契約をむすんでいる。

（借）買 掛 金　150,000　（貸）当座預金　150,000

例2 決算日に当座預金勘定が貸方残高のとき　12/31　決算にあたり，当座預金勘定の貸方残高¥50,000を当座借越勘定に振り替えた。

（借）当座預金　50,000　（貸）当座借越　50,000

```
          当 座 預 金                              当 座 借 越
前期繰越 100,000 │ 12/10買掛金 150,000              │ 12/31当座預金 50,000
12/31当座借越 50,000 │              }残高¥50,000
```

2-1 次の一連の取引の仕訳を示しなさい。ただし，商品に関する勘定は3分法によること。

6月 1日　関東銀行所沢支店と当座取引を開始し，現金¥150,000を預け入れた。なお，取引開始と同時に，¥100,000を借越限度額とする当座借越契約を結んだ。

4日　和光商店から商品¥180,000を仕入れ，代金は小切手#1 ¥180,000を振り出して支払った。

11日　川口商店に対する売掛金¥60,000を同店振り出しの小切手で受け取り，ただちに当座預金に預け入れた。

	借　　　方	貸　　　方
6/1		
4		
11		

❶bank overdraft

2-2 次の一連の取引の仕訳を示しなさい。

/2月/8日　船橋商店に対する買掛金の支払いとして，小切手#5　¥280,000を振り出した。なお，当店の当座預金残高は¥200,000（借方残高）であり，銀行とは¥500,000を借越限度額とする当座借越契約を結んでいる。

20日　市川商店に対する売掛金¥50,000を同店振り出しの小切手で受け取り，ただちに当座預金に預け入れた。

3/日　決算にあたり，当座預金勘定の貸方残高¥30,000を当座借越勘定に振り替えた。

	借　　　　　方	貸　　　　　方
12/18		
20		
31		

2-3 次の取引の仕訳を示しなさい。

(1) 京都商店に対する買掛金の一部について，次の小切手#8を振り出して支払った。ただし，当座預金勘定の残高は¥500,000であり，限度額を¥300,000とする当座借越契約を結んでいる。 第85回改題

```
HA0008                  小　切　手              大 阪 2701
支払地　大阪府大阪市西淀川区野里3-3-15              0914－027

株式
会社 全商銀行大阪支店

金　額    ¥620,000※

（大阪）
上記の金額をこの小切手と引き替えに       大阪府大阪市天王寺区鳥ヶ辻2-9-26
持参人へお支払いください                         大 阪 商 店

令 和 ○ 年 1 月 22 日
振出地　大阪府大阪市          振出人　大 阪 花 絵   （大阪）
```

(2) 新潟商店に対する買掛金¥/40,000を小切手を振り出して支払った。ただし，当座預金勘定の残高は¥40,000であり，限度額を¥600,000とする当座借越契約を結んでいる。 第84回

(3) 鳥取商店から売掛金¥390,000を同店振り出しの小切手で受け取り，ただちに当座預金に預け入れた。ただし，当座預金勘定の残高は¥240,000（貸方）である。 第86回改題

	借　　　　　方	貸　　　　　方
(1)		
(2)		
(3)		

3 受取手形・支払手形

学習の要点

1 手形の種類············

　商品代金の受け払いの方法としては，これまで学習してきた現金・小切手のほかに手形を用いる方法がある。手形には法律上，**約束手形❶**と**為替手形❷**の2種類がある。本書では，約束手形について学習する。

2 手形に関する取引············

　商品代金の受け払いの方法として手形を用いた場合，手形代金を受け取る権利（**手形債権**）と手形代金を支払う義務（**手形債務**）が発生する。手形債権については**受取手形勘定❸**（資産）を，手形債務については**支払手形勘定❹**（負債）を，それぞれ用いて仕訳する。

受 取 手 形		支 払 手 形	
手形債権の発生	**手形債権の消滅**	**手形債務の消滅**	**手形債務の発生**
●約束手形の 　受け取り	●手形金額の入金 ●手形の裏書譲渡※ ●手形の割引※	●手形金額の支払い	●約束手形の 　振り出し

※手形の裏書譲渡・割引は特殊な手形の取引（p.52）で学習する。

3 約束手形に関する取引············

　約束手形は，振出人が名あて人（受取人）に対して，一定の期日に手形金額を支払うことを約束した証券である。

名 あ て 人（受取人）	商 品	振 出 人（支払人）
手形金額を受け取る 権利が発生する	約束手形	手形金額を支払う 義務が発生する

(1) 約束手形の受取人の基本仕訳

　　約束手形の受取人は，手形の受け取りにより手形債権が発生し，手形金額の入金により手形債権が消滅する。

例1 商品を売り渡し，代金として約束手形を受け取ったとき
5/23　福岡商店へ商品¥150,000を売り渡し，代金は同店振り出しの約束手形#5で受け取った。
　　（借）受取手形　150,000　（貸）売　　上　150,000

例2 手形金額が入金されたとき
7/11　福岡商店振り出し，当店あての約束手形#5¥150,000が，期日に当座預金に入金されたむねの通知を受けた。
　　（借）当座預金　150,000　（貸）受取手形　150,000

(2) 約束手形の振出人の基本仕訳

　　約束手形の振出人は，手形の振り出しにより手形債務が発生し，手形金額の支払いにより手形債務が消滅する。

例3 商品を仕入れ，代金として約束手形を振り出したとき
5/23　札幌商店から商品¥150,000を仕入れ，代金は約束手形#5を振り出して支払った。
　　（借）仕　　入　150,000　（貸）支払手形　150,000

例4 手形金額を支払ったとき
7/11　さきに札幌商店へ振り出していた約束手形#5¥150,000が本日満期となり，当座預金から支払われた。
　　（借）支払手形　150,000　（貸）当座預金　150,000

---

❶promissory note　　❷bill of exchange　　❸notes receivable account　　❹notes payable account

3-1 次の取引の仕訳を示しなさい。ただし，商品に関する勘定は3分法によること。
(1) 和歌山商店へ商品¥300,000を売り渡し，代金は同店振り出しの約束手形で受け取った。
(2) 取引銀行へ取り立てを依頼していた和歌山商店振り出しの約束手形¥300,000が，期日に当座預金に入金されたむねの通知を受けた。
(3) 有田商店から商品¥260,000を仕入れ，代金は約束手形を振り出して支払った。
(4) 有田商店に振り出していた約束手形¥260,000が，本日満期となり，当座預金から支払われた。

	借　　　　　　　方	貸　　　　　　　方
(1)		
(2)		
(3)		
(4)		

3-2 次の取引の仕訳を示しなさい。
(1) 奈良商店から売掛金¥380,000の回収として，同店振り出しの約束手形を受け取った。
(2) 天理商店に対する買掛金¥190,000の支払いのため，約束手形を振り出して同店に渡した。
(3) かねて，商品の売上代金として受け取っていた五條商店振り出しの約束手形¥460,000が，本日満期となり，当座預金に入金されたむねの通知を受けた。

	借　　　　　　　方	貸　　　　　　　方
(1)		
(2)		
(3)		

検定問題

3-3 次の取引の仕訳を示しなさい。
(1) 山口商店に対する売掛金の一部を，同店振り出しの約束手形#4　¥200,000で受け取った。
〔第88回改題〕
(2) 新宿商店あてに振り出していた約束手形¥190,000が，本日，支払期日となり当座預金口座から支払われたとの連絡を取引銀行から受けた。
〔第86回改題〕

	借　　　　　　　方	貸　　　　　　　方
(1)		
(2)		

4　手形貸付金・手形借入金・受取商品券

1　手形貸付金・手形借入金に関する基本仕訳……………………………………………
　借用証書のかわりに約束手形を使って金銭の貸借を行った場合の債権は**手形貸付金勘定（資産）**を用いて仕訳し，債務は**手形借入金勘定（負債）**を用いて仕訳する。

例1　約束手形によって金 　6/5　京都商店は，鎌倉商店に現金¥120,000を貸し付け，同店
銭の貸し付けや借り 　　　　振り出しの約束手形¥120,000を受け取った。
入れを行ったとき 　　〔京都商店〕（借）手形貸付金 120,000　（貸）現　金 120,000
　　　　　　　　　　　　〔鎌倉商店〕（借）現　金 120,000　（貸）手形借入金 120,000

例2　返済を受けたとき 　7/15　京都商店は，鎌倉商店から手形貸付金¥120,000の返済
　　　　　　　　　　　　　を受け，利息¥3,000とともに現金で受け取った。
　　〔京都商店〕（借）現　金 123,000　（貸）手形貸付金 120,000
　　　　　　　　　　　　　　　　　　　　　　受取利息　 3,000
　　〔鎌倉商店〕（借）手形借入金 120,000　（貸）現　金 123,000
　　　　　　　　　　　　支払利息　 3,000

2　受取商品券に関する基本仕訳……………………………………………………………
　商品券は，デパートなどが現金と引き換えに発行するもので，その商品券を代金として受け取ったときは**受取商品券勘定（資産）**を用いて仕訳する。

4-1　次の取引について，それぞれの商店の仕訳を示しなさい。
(1)　島根商店は，岡山商店に現金¥510,000を貸し付け，同店振り出しの約束手形¥510,000を受け取った。
(2)　島根商店は，岡山商店から手形貸付金¥510,000の返済を受け，利息¥6,000とともに現金で受け取った。

		借　　　　方	貸　　　　方
(1)	島根商店		
	岡山商店		
(2)	島根商店		
	岡山商店		

4-2　次の一連の取引の仕訳を示しなさい。ただし，商品に関する勘定は3分法によること。
(1)　商品¥240,000を売り渡し，代金として他店発行の商品券¥200,000と現金¥40,000を受け取った。
(2)　上記の商品券¥200,000を発行元へ引き渡し，現金を受け取った。

	借　　　　方	貸　　　　方
(1)		
(2)		

5 資本の引き出し

1 **引出金勘定を用いた仕訳**・・・

　資本の引き出しが行われたとき，資本金勘定を用いずに**引出金勘定**を用いて仕訳する方法がある。引出金勘定の残高は，期末に資本金勘定に振り替える。これを引出金の整理という。

（注）引出金勘定のように，ある勘定の残高から差し引いて，その勘定の金額を修正する役割をもった勘定を**評価勘定**という。

例1	店の現金を引き出したとき	7/10	事業主が私用のため現金¥500,000を引き出した。

　　　　　　　　　　　　　　（借）引 出 金　500,000　（貸）現　　金　500,000

例2	期末に引出金勘定の残高を資本金勘定に振り替えたとき	12/31	決算にあたり，引出金勘定残高¥500,000を資本金勘定に振り替えた。

　　　　　　　　　　　　　　（借）資 本 金　500,000　（貸）引 出 金　500,000

引　出　金	資　本　金
7/10 現　　金 500,000 ┃ 12/31 資 本 金 500,000	･･▶ 12/31 引 出 金 500,000 ┃

2 **所得税と住民税に関する基本仕訳**・・

　所得税は，1/1～12/31までの1年間の経営活動によって生じた純利益をもとに計算した事業主の所得に対して課せられる税金である。また，住民税は都道府県・市町村に住所をもつ個人などに課せられる税金である。これらは，引出金勘定または資本金勘定を用いて仕訳する。

例3	所得税を予定納付したとき	7/15	本年度の所得税予定納税額の第1期分¥80,000を店の現金で納付した。

　　　　　　　　　　　　　　（借）引 出 金　80,000　（貸）現　　金　80,000
　　　　　　　　　　　　　　　　　（資 本 金）

例4	確定申告・納付したとき	3/5	確定申告を行い，本年度の所得税額¥250,000のうち，さきに支払った予定納税額¥160,000を差し引き，残額¥90,000を店の現金で納付した。

　　　　　　　　　　　　　　（借）引 出 金　90,000　（貸）現　　金　90,000
　　　　　　　　　　　　　　　　　（資 本 金）

例5	住民税を納付したとき	6/30	住民税の第1期分¥40,000を，店の現金で納付した。

　　　　　　　　　　　　　　（借）引 出 金　40,000　（貸）現　　金　40,000
　　　　　　　　　　　　　　　　　（資 本 金）

5-1 次の一連の取引の仕訳を示し，引出金勘定および資本金勘定に転記して締め切りなさい。ただし，商品に関する勘定は3分法によること。

　　12月 3日　店主が現金¥600,000を追加元入れした。

　　　　15日　店主が私用のため現金¥130,000を引き出した。

　　　　20日　店主が原価¥80,000の商品を私用のため消費した。

　　 3月 1日　決算にあたり，引出金勘定残高¥300,000を資本金勘定に振り替えた。

　　　〃 日　当期純利益¥360,000を計上した。

	借　　　方	貸　　　方
12/3		
15		
20		
31		
〃		

引　　出　　金	資　　本　　金
90,000	1/1　前期繰越　1,500,000

5-2 次の一連の取引の仕訳を示しなさい。ただし，引出金勘定を設けている。

　　　7月28日　本年度の所得税の予定納税額（第1期分）¥320,000を店の現金で納付した。
　　　11月20日　本年度の所得税の予定納税額（第2期分）¥320,000を店の現金で納付した。
　翌年　3月15日　確定申告を行い，本年度の所得税額¥1,000,000のうち，さきに支払った予定
　　　　　　　納税額¥640,000を差し引き，残額¥360,000を店の現金で納付した。

	借　　　方	貸　　　方
7/28		
11/20		
翌年 3/15		

5-3 次の取引の仕訳を示しなさい。ただし，引出金勘定を設けている。

(1) 確定申告を行い，本年度の所得税額¥520,000のうち，さきに支払った予定納税額
　　¥368,000を差し引き，残額¥152,000を店の現金で納付した。
(2) 住民税の第1期分¥78,000を店の現金で納付した。

	借　　　方	貸　　　方
(1)		
(2)		

検定問題

5-4 次の取引の仕訳を示しなさい。

(1) 事業主が私用のため，店の現金¥20,000を引き出した。　　　　　　　第83回
(2) 事業主が所得税の予定納税額の第1期分¥34,000を，店の現金で納付した。　第86回
(3) 決算にあたり，引出金勘定の残高¥80,000を整理した。　　　　　　　第81回改題

	借　　　方	貸　　　方
(1)		
(2)		
(3)		

6 個人企業の税金

学習の要点

1 個人企業の税金

個人企業に課せられる税金には，事業税・固定資産税・印紙税などがあり，**租税公課勘定**（費用）で処理する。

2 事業税・固定資産税・印紙税に関する基本仕訳

(1) 事業税は，事業を営んで利益をあげた個人企業に課せられる税金である。

例1 事業税を納付したとき　　　事業税の第/期分¥30,000を現金で納付した。

(借) 租税公課　　30,000　(貸) 現　金　　30,000
　　(事業税)

(2) 固定資産税は，土地・建物などの固定資産の所有者に課せられる税金である。

例2 固定資産税を納付したとき　　固定資産税の第/期分¥15,000を現金で納付した。

(借) 租税公課　　15,000　(貸) 現　金　　15,000
　　(固定資産税)

(3) 印紙税は，領収証や売買契約書などを発行するときや，手形などを振り出すときなどに課せられる税金である。

例3 収入印紙を購入したとき　　　郵便局で，収入印紙¥7,000を現金で購入した。

(借) 租税公課　　7,000　(貸) 現　金　　7,000
　　(印紙税)

3 消費税に関する基本仕訳

消費税は，商品の販売やサービスの提供に対して課せられる税金である。商品を仕入れたときは**仮払消費税勘定**（資産），売り渡したときは**仮受消費税勘定**（負債），また，期末に企業が納付すべき額があるときは**未払消費税勘定**（負債）を用いて仕訳する。

例4 商品を仕入れて，消費税とともに代金を現金で支払ったとき
① 商品¥88,000（消費税¥8,000を含む）を仕入れ，代金は現金で支払った。

(借) 仕　入　　80,000　(貸) 現　金　　88,000
　　仮払消費税　8,000

例5 商品を売り渡して，消費税とともに代金を現金で受け取ったとき
② 商品¥132,000（消費税¥12,000を含む）を売り渡し，代金は現金で受け取った。

(借) 現　金　132,000　(貸) 売　上　120,000
　　　　　　　　　　　　　　仮受消費税　12,000

例6 期末に，納付すべき消費税額を計上したとき
③ 期末に納付する消費税額を計上した。

(借) 仮受消費税　12,000　(貸) 仮払消費税　8,000
　　　　　　　　　　　　　　　　未払消費税　4,000

仮　払　消　費　税			
①	8,000	③	8,000

仮　受　消　費　税			
③	12,000	②	12,000

未　払　消　費　税			
		③	4,000

6-1 次の取引の仕訳を示しなさい。
  (1) 事業税の第/期分¥80,000を現金で納付した。
  (2) 固定資産税の第/期分¥70,000を現金で納付した。
  (3) 郵便局で，収入印紙¥/2,000を現金で購入した。

	借　　　　方	貸　　　　方
(1)		
(2)		
(3)		

6-2 次の消費税に関する一連の取引の仕訳を示しなさい。ただし，商品に関する勘定は3分法によること。

　　　2月/6日　新潟商店から商品¥528,000（消費税¥48,000を含む）を仕入れ，代金は約束手形を振り出して支払った。
　　　5月23日　福井商店に商品¥924,000（消費税¥84,000を含む）を売り渡し，代金は掛けとした。
　　/0月/8日　石川商店から商品¥660,000（消費税¥60,000を含む）を仕入れ，代金は掛けとした。
　　//月　9日　富山商店に商品¥792,000（消費税¥72,000を含む）を売り渡し，代金は同店振り出しの小切手で受け取った。
　　/2月3/日　期末に納付する消費税額¥48,000を計上した。
　翌年　3月20日　前期末に計上した消費税額¥48,000を現金で納付した。

	借　　　　方	貸　　　　方
2/16		
5/23		
10/18		
11/ 9		
12/31		
翌年 3/20		

6-3 次の取引の仕訳を示しなさい。ただし，商品に関する勘定は3分法によること。

(1) 事業税の第*1*期分¥*75,000*を現金で納付した。

(2) 収入印紙¥*3,000*を現金で購入した。

(3) 石川商店から商品¥*209,000*（消費税¥*19,000*を含む）を仕入れ，代金のうち¥*150,000*は小切手を振り出して支払い，残額は掛けとした。

(4) 固定資産税の第*1*期分¥*500,000*を現金で納付した。ただし，このうち*70%*は店の負担分であり，*30%*は家計の負担分である。

(5) 広島商店に商品¥*594,000*（消費税¥*54,000*を含む）を売り渡し，代金のうち¥*400,000*は同店振り出しの小切手で受け取り，残額は掛けとした。

(6) 大分郵便局で，郵便切手¥*33,000*と収入印紙¥*21,000*を買い入れ，代金は現金で支払った。

	借 方	貸 方
(1)		
(2)		
(3)		
(4)		
(5)		
(6)		

検定問題

6-4 次の取引の仕訳を示しなさい。ただし，商品に関する勘定は3分法によること。

(1) 奈良商店から商品¥*200,000*を仕入れ，代金はその消費税¥*20,000*とともに掛けとした。ただし，商品を仕入れたときの消費税は，仮払消費税勘定で処理する。 第81回改題

(2) 収入印紙¥*6,000*を購入し，代金は現金で支払った。 第90回

	借 方	貸 方
(1)		
(2)		

総合問題 1

1-1 次の取引の仕訳を示しなさい。ただし，商品に関する勘定は3分法によること。

(1) 現金の実際有高を調査したところ，実際有高が帳簿残高より¥4,500少なかったので，帳簿残高を修正して原因を調査することとした。

(2) かねて，現金の実際有高を調べたところ¥33,000であり，帳簿残高は¥29,000であったので，帳簿残高を修正して原因を調査していたが，受取手数料¥6,000と消耗品費¥2,000の記入もれがあることが判明した。

(3) 決算にあたり，現金過不足勘定の借方残高¥900を整理した。

(4) 備品¥210,000を購入し，代金は小切手を振り出して支払った。なお，当店の当座預金残高は¥150,000であり，銀行とは¥400,000を限度額とする当座借越契約を結んでいる。

(5) 決算にあたり，当座預金勘定の貸方残高¥120,000を当座借越勘定に振り替えた。

(6) 北杜商店に商品¥680,000を売り渡し，代金のうち¥200,000は同店振り出しの小切手で受け取り，残額は同店振り出しの約束手形を受け取った。

(7) 仙台商店に対する買掛金¥180,000について，約束手形を振り出して支払った。

(8) かねて売掛金の回収として受け取っていた，郡山商店振り出しの約束手形¥410,000が，本日満期となり，当座預金に入金されたむねの通知を受けた。

(9) 水戸商店は，日立商店に現金¥550,000を貸し付け，同店振り出しの約束手形¥550,000を受け取った。

(10) 約束手形を振り出して，取引銀行から¥600,000を借り入れ，利息¥18,000を差し引かれた手取金を現金で受け取った。

	借　　　方	貸　　　方
(1)		
(2)		
(3)		
(4)		
(5)		
(6)		
(7)		
(8)		
(9)		
(10)		

1 2 次の取引の仕訳を示しなさい。ただし，商品に関する勘定は3分法によること。

(1) 店主が現金¥50,000と商品¥20,000を私用のため引き出した。

(2) 店主が所得税¥120,000の支払いにあたり，租税公課勘定で処理していたので訂正した。

(3) 固定資産税¥200,000を店の現金で納付した。ただし，このうち80％は店の負担分，残りは家計の負担分である。

(4) 決算にあたり，引出金勘定残高¥90,000を資本金勘定に振り替えた。

(5) 事業税の第1期分¥60,000を現金で納付した。

(6) 収入印紙¥6,000と郵便切手¥8,000を現金で購入した。

(7) 浜松商店から商品¥352,000（消費税¥32,000含む）を仕入れ，代金のうち¥200,000は約束手形を振り出して支払い，残額は掛けとした。

(8) 塩山商店に商品¥495,000（消費税¥45,000を含む）を売り渡し，代金は掛けとした。

(9) 期末に納付する消費税額を計上した。ただし，当期の仮受消費税合計額は¥610,000で，仮払消費税合計額は¥470,000であった。

(10) 確定申告を行い，店主の所得税¥350,000と未払消費税¥460,000を現金で納付した。

	借　　　方	貸　　　方
(1)		
(2)		
(3)		
(4)		
(5)		
(6)		
(7)		
(8)		
(9)		
(10)		

7　現金出納帳

学習の要点

1　現金出納帳

現金に関する取引の明細を記入する帳簿を**現金出納帳**[1]という。

取引先名・取引内容などの取引の明細を記入する

現 金 出 納 帳　　　　1

令○	和年	摘　　　　要	収　　入	支　　出	残　　高
1	1	前月繰越	10,000		10,000
	10	水戸商店から売掛金回収　現金受け取り	50,000		60,000
	14	鹿嶋商店に買掛金支払い　現金払い		40,000	20,000
	31	次月繰越		20,000	
			60,000	60,000	
2	1	前月繰越	20,000		20,000

繰越記入は最終残高を記入する

現金勘定の残高と一致

7▶1　次の一連の取引を現金出納帳に記入し，締め切りなさい。

/月　6日　奈良商店から売掛金￥300,000を現金で受け取った。

　　/3日　天理商店に対する買掛金￥470,000を現金で支払った。

　　28日　今月分の家賃￥32,000を現金で支払った。

現 金 出 納 帳　　　　1

令○	和年	摘　　　　要	収　　入	支　　出	残　　高
1	1	前月繰越	280,000		280,000

7▶2　次の一連の取引を現金出納帳に記入し，締め切りなさい。

/月　8日　大津商店から商品￥180,000を仕入れ，代金は現金で支払った。

　　/2日　草津商店から売掛金の一部￥360,000を同店振り出しの小切手で受け取った。

　　/6日　文房具や帳簿類を購入し，代金￥4,800は現金で支払った。

　　20日　草津商店から/2日に受け取った小切手を銀行で当座預金に預け入れた。

　　27日　彦根商店に商品￥240,000を売り渡し，代金は現金で受け取った。

[1] cash book

現　金　出　納　帳　　　　　　1

令○	和年	摘　　　　要	収　　入	支　　出	残　　高
1	1	前月繰越	420,000		420,000

7 3 水戸商店の下記の取引について，
(1) 仕訳を示して，現金勘定に転記しなさい。ただし，商品に関する勘定は3分法によること。
(2) 現金出納帳に記入して，締め切りなさい。なお，開始記入も示すこと。
　/月/8日　土浦商店から商品¥50,000を仕入れ，代金は現金で支払った。
　　26日　日立商店に対する売掛金の一部¥300,000を同店振り出しの小切手で受け取った。

(1)

	借　　　　方	貸　　　　方
1/18		
26		

現　　　　金

1/ 1 前期繰越 460,000		

(2)　　　　　現　金　出　納　帳　　　　　　1

令○	和年	摘　　　　要	収　　入	支　　出	残　　高
1	1	前月繰越	460,000		460,000

8 当座預金出納帳

学習の要点

1 当座預金出納帳

当座預金の預け入れと引き出しの明細を記録する補助簿を**当座預金出納帳❶**という。

当座預金出納帳 1

令和〇年		摘　　　　要	預　入	引　出	借または貸	残　高
6	1	前月繰越	100,000		借	100,000
	10	上尾商店に買掛金支払い　小切手#5		150,000	貸	50,000
	14	川口商店から売掛金回収	120,000		借	70,000

預金残高があれば「借」，当座借越があれば「貸」と記入する

8-1 次の一連の取引を当座預金出納帳に記入し，締め切りなさい。ただし，開始記入も示すこと。

3月 7日　現金¥600,000を当座預金に預け入れた。

　11日　福井商店から商品¥370,000を仕入れ，代金は小切手#1を振り出して支払った。

　18日　勝山商店から売掛金の一部¥530,000を同店振り出しの小切手で受け取り，ただちに当座預金に預け入れた。

　21日　小浜商店に対する買掛金¥290,000を小切手#2を振り出して支払った。

当座預金出納帳 1

令和〇年		摘　　　　要	預　入	引　出	借または貸	残　高

8-2 次の一連の取引を当座預金出納帳に記入し，締め切りなさい。ただし，取引銀行と¥800,000を限度額とする当座借越契約を結んでいる。

6月 9日　金沢商店に対する買掛金¥380,000を小切手#8を振り出して支払った。

　14日　小松商店から売掛金¥210,000を同店振り出しの小切手で受け取り，ただちに当座預金に預け入れた。

　18日　かねて商品代金として受け取っていた加賀商店振り出しの約束手形#3　¥450,000が本日満期となり，当店の当座預金口座に振り込まれたむねの通知が取引銀行からあった。

　23日　輪島商店から商品¥130,000を仕入れ，代金は小切手#9を振り出して支払った。

　30日　庶務係から今月の小口現金の報告を受け，¥57,000の小切手#10を振り出して補給した。

当 座 預 金 出 納 帳　　　　1

令和 ○年		摘　　　　要	預　入	引　出	借また は 貸	残　高
6	1	前月繰越	230,000		借	230,000

8·3 次の一連の取引の仕訳を示し，当座預金勘定に転記しなさい。また，当座預金出納帳にも記入しなさい。ただし，勘定には日付・相手科目・金額を記入し，当座預金出納帳のみ月末に締め切り，開始記入も示すこと。

/月　5日　青森商店から商品売買の仲介手数料として¥100,000を同店振り出しの小切手で受け取り，ただちに当座預金に預け入れた。

13日　弘前商店に対する買掛金の支払いとして小切手#12　¥480,000を振り出した。なお，銀行とは¥500,000を借越限度額とする当座借越契約を結んでいる。

18日　三沢商店に対する売掛金¥560,000を同店振り出しの小切手で受け取り，ただちに当座預金に預け入れた。

26日　八戸商店あてに振り出していた約束手形#5　¥240,000が本日支払期日となり，当座預金口座から支払われたとの連絡を取引銀行から受けた。

	借　　　　方	貸　　　　方
1/5		
13		
18		
26		

当 座 預 金

1/1　前 期 繰 越　200,000	

当 座 預 金 出 納 帳　　　　1

令和 ○年		摘　　　　要	預　入	引　出	借また は 貸	残　高
1	1	前月繰越	200,000		借	200,000

9 小口現金出納帳

1 小口現金出納帳

小口現金の収支の明細を記録する補助簿を**小口現金出納帳**❶という。この帳簿の記帳は小口現金を管理する庶務係が行う。

| 取引の明細を記入 | | | 小 口 現 金 出 納 帳 | | 支出した内容について，どの費用に該当するかを分類して記入する | | | |

受 入	令和○年		摘　　　要	支 払	内 訳			残 高
					交通費	通信費	消耗品費	
50,000	6	1	小切手					50,000
		3	タクシー代	2,500	2,500			47,500
			合　　計	46,800	12,600	25,800	8,400	
46,800		30	小切手					50,000
		〃	次月繰越	50,000				
96,800				96,800				
50,000	7	1	前月繰越					50,000

補給後は月初の金額と一致する

これらの金額を会計係に報告する

9-1 9月中に庶務係が小口現金から支払った内容は下記のとおりである。よって，小口現金出納帳に記入して締め切りなさい。ただし，9月30日に支払額と同額を会計係から小切手＃8を振り出して補給されている。なお，開始記入も示すこと。

　　6日　タクシー代　￥7,130
　/3日　郵便切手代　￥6,000
　/9日　帳　簿　代　￥4,000
　25日　電　話料金　￥5,160

小 口 現 金 出 納 帳　　　　　　　　1

受 入	令和○年		摘　　　要	支 払	内	訳		残 高
					交 通 費	通 信 費	消 耗 品 費	
30,000	9	1	前月繰越					30,000

❶petty cash book

 **9-2** 6月中に庶務係が小口現金から支払った内容は下記のとおりである。ただし，6月30日に支払額と同額を会計係から小切手＃9を振り出して補給されている。よって，

(1) 小口現金出納帳を締め切りなさい。なお，開始記入も示すこと。

(2) 6月30日における仕訳を示しなさい。

2日	郵便切手代 ￥4,340	8日	新聞代 ￥5,800
15日	お茶菓子代 ￥5,720	21日	文具代 ￥1,980
26日	タクシー代 ￥3,240	29日	電話料金 ￥4,680

(1)

小 口 現 金 出 納 帳　　　　　　　　　　　　1

受　入	令和 ○年		摘　　　要	支　払	内　　　訳				残　高
					交通費	通信費	消耗品費	雑　費	
30,000	6	1	前月繰越						30,000

(2)

	借　　　　方	貸　　　　方
6/30		
〃		

9-3 次の取引の仕訳を示しなさい。

定額資金前渡法を採用している滋賀商店の会計係は，月末に庶務係から次の小口現金出納帳にもとづいて，当月分の支払高の報告を受けたので，ただちに小切手を振り出して補給した。

第81回

小 口 現 金 出 納 帳

収　入	令和 ○年		摘　　要	支　出	内　　　訳			残　高
					通信費	交通費	雑　　費	
30,000	1	1	前月繰越					30,000
			合　　　計	28,000	9,000	17,000	2,000	

借　　　　方	貸　　　　方

10 仕入帳・売上帳

学習の要点

1 仕入帳

仕入取引を発生順に，その明細を記録する補助簿を**仕入帳**❶という。

仕入帳には借方欄・貸方欄の区別がないため，仕入返品高は赤で記入することにより，減少をあらわすことにしている。

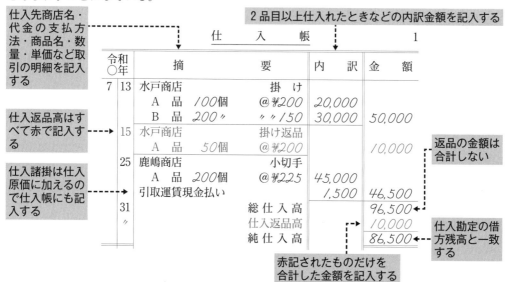

仕入先商店名・代金の支払方法・商品名・数量・単価など取引の明細を記入する

2品目以上仕入れたときなどの内訳金額を記入する

仕入返品高はすべて赤で記入する

仕入諸掛は仕入原価に加えるので仕入帳にも記入する

返品の金額は合計しない

仕入勘定の借方残高と一致する

赤記されたものだけを合計した金額を記入する

令和○年		摘　　　要	内　　訳	金　　額
7	13	水戸商店　　　　　　　掛け		
		A　品　100個　@¥200	20,000	
		B　品　200〃　〃〃150	30,000	50,000
	15	水戸商店　　　　　掛け返品		
		A　品　50個　@¥200		10,000
	25	鹿嶋商店　　　　　　小切手		
		A　品　200個　@¥225	45,000	
		引取運賃現金払い	1,500	46,500
	31	総仕入高		96,500
	〃	仕入返品高		10,000
		純仕入高		86,500

2 売上帳

売上取引を発生順に，その明細を記録する補助簿を**売上帳**❷といい，記入方法は仕入帳に準ずる。

10-1 次の仕入帳と売上帳を完成し，月末の日付で締め切りなさい。

仕　　入　　帳　　　　1

令和○年		摘　　　要	内　訳	金　額
7	7	土浦商店　　　掛け		
		A品　100個　@¥200		
		B品　50〃　〃〃300		
	9	土浦商店　　　掛け返品		
		B品　5個　@¥300		
	15	取手商店　　　小切手		
		A品　150個　@¥220		

売　　上　　帳　　　　1

令和○年		摘　　　要	内　訳	金　額
7	10	日立商店　　　現金・掛け		
		A品　80個　@¥250		
	25	宇都宮商店　　　掛け		
		A品　120個　@¥250		
		B品　40〃　〃〃400		
	26	宇都宮商店　　　掛け返品		
		A品　10個　@¥250		

❶purchases book　　❷sales book

10-2 次の一連の取引を仕入帳に記入して，締め切りなさい。

7月11日　足利商店から次の商品を仕入れ，代金は掛けとした。
　　　　　　　A 品　　400個　　@¥400
　　　　　　　B 品　　300〃　　〃〃600

13日　足利商店から仕入れた上記商品の一部について，次のように返品した。
　　　　　　　B 品　　50個　　@¥600

18日　日光商店から次の商品を仕入れ，代金は小切手を振り出して支払った。なお，引取運賃¥4,000は現金で支払った。
　　　　　　　A 品　　500個　　@¥420

仕　　入　　帳　　　　　　　　　　　1

令和○年	摘　　　　　　　　要	内　　訳	金　　額

10-3 次の一連の取引を売上帳に記入して，締め切りなさい。

7月15日　前橋商店に次の商品を売り渡し，代金のうち¥100,000は現金で受け取り，残額は掛けとした。
　　　　　　　B 品　　200個　　@¥1,000

25日　桐生商店に次の商品を売り渡し，代金は掛けとした。なお，発送費¥5,000を現金で支払った。
　　　　　　　A 品　　600個　　@¥ 600
　　　　　　　B 品　　100〃　　〃〃1,000

27日　桐生商店に売り渡した上記商品の一部が，次のとおり返品された。
　　　　　　　A 品　　20個　　@¥ 600

売　　上　　帳　　　　　　　　　　　1

令和○年	摘　　　　　　　　要	内　　訳	金　　額

10▶4 次の一連の取引の仕訳を示し，仕入勘定と売上勘定に転記しなさい。また，仕入帳と売上帳に記入し，締め切りなさい。ただし，商品に関する勘定は3分法とし，勘定には日付・相手科目・金額を記入すること。

5月 2日　豊田商店から次の商品を仕入れ，代金のうち¥200,000は現金で支払い，残額は掛けとした。

　　　　　　　　Ａ品　　300個　　@¥1,200

　10日　岡崎商店から次の商品を仕入れ，代金は掛けとした。

　　　　　　　　Ａ品　　200個　　@¥1,400
　　　　　　　　Ｂ品　　150〃　　〃〃2,000

　12日　岡崎商店から仕入れた上記商品の一部を次のとおり返品した。

　　　　　　　　Ａ品　　15個　　@¥1,400

　15日　浜松商店へ次の商品を売り渡し，代金は掛けとした。

　　　　　　　　Ａ品　　200個　　@¥1,900
　　　　　　　　Ｂ品　　50〃　　〃〃3,000

　16日　浜松商店へ売り渡した上記商品の一部について，次のとおり返品された。

　　　　　　　　Ｂ品　　10個　　@¥3,000

　24日　一宮商店から次の商品を仕入れ，代金は約束手形を振り出して支払った。なお，引取運賃¥8,000は現金で支払った。

　　　　　　　　Ｂ品　　100個　　@¥2,200

　28日　掛川商店へ次の商品を売り渡し，代金のうち¥300,000は同店振り出しの小切手で受け取り，ただちに当座預金に預け入れ，残額は掛けとした。なお，発送費¥5,500は現金で支払った。

　　　　　　　　Ａ品　　250個　　@¥1,800

	借　　　　　方	貸　　　　　方
5/2		
10		
12		
15		
16		
24		
28		

仕	入		売	上	

仕 入 帳 1

令和〇年	摘 要	内 訳	金 額

売 上 帳 1

令和〇年	摘 要	内 訳	金 額

11 商品有高帳

学習の要点

◢1◣ 商品有高帳

商品の種類ごとに口座を設けて，受け入れ，払い出し，残高それぞれの明細を記入する補助簿を**商品有高帳[1]**という。

商品を仕入れたとき 仕入原価で記入する

商品を売り渡したとき 仕入原価で記入する

商店名などの取引の明細を記入する

商 品 有 高 帳
品名　A品　　　　　　単位：個

商品の現在高を記入する

令和○年	摘要	受入 数量	受入 単価	受入 金額	払出 数量	払出 単価	払出 金額	残高 数量	残高 単価	残高 金額
7 1	前月繰越	50	100	5,000				50	100	5,000
4	草加商店	150	100	15,000				200	100	20,000
8	秩父商店				100	100	10,000	100	100	10,000

売価ではなく仕入単価を記入する

売り上げた商品の原価（売上原価）をあらわす

◢2◣ 払出単価の決定方法

同一の商品でも，仕入先や仕入時期などの違いによって，仕入単価が異なる場合がある。このような場合，どの仕入単価をもって払出単価とするかを決めなければならない。その決め方には，**先入先出法[2]**，**移動平均法[3]**など，いくつかの方法がある。

(1) 先入先出法とその記入方法

先に受け入れた商品から，先に払い出すものと考えて払出単価を決める方法である。

商 品 有 高 帳
(先入先出法)
品名　A品　　　　　　単位：個

令和○年	摘要	受入 数量	受入 単価	受入 金額	払出 数量	払出 単価	払出 金額	残高 数量	残高 単価	残高 金額
7 1	前月繰越	50	100	5,000				50	100	5,000
4	浦安商店	150	120	18,000				{ 50	100	5,000
								150	120	18,000
8	成田商店				{ 50	100	5,000			
					50	120	6,000	100	120	12,000

仕入単価が¥100と¥120の2つがあるので{をつけて並記する

単価¥100のものが先に仕入れてあるので，まずこれを先に出し，残りの50個についてはあとから仕入れた¥120のものを払い出す

(2) 移動平均法とその記入方法

仕入れのつど，数量および金額を前の残高に加え，新しい平均単価を順次算出して払出単価を決める方法である。

商 品 有 高 帳
(移動平均法)
品名　A品　　　　　　単位：個

令和○年	摘要	受入 数量	受入 単価	受入 金額	払出 数量	払出 単価	払出 金額	残高 数量	残高 単価	残高 金額
7 1	前月繰越	50	100	5,000				50	100	5,000
4	浦安商店	150	120	18,000				200	115	23,000
8	成田商店				100	115	11,500	100	115	11,500

直前の残高欄に記入されている平均単価を払出単価とする

平均単価の計算
$$\frac{7/1の残高の金額＋仕入の金額}{7/1の残高の数量＋仕入の数量}＝\frac{¥5,000＋¥18,000}{50個＋150個}＝¥115$$

[1] stock ledger　　[2] first-in first-out method ; FIFO　　[3] moving average method

11 ▶ 1 次のA品の取引を先入先出法によって商品有高帳に記入して，締め切りなさい。なお，開始記入も示すこと。ただし，10日までの取引については，すでに記入済みである。

```
7月 4日  島原商店から仕入れ   A 品  200個  @¥650
   10日  雲仙商店へ売り上げ   A 品  150〃  〃〃950
   15日  佐世保商店から仕入れ  A 品  100〃  〃〃650
   22日  五島商店から仕入れ   A 品  350〃  〃〃620
   28日  対馬商店へ売り上げ   A 品  500〃  〃〃980
```

商 品 有 高 帳

（先入先出法） 品名 A品　　　　　　　　単位：個

令和○年		摘 要	受 入			払 出			残 高		
			数量	単価	金 額	数量	単価	金 額	数量	単価	金 額
7	1	前 月 繰 越	50	600	30,000				50	600	30,000
	4	島 原 商 店	200	650	130,000				50	600	30,000
									200	650	130,000
	10	雲 仙 商 店				50	600	30,000			
						100	650	65,000	100	650	65,000

11 ▶ 2 次のB品の取引を移動平均法によって商品有高帳に記入して，締め切りなさい。なお，開始記入も示すこと。

```
7月 3日  鹿児島商店から仕入れ  B 品  200個  @¥430
   12日  指宿商店へ売り上げ   B 品  150〃  〃〃700
   20日  伊佐商店から仕入れ   B 品  300〃  〃〃450
   25日  奄美商店へ売り上げ   B 品  250〃  〃〃680
```

商 品 有 高 帳

（移動平均法） 品名 B品　　　　　　　　単位：個

令和○年		摘 要	受 入			払 出			残 高		
			数量	単価	金 額	数量	単価	金 額	数量	単価	金 額
7	1	前 月 繰 越	100	400	40,000				100	400	40,000

11▶3 次のA品の取引を先入先出法によって商品有高帳に記入して，締め切りなさい。なお，開始記入も示すこと。

7月 2日　佐賀商店から次の商品を仕入れ，代金は小切手を振り出して支払った。
A 品　550個　@¥820

5日　唐津商店へ次の商品を売り渡し，代金は掛けとした。
A 品　320個　@¥1,150

15日　鳥栖商店から次の商品を仕入れ，代金は掛けとした。
A 品　300個　@¥830

18日　伊万里商店へ次の商品を売り渡し，代金は現金で受け取った。
A 品　500個　@¥1,120

29日　鹿島商店から次の商品を仕入れ，代金のうち¥15,000は現金で支払い，残額は掛けとした。
A 品　200個　@¥855

商　品　有　高　帳
品名　A品　　　　　　単位：個

令○	和年	摘　要	受入 数量	単価	金額	払出 数量	単価	金額	残高 数量	単価	金額
7	1	前月繰越	150	800	120,000				150	800	120,000

11▶4 次のC品の取引を移動平均法によって商品有高帳に記入して，締め切りなさい。

7月 6日　延岡商店から次の商品を仕入れ，代金は掛けとした。
C 品　140個　@¥1,500

8日　延岡商店から仕入れた上記商品について，次のとおり返品した。なお，代金は買掛金から差し引くことにした。
C 品　50個　@¥1,500

14日　日向商店へ次の商品を売り渡し，代金は現金で受け取った。
C 品　100個　@¥2,300

25日　都城商店から次の商品を仕入れ，代金は小切手を振り出して支払った。なお，引取運賃¥4,500は現金で支払った。
C 品　450個　@¥1,510

28日　日南商店へ次の商品を売り渡し，代金は掛けとした。
C 品　200個　@¥2,450

商 品 有 高 帳

品名　C品　　　　　　　　　　単位：個

（　　　　）

令和○年		摘　要	受　入			払　出			残　高		
			数量	単価	金　額	数量	単価	金　額	数量	単価	金　額
7	1	前 月 繰 越	60	1,400	84,000				60	1,400	84,000

検定問題

11-5　三重商店はA品とB品を販売し，商品有高帳を先入先出法によって記帳している。次の勘定記録と商品有高帳によって，（　ア　）と（　イ　）に入る金額を求めなさい。ただし，A品・B品ともに1個あたり¥800で販売している。　〔第84回改題〕

総 勘 定 元 帳

売　　　上　　　15

令和○年	摘　要	仕丁	借　方	貸　方	借または貸	残　高
1 18	売 掛 金	1		328,000	貸	328,000

仕　　　入　　　18

令和○年	摘　要	仕丁	借　方	貸　方	借または貸	残　高
1 6	買 掛 金	1	77,000		借	77,000
12	当座預金	〃	（　）		（　）	（　ア　）

商 品 有 高 帳

品名　A品　　　　　　　　　　単位：個

（先入先出法）

令和○年		摘　要	受　入			払　出			残　高		
			数量	単価	金　額	数量	単価	金　額	数量	単価	金　額
1	1	前 月 繰 越	150	600	90,000				150	600	90,000
	12	志 摩 商 店	100	600	60,000				（　）	600	（　）
	18	松 阪 商 店				200	（　）	（　）	（　）	（　）	（　）

商 品 有 高 帳

品名　B品　　　　　　　　　　単位：個

（先入先出法）

令和○年		摘　要	受　入			払　出			残　高		
			数量	単価	金　額	数量	単価	金　額	数量	単価	金　額
1	1	前 月 繰 越	150	540	81,000				150	540	81,000
	6	伊 勢 商 店	140	550	77,000				150	（　）	（　）
									140	（　）	（　）
	18	松 阪 商 店				150	（　）	（　）			
						（　）	（　）	（　）	（　）	（　）	（　イ　）

ア	¥		イ	¥	

12 売掛金元帳・買掛金元帳

学習の要点

1 売掛金勘定と売掛金元帳（得意先元帳）

売掛金に関する取引については，総勘定元帳の売掛金勘定と補助簿である**売掛金元帳❶**の両方に記帳する。売掛金元帳には，得意先の氏名や商店名などを勘定科目とする**人名勘定**が設けられ，そこに得意先別の売掛金の増減が記帳される。

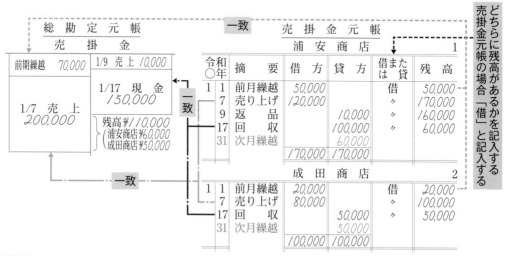

どちらに残高があるかを記入する
売掛金元帳の場合「借」と記入する

2 買掛金勘定と買掛金元帳（仕入先元帳）

買掛金に関する取引については，総勘定元帳の買掛金勘定と補助簿である**買掛金元帳❷**の両方に記帳する。買掛金元帳には，仕入先別の買掛金の増減が記帳される。

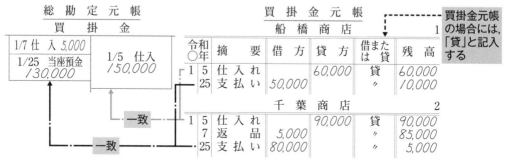

買掛金元帳の場合には，「貸」と記入する

12-1 次の一連の取引を売掛金勘定と売掛金元帳に記入しなさい。ただし，商品に関する勘定は3分法とし，売掛金元帳は月末の日付で締め切り，開始記入も示しなさい。

/月/7日　川崎商店へ商品￥/80,000を売り渡し，代金は掛けとした。

　/9日　川崎商店へ売り渡した商品のうち，￥6,000が返品された。

　24日　川崎商店へ商品￥270,000を売り渡し，代金のうち￥70,000は現金で受け取り，残額は掛けとした。

　30日　川崎商店に対する売掛金のうち，￥350,000を同店振り出しの小切手で受け取り，ただちに当座預金に預け入れた。

❶accounts receivable ledger　❷accounts payable ledger

総 勘 定 元 帳
売 掛 金　　　　　　　　　　　　4

1/1	前 期 繰 越	50,000			

売 掛 金 元 帳
川 崎 商 店　　　　　　　　　1

令和○年		摘　　要	借　方	貸　方	借または貸	残　高
1	1	前 月 繰 越	50,000		借	50,000

12-2 次の一連の取引を買掛金勘定と買掛金元帳に記入しなさい。ただし，商品に関する勘定は3分法とし，買掛金元帳は月末の日付で締め切りなさい。

/月　5日　甲府商店から商品¥80,000を仕入れ，代金は掛けとした。

　　15日　甲府商店に対する買掛金の一部¥75,000を現金で支払った。

　2/日　上田商店から商品¥60,000を仕入れ，代金のうち¥20,000は小切手♯5を振り出して支払い，残額は掛けとした。

　　23日　上田商店から仕入れた上記商品のうち，¥5,000を返品した。

総 勘 定 元 帳
買 掛 金　　　　　　　　　　　　12

		1/1	前 期 繰 越	55,000	

買 掛 金 元 帳

甲 府 商 店						1
令和○年		摘要	借方	貸方	借または貸	残高
1	1	前月繰越		20,000	貸	20,000

上 田 商 店						2
令和○年		摘要	借方	貸方	借または貸	残高
1	1	前月繰越		35,000	貸	35,000

検定問題

12-3　近畿商店の下記の取引について，　　　　　　　　　　　　　第91回改題

(1)　当座預金勘定と売掛金勘定に記入しなさい。

(2)　売上帳と売掛金元帳に記入して，締め切りなさい。

　　ただし，商品に関する勘定は3分法によること。

　取　　　引

/月 7日　大阪商店から次の商品を仕入れ，代金は小切手#8を振り出して支払った。

	A　品	800個	@¥270	¥216,000
	B　品	600〃	〃〃310	¥186,000
	C　品	100〃	〃〃500	¥ 50,000

/2日　京都商店に次の商品を売り渡し，代金は掛けとした。

	A　品	900個	@¥380	¥342,000
	B　品	500〃	〃〃460	¥230,000

/5日　京都商店に売り渡した上記商品の一部について，次のとおり返品された。なお，この代金は売掛金から差し引くことにした。

	A　品	50個	@¥380	¥ 19,000

/8日　兵庫商店に次の商品を売り渡し，代金は掛けとした。

	A　品	400個	@¥380	¥152,000
	C　品	90〃	〃〃700	¥ 63,000

25日　兵庫商店から売掛金の一部を次の小切手で受け取り，ただちに当座預金に預け入れた。

27日　奈良商店に対する買掛金の一部¥395,000を小切手#9を振り出して支払った。

29日　京都商店から売掛金の一部¥374,000を同店振り出しの小切手#4で受け取った。

(1)

総 勘 定 元 帳

当 座 預 金　　　　2

1/1 前期繰越 1,208,000

売 掛 金　　　　4

1/1 前期繰越 530,000

(2)　（注意）売上帳と売掛金元帳は締め切ること。

売 上 帳　　　　1

令和○年	摘　　　　要	内　　訳	金　　額

売 掛 金 元 帳

京 都 商 店　　　　1

令和○年	摘　要	借　方	貸　方	借または貸	残　高
/ /	前 月 繰 越	374,000		借	374,000

兵 庫 商 店　　　　2

令和○年	摘　要	借　方	貸　方	借または貸	残　高
/ /	前 月 繰 越	156,000		借	156,000

13 受取手形記入帳・支払手形記入帳

学習の要点

1　受取手形記入帳・支払手形記入帳

手形に関する債権・債務の明細を記録する補助簿として，それぞれ**受取手形記入帳・支払手形記入帳**を用いる。

手形債権が発生した原因を記入　　手形金額　　約束手形は約手　為替手形は為手　　約束手形は振出人を記入　　手形債権の消滅理由（入金など）を記入

受 取 手 形 記 入 帳

令和〇年		摘　要	金　額	手形種類	手形番号	支払人	振出人または裏書人	振出日		満期日（支払期日）		支払場所	てん末	
													日付	摘要
5	1	売掛金回収	200,000	約手	1	東京商店	東京商店	5	1	7	1	北銀行本店	7　1	入　金

手形債務が発生した原因を記入　　手形金額　　当店が約束手形を振り出したときは，当店と記入　　手形債務の消滅理由（支払いなど）を記入

支 払 手 形 記 入 帳

令和〇年		摘　要	金　額	手形種類	手形番号	受取人	振出人	振出日		満期日（支払期日）		支払場所	てん末	
													日付	摘要
6	25	仕入れ	300,000	約手	5	埼玉商店	当　店	6	25	9	25	南銀行本店	9　25	支払い

13-1　次の一連の取引の仕訳を示し，受取手形記入帳と支払手形記入帳に記入しなさい。ただし，商品に関する勘定は3分法によること。

9月 6日　横浜商店から商品¥360,000を仕入れ，代金は次の約束手形を振り出して支払った。
　　　　　　当店振り出し，横浜商店あて約束手形#12　¥360,000
　　　　　　振出日　9月 6日　　満期日　11月 6日　　支払場所　東銀行本店

　　12日　鎌倉商店へ商品¥250,000を売り渡し，代金は次の約束手形で受け取った。
　　　　　　鎌倉商店振り出し，当店あて約束手形#18　¥250,000
　　　　　　振出日　9月12日　　満期日　12月12日　　支払場所　南銀行本店

10月 5日　8月5日に川崎商店から受け取っていた約束手形#9　¥120,000が本日満期となり，当座預金に入金されたむねの通知を取引銀行から受けた。

11月 6日　9月6日に横浜商店へ振り出した約束手形#12　¥360,000が本日満期となり，当座預金から支払われたむねの通知を取引銀行から受けた。

	借　　　　　方	貸　　　　　方
9/6		
12		
10/5		
11/6		

受 取 手 形 記 入 帳

令和○年		摘 要	金 額	手形種類	手形番号	支払人	振出人または裏書人	振出日		満期日		支払場所	てん末		
													月	日	摘要
8	5	売り上げ	120,000	約手	9	川崎商店	川崎商店	8	5	10	5	東銀行本店			

支 払 手 形 記 入 帳

令和○年		摘 要	金 額	手形種類	手形番号	受取人	振出人	振出日		満期日		支払場所	てん末		
													月	日	摘要
8	25	買掛金支払い	150,000	約手	11	甲府商店	当 店	8	25	12	25	東銀行本店			

検定問題

13-2 次の取引を，支払手形記入帳に記入しなさい。 第91回改題

1月20日 広島商店に対する買掛金を次の約束手形#21を振り出して支払った。

```
No. 21    約 束 手 形
          広島県広島市中区舟入南六丁目7-11
          広島商店 楠木緑子殿        支払期日 令和○年 3 月 20 日   那 覇 4701
収入                                 支払地 沖縄県那覇市              0914-047
印紙   金額 ¥198,000※               支払場所
200円                                  株式会社 南銀行本店
那覇
     上記金額をあなたまたはあなたの指図人へこの約束手形と引き替えにお支払いいたします
        令和○年 1 月 20 日
     振出地  沖縄県那覇市松山1丁目16-1
     住所
     振出人  那覇商店
        大 城 悠 真 那覇
```

支 払 手 形 記 入 帳

令和○年		摘 要	金 額	手形種類	手形番号	受取人	振出人	振出日		満期日(支払期日)		支払場所	てん末		
													月	日	摘要
1	8	仕 入 れ	297,000	約手	20	鳥取商店	当 店	1	8	3	8	南銀行本店			

13-3 宮崎商店の次の勘定記録と支払手形記入帳から，（ ア ）と（ イ ）に入る金額を求めなさい。 第87回改題

支 払 手 形				
2/24 当座預金 ( )	1/10 仕 入 385,000
3/10 当座預金 ( )	24 仕 入 200,000
	2/24 買掛金 180,000

当 座 預 金	
1/1 前期繰越 809,000	2/24 支払手形 ( )
	3/10 支払手形 (イ)

支 払 手 形 記 入 帳

令和○年		摘 要	金 額	手形種類	手形番号	受取人	振出人	振出日		満期日		支払場所	てん末		
													月	日	摘要
1	10	仕 入 れ	( )	約手	31	都城商店	当 店	1	10	3	10	全商銀行宮崎支店	3	10	支払い
	24	仕 入 れ	( )	約手	32	日南商店	当 店	1	24	2	24	全商銀行宮崎支店	2	24	支払い
2	24	買掛金支払い	(ア)	約手	33	延岡商店	当 店	2	24	3	24	全商銀行宮崎支店			

ア	¥		イ	¥	

総合問題 ❷ (1)

❷-1 次の取引について,
(1) 仕訳を示しなさい。ただし，商品に関する勘定は3分法によること。
(2) 当座預金出納帳・仕入帳・売上帳に記入して，締め切りなさい。
(3) 受取手形記入帳・支払手形記入帳に記入しなさい。

ただし，取引銀行とは¥500,000を限度額とする当座借越契約を結んでいる。

　取　　　引

10月 3日　取手商店から次の商品を仕入れ，代金のうち¥100,000は小切手#7を振り出して支払い，残額は掛けとした。

　　　　　　A 品　　800個　　@¥430
　　　　　　B 品　　500〃　　〃〃300

　　 5日　取手商店から仕入れた上記商品の一部を次のとおり返品した。

　　　　　　A 品　　20個　　@¥430

　　 7日　日立商店に次の商品を売り渡し，代金は掛けとした。なお，発送費¥15,000は現金で支払った。

　　　　　　A 品　　700個　　@¥600
　　　　　　B 品　　200〃　　〃〃500

　　 9日　8月9日に買掛金の支払いとして，足利商店に振り出していた約束手形#4が，本日満期となり，当座預金から支払われたむねの通知を取引銀行から受けた。

　　11日　日光商店から次の商品を仕入れ，代金は同店あての約束手形#5（振出日10月11日，満期日11月11日，支払場所北銀行本店）を振り出して支払った。

　　　　　　A 品　　400個　　@¥465

　　12日　前橋商店に対する売掛金¥400,000の回収として，同店振り出し，当店あての約束手形#3（振出日10月12日，満期日12月12日，支払場所北銀行本店）を受け取った。

　　21日　高崎商店へ次の商品を売り渡し，代金のうち¥200,000は，同店振り出し，当店あての約束手形#9（振出日10月21日，満期日11月21日，支払場所西銀行本店）で受け取り，残額は掛けとした。

　　　　　　A 品　　600個　　@¥650

　　22日　高崎商店へ売り渡した上記商品の一部が次のとおり返品された。

　　　　　　A 品　　10個　　@¥650

　　23日　取手商店に対する買掛金の一部¥300,000について，約束手形#6（振出日10月23日，満期日12月23日，支払場所　北銀行本店）を振り出して支払った。

　　25日　9月25日に売掛金の回収として，上尾商店から受け取っていた約束手形#2が，本日満期となり，当座預金に入金されたむねの通知を取引銀行から受けた。

(1)

	借　　　　　方	貸　　　　　方
10/3		
5		
7		
9		

10/11		
12		
21		
22		
23		
25		

(2) 　　　　　　　　　当 座 預 金 出 納 帳　　　　　　　　　　　　　1

令和○年		摘　　　　　要	預　入	引　出	借または貸	残　高
10	1	前月繰越	220,000		借	220,000

仕　　　入　　　帳　　　1					売　　　上　　　帳　　　1				
令和○年	摘　　　要	内　訳	金　額		令和○年	摘　　　　要	内　訳	金　額

(3) 　　　　　　　　　受 取 手 形 記 入 帳

令和○年		摘　要	金　　額	手形種類	手形番号	支払人	振出人または裏書人	振出日		満期日		支払場所	てん末		
													月	日	摘　要
9	25	売掛金回収	650,000	約手	2	上尾商店	上尾商店	9	25	10	25	北銀行本店			

　　　　　　　　　支 払 手 形 記 入 帳

令和○年		摘　要	金　　額	手形種類	手形番号	受取人	振出人	振出日		満期日		支払場所	てん末		
													月	日	摘　要
8	9	買掛金支払い	450,000	約手	4	足利商店	当　店	8	9	10	9	北銀行本店			

2-2　次の肥後商店の取引について，
(1)　総勘定元帳に記入しなさい。
(2)　当座預金出納帳・売掛金元帳・買掛金元帳・商品有高帳に記入して，締め切りなさい。
　　　ただし，ⅰ　総勘定元帳の記入は，日付と金額を示せばよい。
　　　　　　　ⅱ　商品有高帳は，先入先出法により記帳している。

取　　　引

1月 9日　熊本商店から次の商品を仕入れ，代金は掛けとした。
　　　　　　　　A 品　100個　@¥4,950
　　　　　　　　B 品　200〃　〃〃2,640

13日　八代商店に次の商品を売り渡し，代金は掛けとした。
　　　　　　　　A 品　120個　@¥6,450
　　　　　　　　B 品　100〃　〃〃3,430

14日　阿蘇商店から次の商品を仕入れ，代金はさきに支払ってある内金¥539,000を差し引き，残額は掛けとした。
　　　　　　　　A 品　200個　@¥5,060

16日　天草商店に次の商品を売り渡し，代金は掛けとした。
　　　　　　　　C 品　180個　@¥5,600

18日　熊本商店に対する買掛金¥586,000の支払いとして，小切手#17を振り出した。

21日　八代商店に対する売掛金¥891,000が，当店の当座預金に振り込まれたとの通知を取引銀行から受けた。

23日　阿蘇商店に対する買掛金¥676,500の支払いとして，小切手#18を振り出した。

27日　天草商店に対する売掛金¥875,500を現金で受け取った。

29日　熊本商店から次の商品を仕入れ，代金は小切手#19を振り出して支払った。
　　　　　　　　B 品　50個　@¥2,640

(1)

総　勘　定　元　帳

現　　　金　　1		当　座　預　金　　2		売　　掛　　金　　4	
1/1　250,800		1/1　2,103,500		1/1　1,766,500	

前　払　金　　7		買　　掛　　金　　12		売　　　上　　18	
1/1　539,000			1/1　1,262,500		

仕　　　入　　26	

(2)

当 座 預 金 出 納 帳　　　　1

令和○年		摘　　要	預　入	引　出	借または貸	残　高
/	/	前月繰越	2,103,500		借	2,103,500

売 掛 金 元 帳
天 草 商 店　　　　2

令和○年		摘　　要	借　方	貸　方	借または貸	残　高
/	/	前 月 繰 越	875,500		借	875,500

買 掛 金 元 帳
熊 本 商 店　　　　1

令和○年		摘　　要	借　方	貸　方	借または貸	残　高
/	/	前 月 繰 越		586,000	貸	586,000

商 品 有 高 帳
（品名）A 品

(先入先出法)　　　　　　　　　　　　　　　　　　　(単位：個)

令和○年		摘　要	受　入			払　出			残　高		
			数量	単価	金　額	数量	単価	金　額	数量	単価	金　額
/	/	前 月 繰 越	100	5,060	506,000				100	5,060	506,000

14 入金伝票・出金伝票・振替伝票

学 習 の 要 点

1　伝 票

伝票❶は，取引の内容を伝達するために一定の大きさと形式を備えた紙片で，仕訳帳のかわりに用いられる。また，伝票を作成することを起票という。

2　3伝票制

取引は，**入金伝票❷・出金伝票❸・振替伝票❹**の３種類の伝票を用いて記録する。現金の収入をともなう取引（入金取引）は入金伝票に，現金の支出をともなう取引（出金取引）は出金伝票に，現金の収支をともなわない取引（振替取引）は振替伝票に記入する。

3　入金伝票

入金取引は，借方「現金」と仕訳する取引であるので，入金伝票には，借方の「現金」は記入しないで，相手勘定科目である貸方の勘定科目だけを科目欄に記入する。

例1　入金伝票の記入　1/24　愛知商店に次のとおり商品を売り渡し，代金は現金で受け取った。（伝票番号　No.5）

A品　70個　@¥800　¥56,000

（借）現　　金　56,000　（貸）売　　上　56,000

借方に「現金」が仕訳されたら，入金伝票に記入する

入 金 伝 票			
令和○年1月24日　No. 5			
科目 売　　上		入金先 愛知商店様	
摘　　　要		金　　額	
A品 70個 @¥800		56 000	
合　　　計		56 000	

4　出金伝票

出金取引は，貸方「現金」と仕訳する取引であるので，出金伝票には，貸方の「現金」は記入しないで，相手勘定科目である借方の勘定科目だけを科目欄に記入する。

例2　出金伝票の記入　1/24　福岡商店から次のとおり商品を仕入れ，代金は現金で支払った。（伝票番号　No.12）

B品　60個　@¥400　¥24,000

（借）仕　　入　24,000　（貸）現　　金　24,000

貸方に「現金」が仕訳されたら，出金伝票に記入する

出 金 伝 票			
令和○年1月24日　No.12			
科目 仕　　入		支払先 福岡商店様	
摘　　　要		金　　額	
B品 60個 @¥400		24 000	
合　　　計		24 000	

5　振替伝票

現金の収支をともなわない振替取引は，振替伝票に仕訳の形式で記入する。

例3　振替伝票の記入　1/24　山形商店に対する買掛金¥173,000を，小切手#302を振り出して支払った。（伝票番号　No.17）

（借）買　掛　金　173,000　（貸）当座預金　173,000

振 替 伝 票				
令和○年1月24日			No.17	
勘 定 科 目	借　　方	勘 定 科 目	貸　　方	
買　掛　金	173 000	当 座 預 金	173 000	
合　　　計	173 000	合　　　計	173 000	
摘要　山形商店　小切手#302振り出し				

❶slip　❷receipt slip　❸payment slip　❹transfer slip

6 **商品売買の取引をいったん全額掛け取引として処理する方法**………………………………

　　売上・仕入取引については，いったん全額掛け取引として起票する方法がある。この場合はいったん全額を振替伝票に記入し，次に代金受け払いの額を別の伝票に記入する。

例4 **いったん全額を掛け取引として処理する**　　10/24　宮崎商店に商品¥280,000を売り渡し，代金のうち¥120,000は同店振り出しの小切手＃7で受け取り，残額は掛けとした。（伝票番号　入金伝票No.31／　振替伝票No.42）

　　（借）　売掛金　280,000　（貸）　売　上　280,000　…振替伝票
　　（借）　現　金　120,000　（貸）　売掛金　120,000　…入金伝票

入　金　伝　票			
令和〇年10月24日　No.31			
科目 売掛金	入金先	宮崎商店	様
摘　　要		金　額	
売掛金回収　小切手#7		120000	
合　計		120000	

振　替　伝　票					
令和〇年10月24日					No.42
勘定科目	借　方		勘定科目	貸　方	
売　掛　金	280000		売　上	280000	
合　計	280000		合　計	280000	
摘要　宮崎商店に商品売り渡し					

14-1 次の取引を下記の伝票に記入しなさい。ただし，商品に関する勘定は3分法によること。

　10月22日　宇治商店に対する売掛金¥300,000を同店振り出しの小切手＃5で受け取った。
（伝票番号　No.7）

　　25日　大津商店から次のとおり商品を仕入れ，代金は現金で支払った。（伝票番号　No.9）
　　　　　D　品　　500個　　@¥　400

　　30日　西宮商店に次の商品を売り渡し，代金は，同店振り出しの約束手形＃8　¥250,000を受け取った。（伝票番号　No.14）
　　　　　A　品　　200個　　@¥1,250

入　金　伝　票			
令和〇年　　月　　日　No.___			
科目	入金先		様
摘　　要		金　額	
合　計			

出　金　伝　票			
令和〇年　　月　　日　No.___			
科目	支払先		様
摘　　要		金　額	
合　計			

振　替　伝　票					
令和〇年　　月　　日					No.___
勘定科目	借　方		勘定科目	貸　方	
合　計			合　計		
摘要					

14-2　次の取引を入金伝票・出金伝票・振替伝票のうち，必要な伝票に記入しなさい。ただし，商品の売買の記入は，いったん全額を掛け取引として処理する方法によること。

　　　11月6日　仙台商店から商品¥390,000を仕入れ，代金のうち¥250,000は現金で支払い，残額は掛けとした。（伝票番号は記入済）

入　金　伝　票			
令和○年　　月　　日			No. 8
科目		入金先	様
摘　　　　要		金　　額	
合　　　計			

出　金　伝　票			
令和○年　　月　　日			No. 10
科目		支払先	様
摘　　　　要		金　　額	
合　　　計			

振　替　伝　票					
令和○年　　月　　日					No. 16
勘　定　科　目	借　　方		勘　定　科　目	貸　　方	
合　　　計			合　　　計		
摘要					

14-3　次の取引を入金伝票・出金伝票・振替伝票のうち，必要な伝票に記入しなさい。ただし，商品の売買の記入は，いったん全額を掛け取引として処理する方法によること。

　　　12月8日　郡山商店に商品¥530,000を売り渡し，代金のうち¥300,000は同店振り出しの小切手#8で受け取り，残額は掛けとした。なお，発送費¥1,500は会津運送店に現金で支払った。（伝票番号は記入済）

入　金　伝　票			
令和○年　　月　　日			No. 26
科目		入金先	様
摘　　　　要		金　　額	
合　　　計			

出　金　伝　票			
令和○年　　月　　日			No. 21
科目		支払先	様
摘　　　　要		金　　額	
合　　　計			

振　替　伝　票					
令和○年　　月　　日					No. 33
勘　定　科　目	借　　方		勘　定　科　目	貸　　方	
合　　　計			合　　　計		
摘要					

15 伝票の集計と転記

学習の要点

1 3伝票の集計と総勘定元帳への転記

伝票から総勘定元帳への転記は，毎日・毎週または月末に，伝票を分類・集計して**仕訳集計表**を作成し，そこから総勘定元帳に各勘定科目の合計金額で転記（**合計転記**）する方法がとられることが多い。

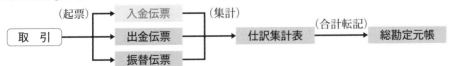

2 仕訳集計表の作成と総勘定元帳への転記

仕訳集計表の作成と総勘定元帳への転記は，次の手順で行う。

① 入金伝票の金額を集計して，仕訳集計表の現金勘定の借方に記入する。
② 出金伝票の金額を集計して，仕訳集計表の現金勘定の貸方に記入する。
③ 振替伝票の借方票と出金伝票の金額を，各勘定科目別に分類・集計して，仕訳集計表の各勘定科目の借方に記入する。
④ 振替伝票の貸方票と入金伝票の金額を，各勘定科目別に分類・集計して，仕訳集計表の各勘定科目の貸方に記入する。
⑤ 仕訳集計表の借方・貸方の金額を合計し，貸借の金額が一致することを確かめる。
⑥ 仕訳集計表の各勘定科目の金額を，総勘定元帳に転記する。総勘定元帳の摘要欄には，「仕訳集計表」と記入する。仕訳集計表の元丁欄には，総勘定元帳の口座番号を記入する。

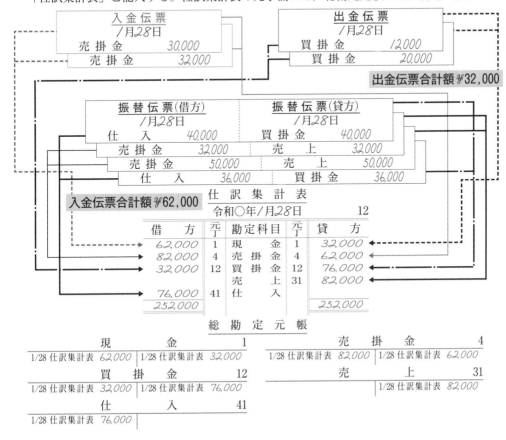

15-1 土岐商店の4月5日の略式伝票から，仕訳集計表（日計表）を作成しなさい。

入 金 伝 票
当座預金　300,000

出 金 伝 票
当座預金　190,000

振替伝票（借方）	振替伝票（貸方）
当座預金　300,000	受取手形　300,000

入 金 伝 票
当座預金　100,000

出 金 伝 票
買 掛 金　30,000

振替伝票（借方）	振替伝票（貸方）
受取手形　400,000	売 掛 金　400,000

入 金 伝 票
売 掛 金　50,000

出 金 伝 票
消耗品費　6,000

振替伝票（借方）	振替伝票（貸方）
売　上　25,000	売 掛 金　25,000

入 金 伝 票
売　上　350,000

出 金 伝 票
仕　入　250,000

振替伝票（借方）	振替伝票（貸方）
支払手形　70,000	当座預金　70,000

入 金 伝 票
売 掛 金　50,000

出 金 伝 票
仕　入　200,000

振替伝票（借方）	振替伝票（貸方）
買 掛 金　120,000	支払手形　120,000

振替伝票（借方）	振替伝票（貸方）
仕　入　180,000	買 掛 金　180,000

振替伝票（借方）	振替伝票（貸方）
売 掛 金　600,000	売　上　600,000

仕 訳 集 計 表
令和○年4月5日

借　　　方	元丁	勘 定 科 目	元丁	貸　　　方
		現　　　　　金		
		当 座 預 金		
		受 取 手 形		
		売 　掛 　金		
		支 払 手 形		
		買 　掛 　金		
		売　　　　　上		
		仕　　　　　入		
		消 耗 品 費		

15-2 大垣商店の/月8日の略式伝票から，仕訳集計表（日計表）を作成し，総勘定元帳の当座預金・買掛金・売上の各勘定に転記しなさい。ただし，総勘定元帳の記入は，日付と金額を示せばよい。

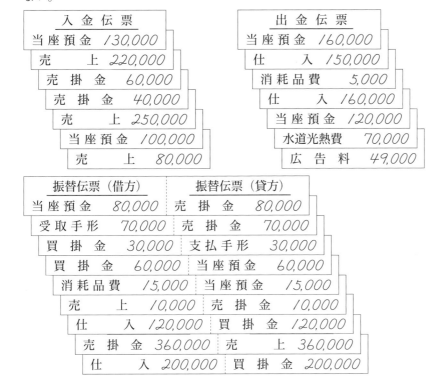

入 金 伝 票	
当 座 預 金	130,000
売　　　上	220,000
売 　掛 　金	60,000
売 　掛 　金	40,000
売　　　上	250,000
当 座 預 金	100,000
売　　　上	80,000

出 金 伝 票	
当 座 預 金	160,000
仕　　　入	150,000
消 耗 品 費	5,000
仕　　　入	160,000
当 座 預 金	120,000
水 道 光 熱 費	70,000
広 告 料	49,000

振替伝票（借方）		振替伝票（貸方）	
当 座 預 金	80,000	売 掛 金	80,000
受 取 手 形	70,000	売 掛 金	70,000
買 掛 金	30,000	支 払 手 形	30,000
買 掛 金	60,000	当 座 預 金	60,000
消 耗 品 費	15,000	当 座 預 金	15,000
売　　　上	10,000	売 掛 金	10,000
仕　　　入	120,000	買 掛 金	120,000
売 掛 金	360,000	売　　　上	360,000
仕　　　入	200,000	買 掛 金	200,000

仕 訳 集 計 表
令和○年/月8日

借　　方	元丁	勘定科目	元丁	貸　　方
		現　　　金		
		当 座 預 金		
		受 取 手 形		
		売 　掛 　金		
		支 払 手 形		
		買 　掛 　金		
		売　　　上		
		仕　　　入		
		広 告 料		
		消 耗 品 費		
		水 道 光 熱 費		

総 勘 定 元 帳

当 座 預 金　　2

1,918,000	1,021,000

買 掛 金　　16

2,550,000	3,275,000

売 上　　23

62,000	5,133,000

15-3 中国商店の下記の伝票を集計し，/月/9日の仕訳集計表を作成して，総勘定元帳の現金勘定に転記しなさい。

　　　ただし，ⅰ　下記の取引について，必要な伝票に記入したうえで集計すること。
　　　　　　　ⅱ　総勘定元帳の記入は，日付・金額を示せばよい。

　<u>取　　　引</u>
　/月/9日　松江商店へ商品￥200,000を売り渡し，代金は同店振り出しの約束手形で受け取った。
　　　　〃日　下関商店から商品の注文を受け，内金として￥50,000を，同店振り出しの小切手で受け取った。

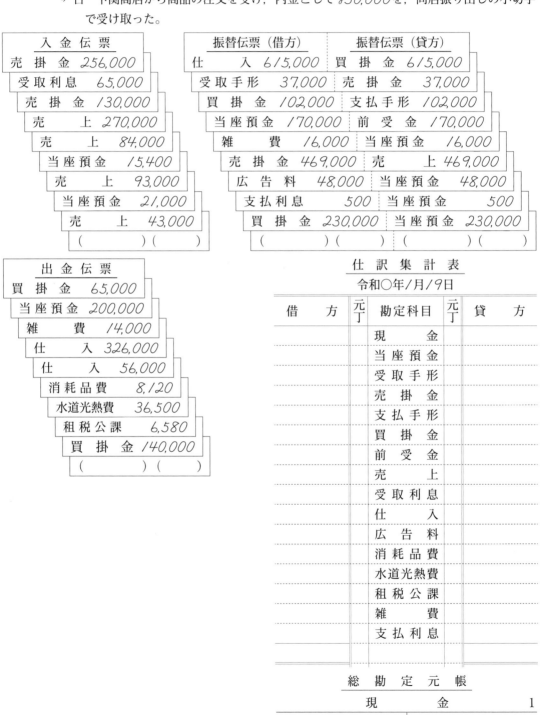

入　金　伝　票
売　掛　金	256,000
受　取　利　息	65,000
売　掛　金	130,000
売　　　上	270,000
売　　　上	84,000
当　座　預　金	15,400
売　　　上	93,000
当　座　預　金	21,000
売　　　上	43,000
(　　　)	(　　　)

振替伝票（借方）		振替伝票（貸方）	
仕　　　入	6/5,000	買　掛　金	6/5,000
受　取　手　形	37,000	売　掛　金	37,000
買　掛　金	102,000	支　払　手　形	102,000
当　座　預　金	170,000	前　受　金	170,000
雑　　　費	16,000	当　座　預　金	16,000
売　掛　金	469,000	売　　　上	469,000
広　告　料	48,000	当　座　預　金	48,000
支　払　利　息	500	当　座　預　金	500
買　掛　金	230,000	当　座　預　金	230,000
(　　)	(　　)	(　　)	(　　)

出　金　伝　票
買　掛　金	65,000
当　座　預　金	200,000
雑　　　費	14,000
仕　　　入	326,000
仕　　　入	56,000
消　耗　品　費	8,120
水　道　光　熱　費	36,500
租　税　公　課	6,580
買　掛　金	140,000
(　　　)	(　　　)

仕　訳　集　計　表
令和○年/月/9日

借　　方	元丁	勘定科目	元丁	貸　　方
		現　　金		
		当　座　預　金		
		受　取　手　形		
		売　掛　金		
		支　払　手　形		
		買　掛　金		
		前　受　金		
		売　　上		
		受　取　利　息		
		仕　　入		
		広　告　料		
		消　耗　品　費		
		水　道　光　熱　費		
		租　税　公　課		
		雑　　費		
		支　払　利　息		

総　勘　定　元　帳
現　　金　　1

| 8,765,210 | 4,186,210 |

15・4 愛知商店では3伝票制を採用し，仕訳集計表（日計表）を作成している。なお，同店では仕入・売上の取引の記入は，すべていったん全額を掛け取引として処理する方法によっている。よって，

a．/月/0日の略式の伝票を集計したさいの仕訳集計表（日計表）の（ ア ）と（ イ ）に入る金額を計算しなさい。ただし，下記の取引について，必要な伝票に記入したうえで計算すること。

b．下記の仕訳集計表から，総勘定元帳に転記後の仕入勘定の残高を計算しなさい。ただし，/月9日の仕入勘定の残高は¥3,280,000であった。

取　　引
/月/0日　一宮商店から商品¥/60,000を仕入れ，代金のうち，¥50,000は現金で支払い，残額は掛けとした。

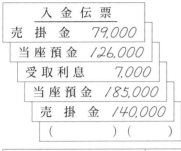

入　金　伝　票	
売　掛　金	79,000
当 座 預 金	/26,000
受 取 利 息	7,000
当 座 預 金	/85,000
売　掛　金	/40,000
（　　　　）	（　　　　）

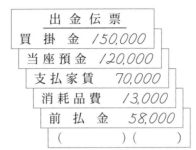

出　金　伝　票	
買　掛　金	/50,000
当 座 預 金	/20,000
支 払 家 賃	70,000
消 耗 品 費	/3,000
前　払　金	58,000
（　　　　）	（　　　　）

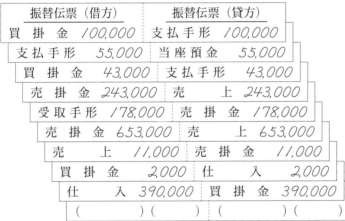

振替伝票（借方）		振替伝票（貸方）	
買　掛　金	/00,000	支 払 手 形	/00,000
支 払 手 形	55,000	当 座 預 金	55,000
買　掛　金	43,000	支 払 手 形	43,000
売　掛　金	243,000	売　　　上	243,000
受 取 手 形	/78,000	売　掛　金	/78,000
売　掛　金	653,000	売　　　上	653,000
売　　　上	//,000	売　掛　金	//,000
買　掛　金	2,000	仕　　　入	2,000
仕　　　入	390,000	買　掛　金	390,000
（　　　）	（　　　）	（　　　）	（　　　）

仕　訳　集　計　表
令和〇年/月/0日

借　　方	元丁	勘定科目	元丁	貸　　方
		現　　　金		
		当 座 預 金		
		受 取 手 形		
		売　掛　金		
		前　払　金		
		支 払 手 形		
（ ア ）		買　掛　金		
		売　　　上		
		受 取 利 息		
		仕　　　入		
		消 耗 品 費		
		支 払 家 賃		
（ イ ）				（ イ ）

a	ア	¥
	イ	¥
b		¥

総合問題 ❷ (2)

2-3 群馬商店では3伝票制を採用し，仕訳集計表（日計表）を作成している。よって，

a．6月/5日の略式伝票を集計したさいの仕訳集計表の（ ア ）と（ イ ）に入る金額を計算しなさい。ただし，下記の取引について，必要な伝票に記入したうえで計算すること。

b．下記の仕訳集計表から，総勘定元帳に転記後の当座預金勘定の残高を計算しなさい。ただし，6月/4日の当座預金勘定の残高は¥2,035,000（借方）であった。

取　　引

6月/5日　伊勢崎商店に商品¥/92,000を注文し，内金として¥20,000を現金で支払った。

〃日　高崎商店へ商品¥50,000を売り渡し，代金は自治体発行の商品券を受け取った。

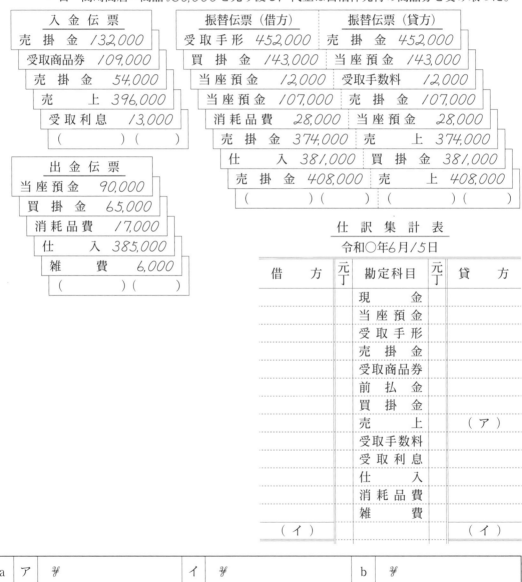

入 金 伝 票	
売 掛 金	/32,000
受取商品券	/09,000
売 掛 金	54,000
売　　上	396,000
受 取 利 息	/3,000
(　　　　)	(　　　　)

出 金 伝 票	
当 座 預 金	90,000
買 掛 金	65,000
消 耗 品 費	/7,000
仕　　入	385,000
雑　　費	6,000
(　　　　)	(　　　　)

振替伝票（借方）		振替伝票（貸方）	
受 取 手 形	452,000	売 掛 金	452,000
買 掛 金	/43,000	当 座 預 金	/43,000
当 座 預 金	/2,000	受 取 手 数 料	/2,000
当 座 預 金	/07,000	売 掛 金	/07,000
消 耗 品 費	28,000	当 座 預 金	28,000
売 掛 金	374,000	売　　上	374,000
仕　　入	38/,000	買 掛 金	38/,000
売 掛 金	408,000	売　　上	408,000
(　　　)	(　　　)	(　　　)	(　　　)

仕 訳 集 計 表
令和○年6月/5日

借　　方	元丁	勘定科目	元丁	貸　　方
		現　　　金		
		当 座 預 金		
		受 取 手 形		
		売 掛 金		
		受 取 商 品 券		
		前 払 金		
		買 掛 金		
		売　　　上		（ ア ）
		受 取 手 数 料		
		受 取 利 息		
		仕　　　入		
		消 耗 品 費		
		雑　　　費		
（ イ ）				（ イ ）

a	ア	¥		イ	¥		b	¥	

2-4 浜松商店の/月7日の略式伝票から，仕訳集計表（日計表）を作成し，総勘定元帳の現金・売掛金・売上・仕入の各勘定に転記しなさい。ただし，下記の取引について，必要な伝票に記入したうえで集計すること。なお，同店では仕入・売上の取引の記入は，すべていったん全額を掛け取引として処理する方法によっている。総勘定元帳の記入は，日付と金額を示せばよい。

取　　引

/月 7日　富士商店に商品¥200,000を売り渡し，代金のうち¥150,000は同店振り出しの小切手で受け取り，残額は掛けとした。

〃日　袋井商店に対する掛け代金¥150,000について，現金で支払った。

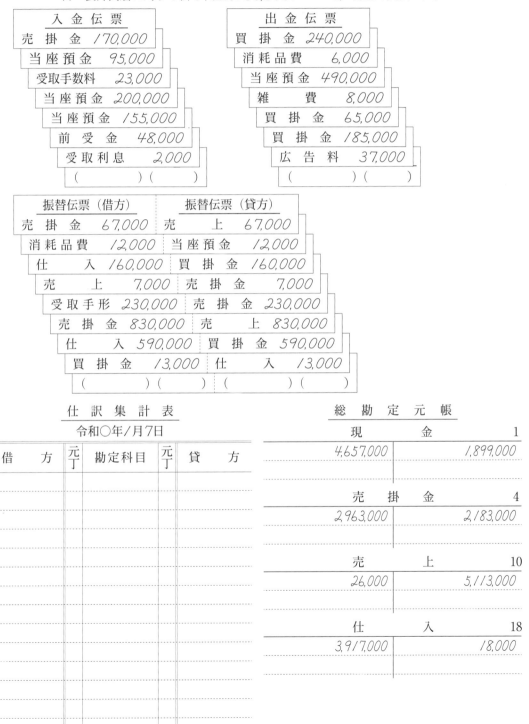

入　金　伝　票	
売　掛　金	/70,000
当 座 預 金	95,000
受 取 手 数 料	23,000
当 座 預 金	200,000
当 座 預 金	/55,000
前　受　金	48,000
受 取 利 息	2,000
（　　　　）	（　　　　）

出　金　伝　票	
買　掛　金	240,000
消 耗 品 費	6,000
当 座 預 金	490,000
雑　　　費	8,000
買　掛　金	65,000
買　掛　金	/85,000
広　告　料	37,000
（　　　　）	（　　　　）

振替伝票（借方）		振替伝票（貸方）	
売　掛　金	67,000	売　　　上	67,000
消 耗 品 費	12,000	当 座 預 金	12,000
仕　　　入	160,000	買　掛　金	160,000
売　　　上	7,000	売　掛　金	7,000
受 取 手 形	230,000	売　掛　金	230,000
売　掛　金	830,000	売　　　上	830,000
仕　　　入	590,000	買　掛　金	590,000
買　掛　金	/3,000	仕　　　入	/3,000
（　　　）	（　　　）	（　　　）	（　　　）

仕　訳　集　計　表
令和○年/月7日

借　　方	元丁	勘定科目	元丁	貸　　方

総　勘　定　元　帳

現　　　金		1
4,657,000		1,899,000

売　　掛　　金		4
2,963,000		2,183,000

売　　　上		10
26,000		5,//3,000

仕　　　入		18
3,9/7,000		18,000

16 ▶ 特殊な手形の取引

◀1▶ 手形の裏書譲渡

手形の所持人は，商品代金の支払いなどにあてるため，手形の裏面に必要事項を記入し，満期日前に手形債権を仕入先などに譲り渡すことができる。これを手形の**裏書譲渡**という。

例1 手形を裏書譲渡したとき
① 日光商店から商品¥70,000を仕入れ，代金はさきに前橋商店から受け取っていた約束手形#5を裏書譲渡した。

(借) 仕　　入　70,000　(貸) 受取手形　70,000

◀2▶ 手形の割引

手形の所持人は，満期日前に取引銀行などに手形を裏書きして，その手形を売却することができる。これを手形の**割引**という。手形の割引を行うと，割引日から満期日までの期間に対応する利息相当額（**割引料**）を手形金額から差し引かれる。割引料は**手形売却損勘定**（費用）を用いて仕訳する。

例2 手形の割引をし，割引料を差し引かれた手取金を当座預金としたとき
② かねて売上代金として受け取っていた約束手形¥60,000を取引銀行で割り引き，割引料を差し引かれた手取金¥58,500は当座預金とした。

(借) 当座預金　58,500　(貸) 受取手形　60,000
　　手形売却損　1,500

◀3▶ 手形の書き換え

手形の支払人が，手形の支払期日にその支払いが困難になった場合，手形の受取人の同意を得て，支払期日を延期してもらうことがある。この場合，支払人は支払期日を延期した手形を新たに振り出し，古い手形と交換する。これを**手形の書き換え**という。なお，支払いを延期した期間に対する利息は，現金などで支払うか，新しい手形の金額に加える。

例3 手形の支払期日を延期し，利息を現金で支払ったとき
③ 盛岡商店は，さきに商品代金支払いのために，米沢商店あてに振り出した約束手形¥50,000について，同店に支払期日の延期を申し出て，承諾を得たので，新しい手形を振り出して旧手形と交換した。なお，支払延期にともなう利息¥1,000は現金で支払った。

盛岡商店（手形債務者）			
支払手形	50,000	支払手形	50,000
支払利息	1,000	現　金	1,000

米沢商店（手形債権者）			
受取手形	50,000	受取手形	50,000
現　金	1,000	受取利息	1,000

（盛岡商店）　支　払　手　形		
旧手形(消滅) 50,000		50,000
	新手形振り出し 50,000	

（米沢商店）　受　取　手　形		
	50,000	旧手形(消滅) 50,000
新手形受け取り 50,000		

例4 手形の支払期日を延期し，利息を手形金額に含めたとき
④ 盛岡商店は，さきに商品代金支払いのために，米沢商店あてに振り出した約束手形¥50,000について，同店に支払期日の延期を申し出て，承諾を得たので，利息¥1,000を加えた新しい約束手形を振り出して旧手形と交換した。

盛岡商店（手形債務者）			
支払手形	50,000	支払手形	51,000
支払利息	1,000		

米沢商店（手形債務者）			
受取手形	51,000	受取手形	50,000
		受取利息	1,000

4 不渡手形 ··

　手形代金が支払期日に，手形債務者から手形債権者に支払われなかった場合を手形の不渡り
といい，この手形を**不渡手形**という。

　所有している手形が不渡りになった場合は，手形の受取人は手形の裏書人などに対して，支
払いを請求することができる。この請求権は**不渡手形勘定**（資産）に計上し，手形金額のほか，
償還請求に要した諸費用，支払期日以後の利息を含めて請求することができる。

例5 不渡りになったとき　⑤　北西商店から商品代金として裏書譲渡された南北商店振り出
　　　　　　　　　　　　　　　しの約束手形¥90,000が不渡りとなったので，北西商店に償
　　　　　　　　　　　　　　　還請求した。なお，償還請求に要した諸費用¥1,000は現金で
　　　　　　　　　　　　　　　支払った。

　　　　　　　〈当店〉（借）　不 渡 手 形　91,000　　（貸）　受 取 手 形　90,000
　　　　　　　　　　　　　　　　　　　　　　　　　　　　　　　現　　　金　　1,000

例6 後日，回収したとき　⑥　北西商店から，上記の請求金額¥91,000と支払期日以後の
　　　　　　　　　　　　　　　利息¥300を現金で受け取った。また，同時に北西商店は南北
　　　　　　　　　　　　　　　商店に対して¥91,300を償還請求した。

　　　　　　　〈当店〉（借）　現　　　金　　91,300　　（貸）　不 渡 手 形　91,000
　　　　　　　　　　　　　　　　　　　　　　　　　　　　　　　受 取 利 息　　 300

　　　　　　〈北西商店〉（借）　不 渡 手 形　91,300　　（貸）　現　　　金　　91,300

<table>
<tr><td colspan="3" align="center">受 取 手 形</td><td></td><td colspan="3" align="center">不 渡 手 形</td></tr>
<tr><td>手形の受け入れ</td><td>90,000</td><td>⑤</td><td></td><td>90,000</td><td rowspan="2">⑥回収91,000</td></tr>
<tr><td></td><td></td><td></td><td>請求費用</td><td>1,000</td></tr>
</table>

例7 回収不能になったとき　⑦　南北商店が倒産し，不渡手形¥91,300が回収できなくなっ
　　　　　　　　　　　　　　　たので，貸し倒れとして処理した。ただし，貸倒引当金勘定の
　　　　　　　　　　　　　　　残高が¥100,000ある。

　　　　　　〈北西商店〉（借）　貸倒引当金　91,300　　（貸）　不 渡 手 形　91,300

16 1　次の取引の仕訳を示しなさい。ただし，商品に関する勘定は3分法によること。
(1)　秩父商店に対する買掛金¥210,000の支払いのため，さきに浦安商店から商品代金として受
　　け取っていた同店振り出しの約束手形を裏書譲渡した。
(2)　成田商店は，さきに商品代金として受け取っていた約束手形¥320,000を取引銀行で割り引
　　き，割引料¥4,800を差し引かれ，手取金¥315,200は当座預金とした。
(3)　船橋商店から商品¥420,000を仕入れ，代金のうち¥180,000は，さきに売掛金の回収と
　　して受け取っていた市川商店振り出しの約束手形を裏書譲渡し，残額は掛けとした。
(4)　青梅商店から売掛金の一部として，多摩商店振り出し，青梅商店あての約束手形¥160,000
　　を裏書譲渡された。

	借　　　　　　　方	貸　　　　　　　方
(1)		
(2)		
(3)		
(4)		

16-2　次の取引について奥州商店と北上商店の仕訳を示しなさい。
　　奥州商店は，商品代金として，北上商店あてに振り出した約束手形¥200,000について，同店に支払期日の延期を申し出て，承諾を得たので，新しい約束手形を振り出して旧手形と交換した。なお，利息¥4,000は現金で支払った。

	借　　　　　方	貸　　　　　方
奥州商店		
北上商店		

16-3　次の取引について天童商店と新庄商店の仕訳を示しなさい。
　　天童商店は，約束手形を振り出して，新庄商店から¥400,000を借り入れていたが，本日，支払期日の延期の承諾を得て，利息¥6,000を加えた新しい約束手形を振り出して旧手形と交換した。

	借　　　　　方	貸　　　　　方
天童商店		
新庄商店		

16-4　次の取引の仕訳を示しなさい。
(1)　八戸商店は，さきに商品代金支払いのために，弘前商店あてに振り出した約束手形¥300,000について，同店に支払期日の延期を申し出て，承諾を得たので，新しい約束手形を振り出して旧手形と交換した。なお，利息¥2,000は現金で支払った。
(2)　さきに，売上代金として受け取っていた，北上商店振り出し，当店あての約束手形¥450,000について，同店から支払期日の延期の申し出があり，これを承諾し，利息¥3,900を加算した新しい手形と交換した。

	借　　　　　方	貸　　　　　方
(1)		
(2)		

16-5　次の取引の仕訳を示しなさい。
(1)　南北商店振り出し，当店あての約束手形¥170,000が不渡りとなり，同店に対して償還請求を行った。なお，償還請求に要した費用¥3,000は現金で支払った。
(2)　南北商店から，上記の請求金額¥173,000と支払期日以後の利息¥600を現金で受け取った。

	借　　　　　方	貸　　　　　方
(1)		
(2)		

16→6 次の取引の仕訳を示しなさい。

南西商店が倒産し，不渡手形¥234,800が回収できなくなったので，貸し倒れとして処理した。ただし，貸倒引当金勘定の残高は¥300,000ある。

借 方	貸 方

16→7 次の取引の仕訳を示しなさい。

(1) 長井商店から商品代金として裏書譲渡されていた北西商店振り出しの約束手形¥250,000が不渡りとなったので，長井商店に償還請求した。なお，このために要した諸費用¥3,000は現金で支払った。

(2) かねて，不渡りとなり償還請求していた南西商店振り出しの約束手形¥650,000について，本日，手形金額の一部¥390,000を現金で受け取り，残額¥260,000は貸し倒れとして処理した。ただし，貸倒引当金勘定の残高が¥200,000ある。

	借 方	貸 方
(1)		
(2)		

検定問題

16→8 次の取引の仕訳を示しなさい。ただし，商品に関する勘定は3分法によること。

(1) 京都商店から，商品代金として受け取っていた同店振り出しの約束手形¥600,000を取引銀行で割り引き，割引料¥18,000を差し引かれた手取金¥582,000は当座預金とした。第81回

(2) 富山商店から商品¥270,000を仕入れ，代金はさきに得意先新潟商店から受け取っていた約束手形¥270,000を裏書譲渡した。第88回

(3) かねて，商品代金として受け取っていた東西商店振り出し，当店あての約束手形¥730,000が不渡りとなり，償還請求に要した諸費用¥2,000とあわせて東西商店に支払請求していたが，本日，請求金額と期日以後の利息¥1,000を現金で受け取った。第84回

(4) さきに，福島商店に対する買掛金の支払いのために振り出した約束手形¥300,000について，支払い期日の延期を申し出て，同店の承諾を得た。よって，支払期日の延期にともなう利息¥6,000を加えた新しい手形を振り出して，旧手形と交換した。第91回

	借 方	貸 方
(1)		
(2)		
(3)		
(4)		

16-9 北海道商店の手形に関する補助簿は，下記のとおりである。よって， 第85回

　a．この補助簿の名称（　ア　）は次のうちどちらか，番号を記入しなさい。

　　　1．受取手形記入帳　　2．支払手形記入帳

　b．2月8日に約束手形#16を割り引いたさいの手取額は¥248,000であった。このときに手形売却損勘定に記入された金額を求めなさい。

（　　ア　　）

令和○年	摘要	金額	手形種類	手形番号	支払人	振出人または裏書人	振出日	満期日	支払場所	てん末 月日	てん末 摘要
1 19	売り上げ	250,000	約手	16	札幌商店	札幌商店	1 19	3 19	全商銀行札幌支店	2 8	割引
2 8	売掛金回収	240,000	約手	21	小樽商店	北見商店	1 27	3 27	全商銀行小樽支店		

a		b	¥

16-10 滋賀商店における下記の当座預金出納帳と受取手形記入帳によって， 第91回

　a．受取手形記入帳の（　ア　）の金額を求めなさい。

　b．2月16日に約束手形#9を割り引いたさいの，手形売却損の金額を求めなさい。

　　ただし，借越限度額を¥500,000とする当座借越契約を結んでいる。

当 座 預 金 出 納 帳

令和○年	摘　　要	預　入	引　出	借または貸	残　高
2 1	前月繰越	110,000		借	110,000
7	米原商店から商品仕入れ　小切手#2		150,000	貸	（　　）
9	大津商店振り出し　約手#3入金	（　　）		借	360,000
16	彦根商店振り出し　約手#9割引き	599,000		〃	959,000

受 取 手 形 記 入 帳

令和○年	摘要	金額	手形種類	手形番号	支払人	振出人または裏書人	振出日	満期日	支払場所	てん末 月日	てん末 摘要
1 9	売り上げ	（　ア　）	約手	3	大津商店	大津商店	1 9	2 9	全商銀行大津支店	2 9	入金
16	売り上げ	600,000	約手	9	彦根商店	彦根商店	1 16	3 16	全商銀行彦根支店	2 16	割引

a	¥	b	¥

17 営業外受取手形・営業外支払手形

学習の要点

1 営業外受取手形・営業外支払手形とは…………………………………………………………

商品売買または金銭の貸借以外で約束手形を使う場合，たとえば土地や備品など固定資産の購入や売却のときなどで約束手形を使う場合は**営業外受取手形**と**営業外支払手形**を用いる。

2 営業外受取手形に関する基本仕訳…………………………………………………………

土地や備品など固定資産の売却のときなどで約束手形を使った場合，手形の受取人は**営業外受取手形勘定**（資産）を用いる。

例1 備品を売却し，代金として手形を受け取ったとき　山梨商店に帳簿価額¥150,000の備品を¥120,000で売却し，代金は同店振り出しの約束手形で受け取った。

(借) 営業外受取手形　120,000　(貸) 備　　　　品　150,000
固定資産売却損　 30,000

3 営業外支払手形に関する基本仕訳…………………………………………………………

土地や備品など固定資産の購入のときなどで約束手形を使った場合，手形の振出人は**営業外支払手形勘定**（負債）を用いる。

例2 土地を購入し，代金として手形を振り出したとき　土地¥2,600,000を購入し，代金は全額約束手形を振り出して支払った。

(借) 土　　　　地　2,600,000　(貸) 営業外支払手形　2,600,000

17-1 次の取引の仕訳を示しなさい。

(1) 甲府商店に帳簿価額¥1,700,000の土地を¥1,900,000で売却し，代金は同店振り出しの約束手形で受け取った。

(2) 大月商店に帳簿価額¥155,000の営業用のパーソナルコンピュータを¥140,000で売却し，代金は同店振り出しの約束手形で受け取った。

	借　　　　　方	貸　　　　　方
(1)		
(2)		

17-2 次の取引の仕訳を示しなさい。

(1) 営業用の備品を購入し，代金¥380,000は約束手形を振り出して支払った。

(2) 営業用のトラックを購入し，代金¥1,600,000のうち¥1,000,000は現金で支払い，残額は約束手形を振り出して支払った。

	借　　　　　方	貸　　　　　方
(1)		
(2)		

18 ▶ 有価証券

学習の要点

1 ▶ 有価証券 ·············

企業では，営業資金に余裕が生じたとき，有価証券を保有することがある。
有価証券には，**株式・社債・公債**などがある。

2 ▶ 有価証券を取得したときの基本仕訳 ·············

有価証券を取得したときは，**有価証券勘定**❶（資産）を用いて仕訳する。

例1 有価証券を取得した　7/1　川口商事株式会社発行の株式20株を，／株につき
とき　　　　　　　　　　　¥65,000で買い入れ，代金は買入手数料¥20,000とともに
　　　　　　　　　　　　　小切手を振り出して支払った。

　　　　　　　　　（借）有価証券 1,320,000　（貸）当座預金 1,320,000

有価証券の買入価額の計算方法（買入価額には手数料なども含める）

〔株式〕　1株の価額×株式数	〔社債・公債〕　額面総額× $\dfrac{額面¥100あたりの価額}{¥100}$

3 ▶ 有価証券を売却したときの基本仕訳 ·············

　有価証券を帳簿価額より高い価額で売却したときは，その差額を**有価証券売却益勘定**（収益）
を用いて，帳簿価額より低い価額で売却したときは，その差額を**有価証券売却損勘定**（費用）
を用いて仕訳する。

例2 帳簿価額より高い価　8/5　**例1**の株式／0株（／株の帳簿価額¥66,000）を，／株につ
額で有価証券を売却　　　　き¥70,000で売却し，代金は現金で受け取った。
したとき

　　　　　　　　　（借）現　　金 700,000　（貸）有価証券 660,000
　　　　　　　　　　　　　　　　　　　　　　　有価証券売却益 40,000

例3 帳簿価額より低い価　10/8　**例1**の株式／0株（／株の帳簿価額¥66,000）を，／株に
額で有価証券を売却　　　　つき¥60,000で売却し，代金は現金で受け取った。
したとき

　　　　　　　　　（借）現　　金 600,000　（貸）有価証券 660,000
　　　　　　　　　　　　有価証券売却損 60,000

18▶1　次の取引の仕訳を示しなさい。
(1) 売買目的で熊谷商事株式会社の額面金額¥500,000の社債を，額面¥/00につき¥97で買い入れ，代金は現金で支払った。
(2) 売買目的で秩父商事株式会社発行の株式5株を，／株につき¥80,000で買い入れ，代金は買入手数料¥5,000とともに小切手を振り出して支払った。

	借　　　　　方	貸　　　　　方
(1)		
(2)		

18-2 次の取引の仕訳を示しなさい。

(1) 売買目的で/株につき¥55,000で保有している船橋商事株式会社発行の株式6株を，/株につき¥65,000で売却し，代金は小切手で受け取り，ただちに当座預金に預け入れた。

(2) 売買目的で保有している成田商事株式会社の株式/0株（/株の帳簿価額¥72,000）を，/株につき¥68,000で売却し，代金は小切手で受け取った。

(3) 売買目的で保有している浦安商事株式会社の額面金額¥800,000の社債（帳簿価額¥784,000）を，額面¥/00につき¥99で売却し，代金は現金で受け取った。

(4) 売買目的で額面¥/00につき¥99で買い入れていた額面金額¥/,000,000の国債を，額面¥/00につき¥97.50で売却し，代金は小切手で受け取り，ただちに当座預金に預け入れた。

	借　　　　　方	貸　　　　　方
(1)		
(2)		
(3)		
(4)		

検定問題

18-3 次の取引の仕訳を示しなさい。

(1) 売買目的で和歌山産業株式会社の株式20株を/株につき¥80,000で買い入れ，代金は小切手を振り出して支払った。　〔第81回〕

(2) 売買目的で長野商事株式会社の株式30株を/株につき¥57,000で買い入れ，代金は買入手数料¥/3,000とともに小切手を振り出して支払った。　〔第87回〕

(3) 売買目的で保有している熊本商事株式会社の株式20株（/株の帳簿価額¥74,000）を/株につき¥79,000で売却し，代金は当店の当座預金口座に振り込まれた。　〔第82回〕

(4) 売買目的で保有している新潟商事株式会社の株式200株（/株の帳簿価額¥6,000）を/株につき¥7,000で売却し，代金は当店の当座預金口座に振り込まれた。　〔第91回〕

	借　　　　　方	貸　　　　　方
(1)		
(2)		
(3)		
(4)		

総合問題 ③

③-1 次の取引の仕訳を示しなさい。ただし，商品売買に関する勘定は3分法によること。

(1) 山梨商店から商品¥740,000を仕入れ，代金のうち¥400,000は，さきに甲府商店から受け取っていた同店振り出しの約束手形を裏書譲渡し，残額は掛けとした。

(2) 得意先相馬商店から受け取っていた同店振り出しの約束手形¥380,000を取引銀行で割り引き，割引料を差し引かれた手取金¥375,500は当座預金とした。

(3) 南東商店は，約束手形を振り出して¥600,000を借り入れていたが，本日，支払期日の延期の承諾を得て，利息¥9,000を加えた新しい約束手形を振り出して旧手形と交換した。

(4) さきに，買掛金の支払いのため振り出した福島商店あての約束手形¥390,000について，支払期日の延期を申し出て，同店の承諾を得て，支払延期にともなう利息¥7,000を含めた新しい手形と交換した。

(5) 売上代金として受け取っていた，東南商店振り出し，当店あての約束手形¥400,000について，同店から支払期日の延期の申し出があり，これを承諾して，新しい手形を受け取り旧手形と交換した。なお，支払延期にともなう利息¥2,000は現金で受け取った。

(6) かねて北西商店から約束手形を受け取って貸し付けていた¥800,000について，同店から支払期日の延期の申し出があったので，これを承諾し，支払延期にともなう利息¥16,000を含めた新手形を受け取り旧手形と交換した。

(7) 北東商店から，商品代金として譲り受けていた約束手形¥640,000が不渡りとなったので同店に償還請求をした。なお，このために要した諸費用¥3,000は現金で支払った。

(8) かねて，南西商店から商品代金として譲り受けていた約束手形が不渡りとなり，手形金額¥460,000と償還請求の諸費用¥8,000をあわせて償還請求していたが，本日，請求金額と支払期日以後の利息¥7,000を現金で受け取った。

	借　　　　　　方	貸　　　　　　方
(1)		
(2)		
(3)		
(4)		
(5)		
(6)		
(7)		
(8)		

3-2 次の取引の仕訳を示しなさい。

(1) 東西商店から，商品代金として受け取っていた同店振り出し，当店あての約束手形 ¥250,000 が不渡りとなり，償還請求の諸費用 ¥4,000 とあわせて請求していたが，本日，東西商店が倒産し，手形代金の回収が不能となったので，貸し倒れとして処理した。ただし，貸倒引当金勘定の残高は ¥200,000 ある。

(2) 西東商店が倒産し，不渡手形 ¥532,500 が回収できなくなったので，貸し倒れとして処理した。ただし，貸倒引当金勘定の残高は ¥600,000 ある。

(3) 三重商店に帳簿価額 ¥750,000 の営業車を ¥800,000 で売却し，代金は同店振り出しの約束手形で受け取った。

(4) かねて土地の購入代金の一部として振り出していた約束手形 ¥2,000,000 について，本日満期となり，当座預金から支払われたむねの通知を，取引銀行から受けた。

(5) 売買目的で額面 ¥3,000,000 の太田商事株式会社の社債を額面 ¥100 につき ¥98 で買い入れ，代金は小切手を振り出して支払った。

(6) 上記(5)の社債を額面 ¥100 につき ¥99 で売却し，代金は小切手で受け取り，ただちに当座預金に預け入れた。

(7) 売買目的で群馬物産株式会社の株式 20 株を 1 株につき ¥70,000 で買い入れ，代金は買入手数料 ¥8,000 とともに小切手を振り出して支払った。

(8) 売買目的で買い入れていた千葉商事株式会社の株式 10 株（1 株の帳簿価額 ¥68,000）を 1 株につき ¥66,000 で売却し，代金は小切手で受け取った。

	借　　　　　方	貸　　　　　方
(1)		
(2)		
(3)		
(4)		
(5)		
(6)		
(7)		
(8)		

19 本支店間の取引

1 ▶ **支店会計の独立**……………………………………………………………………………………

　支店の財政状態や経営成績を正しく知るために，支店は本店から独立した帳簿をそなえ，支店独自の貸借対照表・損益計算書を作成する。これを**支店会計の独立**という。

2 ▶ **本支店間の取引**……………………………………………………………………………………

　本店と支店との間に生じた取引を本支店間の取引といい，本店と支店の間には，貸借関係が生じる。この処理のために，本店には**支店勘定**，支店には**本店勘定**を設けて記帳する。なお，決算において，支店で純損益を計上すると，これを本店に報告する。本店は，この報告を受け損益勘定に記入する。

本店の総勘定元帳 支　　店		支店の総勘定元帳 本　　店	
支店に対する {債権の増加 債務の減少	支店に対する {債権の減少 債務の増加	本店に対する {債権の増加 債務の減少	本店に対する {債権の減少 債務の増加
	}残高 ----→ 貸借反対に生じ，一致する ←---- 残高{	

例1 本店から支店へ現金を送ったとき

① 本店は，支店に現金¥70,000を送り，支店はこれを受け取った。

（本店）（借）支　店　70,000　（貸）現　金　70,000
（支店）（借）現　金　70,000　（貸）本　店　70,000

例2 本店から支店へ商品を発送したとき

② 本店は，支店に商品¥25,000（原価）を発送し，支店はこれを受け取った。

（本店）（借）支　店　25,000　（貸）仕　入　25,000
（支店）（借）仕　入　25,000　（貸）本　店　25,000

例3 支店が本店の買掛金を支払ったとき

③ 支店は，本店の買掛金¥35,000を現金で立て替えて支払い，本店はその通知を受けた。

（本店）（借）買掛金　35,000　（貸）支　店　35,000
（支店）（借）本　店　35,000　（貸）現　金　35,000

支　　　店		本　　　店	
① 現　金　70,000	③ 買掛金　35,000	③ 現　金　35,000	① 現　金　70,000
② 仕　入　25,000	}借方残高 60,000	60,000 貸方残高{	② 仕　入　25,000

（中央：貸借反対に生じ，一致する）

例4 決算で支店が純利益を計上したとき

④ 支店は決算の結果，当期純利益¥4,000を計上し，本店はその通知を受けた。

（本店）（借）支　店　4,000　（貸）損　益　4,000
（支店）（借）損　益　4,000　（貸）本　店　4,000

本　　　店 ←── 純損益の通知 ── 支　　　店

支　　　店		本　　　店	
④ 損　益　4,000			④ 損　益　4,000

損　　　益		損　　　益	
本店の費用	本店の収益	支店の費用	支店の収益
本店の純利益 支店の純利益{④ 支　店　4,000		④ 本　店　4,000	

例5 決算で支店が純損失を計上したとき

⑤ 支店は決算の結果，当期純損失¥3,000を計上し，本店はその通知を受けた。

（本店）（借）損　益　3,000　（貸）支　店　3,000
（支店）（借）本　店　3,000　（貸）損　益　3,000

19-1 次の本支店間の取引について，本店と支店の仕訳を示しなさい。
(1) 本店は，支店に現金¥100,000を送り，支店はこれを受け取った。
(2) 本店は，支店に商品¥500,000（原価）を発送し，支店はこれを受け取った。
(3) 支店は，本店の買掛金¥200,000を現金で支払い，本店はこの通知を受けた。
(4) 支店は，決算の結果，当期純利益¥110,000を計上し，本店はこの通知を受けた。

		借 方	貸 方
(1)	本店		
	支店		
(2)	本店		
	支店		
(3)	本店		
	支店		
(4)	本店		
	支店		

19-2 次の本支店間の取引について，本店と支店の仕訳を示し，下記の支店勘定と本店勘定に転記しなさい。
(1) 本店は，出張してきた支店従業員の旅費¥30,000を現金で立て替えて支払い，支店はこの通知を受けた。
(2) 本店は，支店の広告料¥25,000を現金で立て替えて支払い，支店はこの通知を受けた。
(3) 支店は，本店から送付された商品¥300,000（原価）のうち，¥15,000について本店に返品した。
(4) 本店は，支店の売掛金¥100,000を得意先振り出しの約束手形で受け取り，支店はこの通知を受けた。

		借 方	貸 方
(1)	本店		
	支店		
(2)	本店		
	支店		
(3)	本店		
	支店		
(4)	本店		
	支店		

支 店		本 店	

19▶3 次の本支店間の取引について，本店と支店の仕訳を示し，下記の支店勘定と本店勘定に転記しなさい。また，決算直前の支店勘定と本店勘定の一致額を求めなさい。

(1) 京都商店は，支店を開設し，現金¥1,000,000　商品¥400,000（原価）　備品¥500,000 を送った。支店は，これらを受け取った。

(2) 支店は，本店の仕入先奈良商店に対する借入金¥250,000を小切手を振り出して支払った。本店は，この通知を受けた。

(3) 本店は，支店の買掛金¥200,000を支払うため，小切手を振り出して渡した。支店は，この通知を受けた。

(4) 支店は，決算の結果，当期純損失¥270,000を計上し，本店は，この通知を受けた。

		借　　　　　方	貸　　　　　方
(1)	本店		
	支店		
(2)	本店		
	支店		
(3)	本店		
	支店		
(4)	本店		
	支店		

支　　　　店		本　　　　店	

決算直前の支店勘定と本店勘定の一致額	¥

検定問題

19-4 次の取引の仕訳を示しなさい。

(1) 秋田商会の本店は，広告料¥300,000を現金で支払った。ただし，このうち¥120,000は支店の負担分である。（本店の仕訳）　　第91回

(2) 富山商店の本店は，決算の結果，支店が当期純利益¥240,000を計上したとの通知を受けた。（本店の仕訳）　　第90回

(3) 西北商会の本店は，決算の結果，支店が当期純損失¥290,000を計上したとの通知を受けた（本店の仕訳）　　第88回

(4) 茨城商店の本店は，通信費¥18,000を現金で支払った。ただし，このうち¥6,000は支店の負担分である。（本店の仕訳）　　第86回

(5) 関西商会の本店は，支店の得意先に対する売掛金¥280,000を現金で回収し，支店にこの通知をした。（本店の仕訳）　　第84回

(6) 埼玉商会の本店は，支店に送付した商品のうちに品違いがあったので，原価¥21,000の商品の返送を受けた。（本店の仕訳）　　第82回

(7) 福岡商会の本店は，支店に送付した商品のうちに品違いがあったので，原価¥16,000の商品の返送を受けた。（本店の仕訳）　　第77回

(8) 北西商会の本店は，支店から当期純損失¥320,000を計上したとの報告を受けた。（本店の仕訳）　　第75回

(9) 兵庫商会の本店は，広告料¥150,000を現金で支払った。ただし，このうち¥42,000は支店の負担分である。（本店の仕訳）　　第80回

	借　　　　　方	貸　　　　　方
(1)		
(2)		
(3)		
(4)		
(5)		
(6)		
(7)		
(8)		
(9)		

20 本支店の財務諸表の合併

学習の要点

1 本支店の財務諸表の合併とは

　支店会計が独立している場合，本店と支店はそれぞれの元帳勘定残高をもとに決算を行い，損益計算書と貸借対照表を作成する。これにより本店と支店の個別の業績が明らかになる。次に，本店と支店それぞれが作成した損益計算書と貸借対照表を合併してひとつの企業としての財務諸表を作成する。これを**本支店の財務諸表の合併**という。

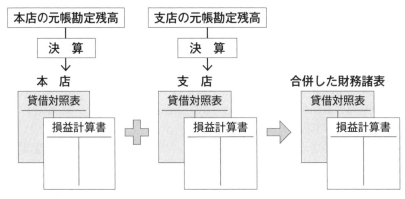

2 合併損益計算書と合併貸借対照表の作成

　財務諸表の合併に先立って，支店の決算によって計上された純損益を次の仕訳により本店に振り替える。

◎支店が純利益を計上したとき

《本店の仕訳》　（借）支　　店　×××　　（貸）損　　益　×××
《支店の仕訳》　（借）損　　益　×××　　（貸）本　　店　×××

　合併損益計算書と合併貸借対照表は，本店と支店が個別に作成した損益計算書と貸借対照表の同一項目（科目）の金額を合算して作成する。このとき，支店勘定と本店勘定は貸借反対で一致するので，これを相殺し，合併貸借対照表には記載しない。

20-1 宇都宮商店の令和〇年/2月3/日における本店と支店それぞれが作成した損益計算書と貸借対照表は，下記のとおりである。よって，
　(1) 支店の純損益を本店に振り替える仕訳を示しなさい。
　(2) 合併損益計算書と合併貸借対照表を完成しなさい。

本 店 損 益 計 算 書

令和〇年/月/日から令和〇年/2月3/日まで（単位：円）

売上原価	2,325,000	売 上 高	3,456,000
給　　料	365,000		
広 告 料	102,000		
通 信 費	51,000		
貸倒引当金繰入	19,000		
減価償却費	120,000		
支払利息	32,000		
当期純利益	442,000		
	3,456,000		3,456,000

本 店 貸 借 対 照 表

令和〇年/2月3/日　　　　　（単位：円）

現　　金		900,000	買 掛 金	420,000
売 掛 金	600,000		借 入 金	800,000
貸倒引当金	30,000	570,000	資 本 金	1,500,000
商　　品		520,000	当期純利益	442,000
備　　品		360,000		
支　　店		812,000		
		3,162,000		3,162,000

支 店 損 益 計 算 書

令和○年1月1日から令和○年12月31日まで（単位：円）

借方	金額	貸方	金額
売上原価	1,390,000	売 上 高	2,033,000
給　料	250,000		
広告料	63,000		
通信費	29,000		
貸倒引当金繰入	11,000		
減価償却費	60,000		
当期純利益	230,000		
	2,033,000		2,033,000

支 店 貸 借 対 照 表

令和○年12月31日　（単位：円）

資産		金額	負債・純資産	金額
現　金		460,000	買 掛 金	270,000
売 掛 金	360,000		本　店	812,000
貸倒引当金	18,000	342,000	当期純利益	230,000
商　品		330,000		
備　品		180,000		
		1,312,000		1,312,000

(1)

	借　　　　方	貸　　　　方
本店		
支店		

(2)

合 併 損 益 計 算 書

宇都宮商店　　　令和○年1月1日から令和○年12月31日まで　　　（単位：円）

費　　用	金　額	収　益	金　額
（　　　　　）	（　　　　　）	売 上 高	（　　　　　）
給　　　料	615,000		
広　告　料	（　　　　　）		
通　信　費	80,000		
貸 倒 引 当 金 繰 入	（　　　　　）		
減 価 償 却 費	（　　　　　）		
支 払 利 息	32,000		
（　　　　　）	（　　　　　）		
	（　　　　　）		（　　　　　）

合 併 貸 借 対 照 表

宇都宮商店　　　令和○年12月31日　　　（単位：円）

資　　産	金　額	負債および純資産	金　額
現　　金	（　　　　　）	買 掛 金	690,000
売 掛 金　960,000		借 入 金	800,000
貸倒引当金　48,000	912,000	資 本 金	（　　　　　）
（　　　　） （　　　　　）		（　　　　　）	（　　　　　）
備　　品	（　　　　　）		
	（　　　　　）		（　　　　　）

20·2 支店会計が独立している弘前商店（個人企業　決算年/回　/2月3/日）の下記の資料によって，

(1) /2月3/日における本支店間の取引の仕訳を示し，支店勘定と本店勘定に転記しなさい。なお，仕訳が不要の場合は借方欄に「仕訳なし」と記入すること。

(2) 次の金額を計算しなさい。

    a．支店勘定残高と本店勘定残高の一致額　 b．本支店合併後の買掛金

    c．当期の売上原価

資　　料

 i　/2月30日における元帳勘定残高（一部）

	本　店	支　店
繰 越 商 品	¥/00,000	¥ 50,000
買 掛 金	840,000	400,000
支 店	540,000（借方）	———
本 店	———	5/0,000（貸方）
仕 入	800,000	600,000

 ii　/2月3/日における本支店間の取引

  ① 本店は，支店の買掛金¥220,000を現金で支払った。支店はその報告を受けた。

  ② 支店は，本店が/2月29日に送付していた商品¥30,000（原価）を受け取った。

 iii　決算整理事項（一部）

   期末商品棚卸高　本店　¥90,000

         支店　¥80,000（資料ii②の商品も含まれている）

(1)

		借　　　　　方	貸　　　　　方
①	本店		
	支店		
②	本店		
	支店		

支　　　店		本　　　店	
540,000			5/0,000

(2)

a	支店勘定残高と本店勘定残高の一致額	¥	b	本支店合併後の買掛金	¥	c	当期の売上原価	¥

20・3 支店会計が独立している沼津商店（個人企業　決算年/回　/2月3/日）における下記の資料によって，

(1) /2月3/日における本支店間の取引の仕訳を示し，支店勘定と本店勘定に転記しなさい。なお，仕訳が不要の場合は借方欄に「仕訳なし」と記入すること。

(2) 次の金額を計算しなさい。

　　　　　a．支店勘定残高と本店勘定残高の一致額　　　　b．本支店合併後の現金

資　　料

　i　/2月30日における元帳勘定残高（一部）

	本　店	支　店
現　　金	¥680,000	¥490,000
支　　店	820,000（借方）	———
本　　店	———	730,000（貸方）

　ii　/2月3/日における本支店間の取引

　①　支店は，本店の売掛金¥50,000を現金で受け取った。

　　　本店は，その報告を受けた。

　②　本店は，広告料¥80,000（うち支店負担分¥20,000）を現金で支払った。

　　　支店は，その報告を受けた。

　③　本店は，支店が/2月28日に送付していた送金小切手¥50,000と現金¥40,000を受け取った。

(1)

		借　　　　　方	貸　　　　　方
①	本店		
	支店		
②	本店		
	支店		
③	本店		
	支店		

支　　店		本　　店	
820,000			730,000

(2)

a	支店勘定残高と本店勘定残高の一致額	¥	b	本支店合併後の現　金	¥

20-4 支店会計が独立している東北商店（個人企業）の下記の資料と本支店合併後の貸借対照表によって，

(1) /2月3/日における本支店間の取引の仕訳を示し，支店勘定と本店勘定に転記しなさい。なお，仕訳が不要の場合は借方欄に「仕訳なし」と記入すること。

(2) 次の金額を計算しなさい。

　　　a．支店勘定残高と本店勘定残高の一致額　　　b．本支店合併後の現金（アの金額）
　　　c．本支店合併後の当座預金（イの金額）　　　d．本支店合併後の買掛金（ウの金額）
　　　e．本支店合併後の当期純利益（エの金額）

資　料

i　/2月30日における元帳勘定残高（一部）

	本　店	支　店
現　　金	¥ 520,000	¥ 280,000
当座預金	1,300,000	900,000
買　掛　金	800,000	560,000
支　　店	7/0,000（借方）	———
本　　店	———	630,000（貸方）

ii　/2月3/日における本支店間の取引

① 支店は，本店の買掛金¥60,000を現金で支払った。

　本店は，その報告を受けた。

② 支店は，本店の広告料¥/20,000を小切手を振り出して立て替え払いした。

　本店は，その報告を受けた。

③ 支店は，本店が/2月29日に送付していた商品¥80,000（原価）を受け取った。

〔本支店合併後の貸借対照表〕

貸　借　対　照　表

東北商店　　　令和○年/2月3/日　　（単位：円）

資　産	金　額	負債・純資産	金　額
現　　金	（　ア　）	支払手形	1,600,000
当座預金	（　イ　）	買　掛　金	（　ウ　）
売　掛　金	2,240,000	資　本　金	5,000,000
商　　品	1,500,000	当期純利益	（　エ　）
備　　品	2,000,000		
（　　　）		（　　　）	

(1)

		借　　　　方	貸　　　　方
①	本店		
	支店		
②	本店		
	支店		
③	本店		
	支店		

支　　　店		本　　　店	
7/0,000			630,000

(2)

a	支店勘定残高と本店勘定残高の一致額	¥	b	本支店合併後の現　金（アの金額）	¥	c	本支店合併後の当座預金（イの金額）	¥
d	本支店合併後の買　掛　金（ウの金額）	¥	e	本支店合併後の当期純利益（エの金額）	¥			

検定問題

20-5 支店会計が独立している青森商店（個人企業　決算年/回　/2月3/日）の下記の資料によって，次の金額を計算しなさい。 第91回

　　　　a．支店勘定残高と本店勘定残高の一致額　　　　b．当期の売上原価

資　料
　i　/2月30日における元帳勘定残高（一部）

	本　店	支　店
繰越商品	¥/02,000	¥　49,000
買　掛　金	540,000	370,000
支　　　店	438,000（借方）	———
本　　　店	———	4/0,000（貸方）
仕　　　入	793,000	500,000

　ii　/2月3/日における本支店間の取引
　　①　本店は，支店の買掛金¥240,000を現金で支払った。支店はその報告を受けた。
　　②　支店は，本店が/2月29日に送付していた商品¥28,000（原価）を受け取った。
　iii　決算整理事項（一部）
　　　　期末商品棚卸高　　本店　¥98,000
　　　　　　　　　　　　　支店　¥84,000（資料ii②の商品も含まれている）

a	支店勘定残高と本店勘定残高の一致額	¥	b	当期の売上原価	¥

20-6 支店会計が独立している浜松商店（個人企業　決算年/回　/2月3/日）における下記の資料によって，次の金額を計算しなさい。 第89回

　　　　a．支店勘定残高と本店勘定残高の一致額　　　　b．本支店合併後の現金

資　料
　i　/2月30日における元帳勘定残高（一部）

	本　店	支　店
現　　　金	¥281,000	¥/79,000
支　　　店	823,000（借方）	———
本　　　店	———	733,000（貸方）

　ii　/2月3/日における本支店の取引
　　①　本店は，支店の買掛金¥48,000を現金で支払った。
　　　　支店は，その報告を受けた。
　　②　本店は，広告料¥60,000（うち支店負担分¥20,000）を現金で支払った。
　　　　支店は，その報告を受けた。
　　③　本店は，支店が/2月29日に送付していた送金小切手¥5/,000と商品¥39,000（原価）を受け取った。

a	支店勘定残高と本店勘定残高の一致額	¥	b	本支店合併後の現金	¥

21 支店相互間の取引

学 習 の 要 点

1　本店集中計算制度

　支店が二つ以上設けられている場合，各支店は支店相互間の取引をすべて本店相手の取引として，本店勘定だけを設けて記帳する。本店は各支店からその通知を受け各支店と取引したように記帳する。この方法を**本店集中計算制度**といい，本店が支店を管理する点から便利である。

2　支店相互間の取引の記帳

　本店集中計算制度では，支店と支店の間の取引はふつう次のように仕訳する。

(1)　各支店では，本店と取引をしたものとして仕訳する。

(2)　本店では，各支店と取引をしたものとして仕訳する。

例1　支店から支店へ現金を送ったとき

①　大阪支店は，滋賀支店に現金¥50,000を送り，滋賀支店はこれを受け取った。本店は両支店からこの通知を受けた。

（大阪支店）(借)本　　店 50,000　(貸)現　　金 50,000

（滋賀支店）(借)現　　金 50,000　(貸)本　　店 50,000

（本　　店）(借)滋賀支店 50,000　(貸)大阪支店 50,000

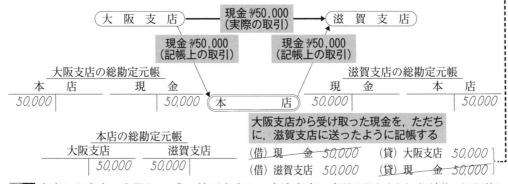

例2　支店から支店へ商品を発送したとき

②　神戸支店は，大津支店に商品¥70,000（原価）を発送し，大津支店はこれを受け取った。本店は両支店からこの通知を受けた。

（神戸支店）(借)本　　店 70,000　(貸)仕　　入 70,000

（大津支店）(借)仕　　入 70,000　(貸)本　　店 70,000

（本　　店）(借)大津支店 70,000　(貸)神戸支店 70,000

神戸支店から受け取った商品を，ただちに，大津支店に発送したように記帳する

(借)仕　　入 70,000　　(貸)神戸支店 70,000

(借)大津支店 70,000　　(貸)仕　　入 70,000

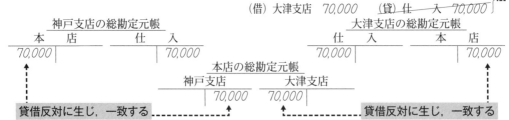

21-1 次の取引について，各支店と本店の仕訳を示しなさい。ただし，本店集中計算制度を採用している。

(1) 郡山支店は，桜井支店に現金¥80,000を送り，桜井支店はこれを受け取った。本店はこの通知を受けた。

(2) 新宮支店は，白浜支店に商品¥90,000（原価）を発送し，白浜支店はこれを受け取った。本店はこの通知を受けた。

		借 方	貸 方
(1)	郡山支店		
	桜井支店		
	本　店		
(2)	新宮支店		
	白浜支店		
	本　店		

21-2 次の取引について，各支店と本店の仕訳を示しなさい。ただし，本店集中計算制度を採用している。

(1) 明石支店は，尼崎支店の売掛金¥170,000を得意先振り出しの小切手で受け取り，尼崎支店と本店はこの通知を受けた。

(2) 彦根支店は，近江支店の従業員の旅費¥60,000を現金で立て替えて支払い，近江支店と本店はこの通知を受けた。

(3) 山科支店は，かねて商品代金として受け取っていた亀岡商店振り出しの約束手形¥250,000を，二条支店の仕入先に対する買掛金¥250,000を立て替え払いするために，裏書譲渡した。二条支店と本店はこの通知を受けた。

(4) 宝塚支店は，姫路支店の仕入先相生商店に対する買掛金¥130,000を小切手を振り出して支払った。姫路支店と本店はこの通知を受けた。

		借 方	貸 方
(1)	明石支店		
	尼崎支店		
	本　店		
(2)	彦根支店		
	近江支店		
	本　店		
(3)	山科支店		
	二条支店		
	本　店		
(4)	姫路支店		
	宝塚支店		
	本　店		

21-3 神奈川商店の下記の取引について，各支店と本店の仕訳を示しなさい。ただし，本店集中計算制度を採用している。なお，勘定科目は，次のなかからもっとも適当なものを使用すること。

現　　金　　受取手形　　売掛金　　支払手形
買掛金　　本　　店　　山梨支店　　静岡支店

(1) 山梨支店は，静岡支店に現金¥300,000を送り，静岡支店はこれを受け取った。本店はこの通知を受けた。

(2) 静岡支店は，山梨支店の仕入先に対する買掛金¥200,000を立て替え払いするために，かねて商品代金として受け取っていた千葉商店振り出しの約束手形¥200,000を裏書譲渡した。本店と山梨支店はこの通知を受けた。

		借　　方	貸　　方
(1)	山梨支店		
	静岡支店		
	本　店		
(2)	山梨支店		
	静岡支店		
	本　店		

21-4 次の取引の仕訳を示しなさい。ただし，本店集中計算制度を採用している。

(1) 天王寺支店は，吹田支店の仕入先に対する買掛金¥120,000を，吹田支店にかわって小切手を振り出して支払った。（天王寺支店の仕訳）

(2) 長浜支店は，安土支店から当座振り込みによって当座預金口座に¥150,000の入金があったむねの通知を，取引銀行から受けた。なお，本店もこの通知を受けた。（本店の仕訳）

(3) 勝浦支店は，串本支店の得意先紀井商店に対する売掛金¥400,000を紀井商店振り出しの小切手で受け取った。（勝浦支店の仕訳）

(4) 南部支店は，橋本支店の従業員の旅費¥40,000を現金で立て替え払いし，橋本支店および本店は，この通知を受けた。（橋本支店の仕訳）

(5) 京橋支店は，伊丹支店の買掛金¥70,000を小切手を振り出して支払った。伊丹支店と本店は，この通知を受けた。（本店の仕訳）

	借　　方	貸　　方
(1)		
(2)		
(3)		
(4)		
(5)		

検定問題

21-5 次の取引の仕訳を示しなさい。

(1) 岐阜商会の本店は，高山支店が大垣支店の仕入先に対する買掛金¥530,000を現金で支払ったとの通知を受けた。ただし，本店集中計算制度を採用している。（本店の仕訳） 第89回

(2) 富山商店の魚津支店は，氷見支店が発送した商品¥180,000（原価）を受け取った。ただし，本店集中計算制度を採用している。（魚津支店の仕訳） 第87回

(3) 宮城商会の本店は，白石支店が仙台支店に現金¥180,000を送付したとの通知を受けた。ただし，本店集中計算制度を採用している。（本店の仕訳） 第85回

(4) 富山商店の本店は，高岡支店から，黒部支店の得意先福井商店に対する売掛金¥760,000を，同店振り出しの小切手で回収したとの通知を受けた。ただし，本店集中計算制度を採用している。（本店の仕訳） 第83回

(5) 愛媛商店の松山支店は，現金¥500,000を宇和島支店の当座預金口座に振り込んだ。ただし，本店集中計算制度を採用している。（松山支店の仕訳） 第81回

(6) 新潟商会の本店は，村上支店が長岡支店に現金¥320,000を送付したとの通知を受けた。ただし，本店集中計算制度を採用している。（本店の仕訳） 第79回

(7) 北海道商店の旭川支店は，日高支店に商品¥90,000（原価）を発送した。ただし，本店集中計算制度を採用している。（旭川支店の仕訳） 第78回

(8) 東京商店の新宿支店は，千代田支店の売掛金¥370,000を現金で受け取った。ただし，本店集中計算制度を採用している。（新宿支店の仕訳） 第76回

	借　　　　　方	貸　　　　　方
(1)		
(2)		
(3)		
(4)		
(5)		
(6)		
(7)		
(8)		

総合問題 ❹

❹1 次の取引について，各支店と本店の仕訳を示しなさい。ただし，本店集中計算制度を採用している。

(1) 本店は，大津支店に小切手¥150,000を振り出して送金し，大津支店はその小切手を受け取った。

(2) 神戸支店は，本店の仕入先に対する買掛金¥230,000を約束手形を振り出して支払い，本店はこの通知を受けた。

(3) 神戸支店は，大津支店の従業員の旅費¥46,000を現金で立て替え払いした。本店および大津支店はこの通知を受けた。

(4) 大津支店は，神戸支店から依頼されていた得意先福知山商店振り出しの約束手形¥400,000を取り立てて，当座預金とした。本店および神戸支店はこの通知を受けた。

(5) 決算の結果，大津支店では当期純利益¥243,000を，神戸支店では当期純損失¥115,000を計上した。本店は両支店から通知を受けた。

		借　　　　　方	貸　　　　　方
(1)	大津支店		
	本　　店		
(2)	神戸支店		
	本　　店		
(3)	大津支店		
	神戸支店		
	本　　店		
(4)	大津支店		
	神戸支店		
	本　　店		
(5)	大津支店		
	神戸支店		
	本　　店		

42 香川商店（個人企業）における本店・支店の損益計算書と本支店合併後の損益計算書および資料によって，次の金額を計算しなさい。

　　　a．本店損益計算書の広告料（アの金額）　　　b．本支店合併後の損益計算書の売上原価（イの金額）

　　　c．支店損益計算書の売上高（ウの金額）　　　d．本支店合併後の損益計算書の当期純利益（エの金額）

本店 損益計算書
令和○年/月/日から令和○年/2月3/日まで（単位：円）

費　用	金　額	収　益	金　額
売上原価	（　　）	売上高	7,862,000
給　料	（　　）	受取手数料	150,000
広告料	（　ア　）		
減価償却費	220,000		
雑　費	53,000		
当期純利益	（　　）		
	（　　）		（　　）

支店 損益計算書
令和○年/月/日から令和○年/2月3/日まで（単位：円）

費　用	金　額	収　益	金　額
売上原価	（　　）	売上高	（　ウ　）
給　料	8/8,000	受取手数料	（　　）
広告料	120,000		
減価償却費	160,000		
雑　費	（　　）		
当期純利益	346,000		
	（　　）		（　　）

〔本支店合併後の損益計算書〕
損益計算書
香川商店　令和○年/月/日から令和○年/2月3/日まで（単位：円）

費　用	金　額	収　益	金　額
売上原価	（　イ　）	売上高	（　　）
給　料	2,420,000	受取手数料	256,000
広告料	391,000		
減価償却費	（　　）		
雑　費	76,000		
当期純利益	（　エ　）		
	（　　）		（　　）

資　料

i　/2月30日における元帳勘定残高（一部）

	本　店	支　店
繰越商品	¥553,000	¥346,000
支　店	7/9,000（借方）	——
本　店	——	649,000（貸方）
仕　入	4,932,000	2,803,000

ii　/2月3/日における本支店間の取引

　　支店は，本店が/2月29日に送付していた商品¥70,000（原価）を受け取った。

iii　決算整理事項（一部）

　　期末商品棚卸高　本店　¥530,000

　　　　　　　　　　支店　458,000（資料iiの商品も含まれている）

iv　本店・支店ともに，/2月3/日に資料ii以外の商品仕入取引はなかった。

a	本店損益計算書の広告料¥（アの金額）	b	本支店合併後の損益計算書の売上原価¥（イの金額）	c	支店損益計算書の売上高¥（ウの金額）
d	本支店合併後の損益計算書の当期純利益¥（エの金額）				

22 費用の繰り延べ

1 費用の繰り延べ

費用の支払高のうちに，決算日に次期以降の費用となる部分（前払高）が含まれている場合は，この前払高を費用の勘定から差し引くとともに，一時的に資産（**前払費用**）として次期に繰り延べる。

例1 保険料を支払った とき 4/1 1年分の火災保険料¥12,000を現金で支払った。

（借）保 険 料 12,000 （貸）現 金 12,000

前払高を繰り延べ たとき（整理仕訳） 12/31 決算にあたり，上記の保険料のうち前払分¥3,000を次期に繰り延べた。

（借）前払保険料 3,000 （貸）保 険 料 3,000

損益勘定に振り替え たとき（振替仕訳） 12/31 保険料の当期分¥9,000を損益勘定に振り替えた。

（借）損 益 9,000 （貸）保 険 料 9,000

```
                    火災保険料支払額（1年分）
                         ¥12,000
支払日                                    決算日
4/1                                      12/31         3/31
 |←─────── 当期分¥9,000 ───────→|←─ 前払分¥3,000 ─→|
```

前払費用は，原則として，次期の費用になるため，次期の最初の日付で，もとの費用の勘定に振り替える。これを**再振替**（振り戻し）という。

例2 保険料勘定に再振替し たとき（再振替仕訳） 1/1 前払保険料¥3,000を，保険料勘定に再振替した。

（借）保 険 料 3,000 （貸）前払保険料 3,000

	保 険 料			
4/1	現 金	12,000	12/31 前払保険料	3,000
			〃 損 益	9,000
		12,000		12,000
1/1	前払保険料	3,000		

	前 払 保 険 料			
12/31	保 険 料	3,000	12/31 次期繰越	3,000
1/1	前期繰越	3,000	1/1 保 険 料	3,000

22-1 次の一連の取引の仕訳を示し，次ページの各勘定に転記し，締め切りなさい。

5月 1日 1年分の火災保険料¥72,000を小切手を振り出して支払った。

12月31日 決算にあたり，保険料の前払高¥24,000を次期に繰り延べた。

〃日 保険料の当期分¥48,000を損益勘定に振り替えた。

1月 1日 前期から繰り越された前払保険料¥24,000を保険料勘定に振り替えた。

	借 方	貸 方
5/1		
12/31		
〃		
1/1		

保　険　料	前　払　保　険　料

22-2 次の総勘定元帳勘定残高と決算整理事項によって，決算整理仕訳と決算振替仕訳および再振替仕訳を示しなさい。ただし，繰り延べの勘定を用いること。

元帳勘定残高　支払利息　¥53,000
決算整理事項　利息前払高　¥6,000

	借　　　　　方	貸　　　　　方
決算整理仕訳		
決算振替仕訳		
再振替仕訳		

22-3 次の決算整理事項について，決算整理仕訳を示しなさい。(決算日は12月31日)
(1) 保険料のうち¥108,000は，本年8月1日から1年分の保険料として支払ったものであり，前払高を次期に繰り延べた。
(2) 支払家賃のうち¥312,000は，本年4月1日から1年分の家賃として支払ったものであり，前払高を次期に繰り延べた。
(3) 支払利息のうち¥60,000は，本年10月1日から1年分の利息として支払ったものであり，前払高を次期に繰り延べた。

	借　　　　　方	貸　　　　　方
(1)		
(2)		
(3)		

22-4 次の勘定口座の　　　のなかに，適当な勘定科目または金額を記入しなさい。

支　払　地　代			
(支払高)	84,000	12/31 ア　イ	
		〃 損　益	63,000
	84,000		84,000
1/1 エ	21,000		

前　払　地　代			
12/31 ウ	21,000	12/31 次期繰越	21,000
1/1 前期繰越	21,000	1/1 オ	カ

ア		イ	¥	ウ	
エ		オ		カ	¥

22-5 次の一連の取引の仕訳を示し，下記の各勘定に転記して締め切りなさい。ただし，損益勘定は締め切らなくてよい。また，損益計算書・貸借対照表に記載される勘定科目と金額を示しなさい。

4月/日 /年分の家賃¥168,000を現金で支払った。
/2月3/日 決算にあたり，3か月分の家賃前払高¥42,000を計上した。
〃日 支払家賃の当期分，¥126,000を損益勘定に振り替えた。
/月/日 前期から繰り越された家賃¥42,000を支払家賃勘定に振り替えた。

	借　　　方	貸　　　方
4/1		
12/31		
〃		
1/1		

支　払　家　賃

前　払　家　賃

損　　　益

	勘 定 科 目	金　　額
損益計算書	（　　）家賃	¥
貸借対照表	（　　）家賃	¥

検定問題

22-6 四国商店（個人企業　決算年/回　/2月3/日）の総勘定元帳勘定残高と決算整理事項によって決算整理仕訳を示しなさい。ただし，繰り延べの勘定を用いること。

(1) 　元帳勘定残高　保険料¥423,000　　　　　　　　　　　　第92回改題
　　決算整理事項　保険料のうち¥276,000は，本年8月/日からの/年分を支払ったものであり，前払高を次期に繰り延べる。
(2) 　元帳勘定残高　支払家賃¥600,000　　　　　　　　　　　第64回改題
　　決算整理事項　支払家賃のうち¥240,000は，本年/0月から翌年3月分までを支払ったものであり，前払高を次期に繰り延べる。

	借　　　方	貸　　　方
(1)		
(2)		

23 収益の繰り延べ

学習の要点

1 収益の繰り延べ

収益の受取高のうち，決算日に次期以降の収益となる金額（前受高）が含まれている場合は，この前受高を収益の勘定から差し引くとともに，一時的に負債（**前受収益**）として次期に繰り延べる。

例1 地代を受け取ったとき 5/1　1年分（5月〜翌年4月分）の地代¥24,000を現金で受け取った。

　　　　　　　　　　　　（借）現　　金　24,000　　（貸）受取地代　24,000

前受高を繰り延べたとき（整理仕訳） 12/31　決算にあたり，上記の受取地代のうち前受分¥8,000を次期に繰り延べた。

　　　　　　　　　　　　（借）受取地代　8,000　　（貸）前受地代　8,000

損益勘定に振り替えたとき（振替仕訳） 12/31　受取地代の当期分¥16,000を損益勘定に振り替えた。

　　　　　　　　　　　　（借）受取地代　16,000　　（貸）損　　益　16,000

```
  |←──────── 地代受取額（1年分）¥24,000 ────────→|
受取日                                       決算日
5/1                                          12/31              4/30
  |←──────── 当期分¥16,000 ────────→|←── 前受分¥8,000 ──→|
```

前受収益は，原則として，次期の収益になるため，次期の最初の日付で，もとの収益の勘定に振り替える。これを再振替（振り戻し）という。

例2 受取地代勘定に再振替したとき（再振替仕訳） 1/1　前受地代¥8,000を，受取地代勘定に再振替した。

　　　　　　　　　　　　（借）前受地代　8,000　　（貸）受取地代　8,000

```
           受取地代                              前受地代
12/31 前受地代  8,000 | 5/1 現 金 24,000    12/31 次期繰越 8,000 | 12/31 受取地代 8,000
  〃  損 益  16,000 |                     1/1 受取地代 8,000 | 1/1 前期繰越 8,000
            24,000 |          24,000
                   | 1/1 前受地代 8,000
```

23-1 次の一連の取引の仕訳を示しなさい。

12月31日　決算にあたり，地代の前受分（1月〜3月分）¥9,000を次期に繰り延べた。
　〃　日　受取地代の当期分¥27,000を損益勘定に振り替えた。
1月1日　前受地代¥9,000を受取地代勘定に再振替した。

	借　　方	貸　　方
12/31		
〃		
1/1		

23-2 次の勘定口座の□のなかに，適当な勘定科目または金額を記入しなさい。

```
         受取家賃                              前受家賃
12/31 [ア] 40,000 |(受取高) 120,000   12/31 次期繰越 40,000 | 12/31 [イ] 40,000
  〃 [ウ][エ]    |                  1/1 [オ] 40,000 | 1/1 前期繰越 40,000
       120,000  |      120,000
               | 1/1 [カ] 40,000
```

ア		イ		ウ	
エ	¥	オ		カ	

23-3 次の総勘定元帳勘定残高と決算整理事項によって，決算整理仕訳と決算振替仕訳および再振替仕訳を示しなさい。ただし，繰り延べの勘定を用いること。

元帳勘定残高　受取利息　¥24,000
決算整理事項　利息前受高　¥ 5,000

	借　　　　方	貸　　　　方
決算整理仕訳		
決算振替仕訳		
再振替仕訳		

23-4 次の決算整理事項について，決算整理仕訳を示しなさい。（決算日は/2月3/日）
(1) 受取利息の¥48,000は，本年5月分からの/年分の利息であり，前受高を次期に繰り延べた。
(2) 受取地代の¥72,000は，本年6月分からの/年分の地代であり，前受高を次期に繰り延べた。
(3) 利息の前受高¥24,000を次期に繰り延べた。

	借　　　　方	貸　　　　方
(1)		
(2)		
(3)		

23-5 次の一連の取引の仕訳を示し，下記の各勘定に転記して締め切りなさい。

4月 /日　地代/年分¥/80,000を現金で受け取った。
/2月3/日　決算にあたり，地代の前受高¥45,000を次期に繰り延べた。
　〃 日　受取地代の当期分¥/35,000を損益勘定に振り替えた。
/月 /日　前期から繰り越された前受地代を受取地代勘定に振り替えた。

	借　　　　方	貸　　　　方
4/1		
12/31		
〃		
1/1		

受 取 地 代

前 受 地 代

23-6 次の一連の取引の仕訳を示し，下記の各勘定に転記して締め切りなさい。ただし，損益勘定は締め切らなくてよい。また，損益計算書・貸借対照表に記載される勘定科目と金額を示しなさい。

9月 1日　利息6か月分¥24,000を現金で受け取った。

12月31日　決算にあたり，利息の前受高¥8,000を次期に繰り延べた。

〃日　受取利息の当期分¥16,000を損益勘定に振り替えた。

1月 1日　前期から繰り越された前受利息を受取利息勘定に振り替えた。

	借　　　　　方	貸　　　　　方
9/1		
12/31		
〃		
1/1		

受　取　利　息

前　受　利　息

損　　　　益

	勘　定　科　目	金　　　額
損益計算書	（　　　）利息	¥
貸借対照表	（　　　）利息	¥

検定問題

23-7 沖縄商店（個人企業　決算年1回　12月31日）の決算整理事項によって，決算整理仕訳を示しなさい。ただし，繰り延べの勘定を用いること。　　　　[第69回改題]

決算整理事項

受取利息¥45,000は，貸付金に対する1年分の利息であり，8か月分の前受高を次期に繰り延べる。

借　　　　　方	貸　　　　　方

23-8 次の取引の仕訳を示しなさい。　　　　[第92回]

高知商店（個人企業）は，前期末の決算において，家賃の前受高を次のとおり前受家賃勘定に振り替えていたが，当期首にあたり，この前受高を再振替した。

前　受　家　賃

12/31	次 期 繰 越	124,000	12/31	受 取 家 賃	124,000
			1/1	前 期 繰 越	124,000

借　　　　　方	貸　　　　　方

24 費用の見越し

1 費用の見越し

　当期の費用として発生しているが，まだ支払っていない分（未払高）があるときは，この未払高を費用の勘定に加えるとともに，一時的に負債（**未払費用**）として次期に繰り越す。

例1 **家賃を支払ったとき**　1/1　家賃¥21,000（1月～7月分）を現金で支払った。

|（借）|支払家賃|21,000|（貸）|現　　金|21,000|

未払高を計上したとき　12/31　決算にあたり，家賃の未払分（8月～12月分）¥15,000
（整理仕訳）　　　　　　　　　を計上した。

|（借）|支払家賃|15,000|（貸）|未払家賃|15,000|

損益勘定に振り替えた　12/31　支払家賃の当期分¥36,000を損益勘定に振り替えた。
とき（振替仕訳）

|（借）|損　　益|36,000|（貸）|支払家賃|36,000|

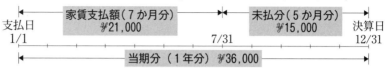

　未払費用は，次期の最初の日付で，費用の勘定に再振替する。これによって，次期に支払いをしたとき，前期の未払分と当期分とを分けずに費用の勘定に記入しても，勘定残高は当期分を示すことになる。

例2 **支払家賃勘定に再振替**　1/1　未払家賃¥15,000を，支払家賃勘定に再振替した。
したとき（再振替仕訳）

|（借）|未払家賃|15,000|（貸）|支払家賃|15,000|

家賃を支払ったとき　　2/1　前期末の未払高（8月～12月分）と当期分（1月～5月分）
　　　　　　　　　　　　　　　¥30,000の家賃を現金で支払った。

|（借）|支払家賃|30,000|（貸）|現　　金|30,000|

支 払 家 賃				
1/1	現　　金	21,000	12/31 損　益	36,000
12/31	未払家賃	15,000		
		36,000		36,000
2/1	現　　金	30,000	1/1 未払家賃	15,000

未 払 家 賃				
12/31	次期繰越	15,000	12/31 支払家賃	15,000
1/1	支払家賃	15,000	1/1 前期繰越	15,000

24-1　次の一連の取引の仕訳を示し，次ページの各勘定に転記して締め切りなさい。

　12月31日　決算にあたり，当期の家賃未払高3か月分¥90,000を計上した。

　　〃 日　支払家賃の当期分¥360,000を損益勘定に振り替えた。

　1月 1日　前期から繰り越された未払家賃を，支払家賃勘定に振り替えた。

　2月 5日　前期末の未払高とあわせて，6か月分の家賃¥180,000を小切手を振り出して支払った。

	借　　　　　方	貸　　　　　方
12/31		
〃		
1/1		
2/5		

支　払　家　賃		未　払　家　賃	
270,000			

24-2 次の総勘定元帳勘定残高と決算整理事項によって，決算整理仕訳と決算振替仕訳および再振替仕訳を示しなさい。ただし，見越しの勘定を用いること。

元帳勘定残高　支払利息　¥17,000
決算整理事項　利息未払高　¥31,000

	借　　　　　方	貸　　　　　方
決算整理仕訳		
決算振替仕訳		
再振替仕訳		

24-3 次の一連の取引の仕訳を示しなさい。

12月31日　決算にあたり，家賃の未払分（10月～12月分）¥12,000を計上した。

〃日　支払家賃の当期分¥48,000を損益勘定に振り替えた。

1月1日　未払家賃¥12,000を支払家賃勘定に再振替した。

	借　　　　　方	貸　　　　　方
12/31		
〃		
1/1		

24-4 次の勘定口座の［　　　］のなかに，適当な勘定科目または金額を記入しなさい。

支　払　地　代					未　払　地　代				
（支払高）	60,000	12/31	エ	72,000	12/31 次期繰越	12,000	12/31	イ	ウ
12/31 未払地代	ア				1/1 オ	12,000	1/1 前期繰越	12,000	
	72,000			72,000					
		1/1	カ	12,000					

ア	¥	イ		ウ	¥
エ		オ		カ	

24-5 次の一連の取引の仕訳を示し，下記の各勘定に転記して締め切りなさい。ただし，損益勘定は締め切らなくてよい。また，損益計算書・貸借対照表に記載される勘定科目と金額を示しなさい。

/2月3/日 決算にあたり，2か月分の利息未払高¥8,000を計上した。

〃日 当期6か月分の支払利息¥24,000を損益勘定に振り替えた。

/月 /日 前期から繰り越された未払利息を支払利息勘定に振り替えた。

3/日 前期末の未払高とあわせて，3か月分の利息¥/2,000を現金で支払った。

	借 方	貸 方
12/31		
〃		
1/1		
1/31		

支 払 利 息

16,000	

未 払 利 息

損 益

	勘定科目	金 額
損益計算書	（　　　）利息	¥
貸借対照表	（　　　）利息	¥

検定問題

24-6 東北商店（個人企業　決算年/回　/2月3/日）の総勘定元帳勘定残高と決算整理事項によって，決算整理仕訳を示しなさい。ただし，見越しの勘定を用いること。

(1) 　元帳勘定残高　　　　　　　決算整理事項　　　　　　　　　　　第89回
　　支 払 利 息　¥ 16,000　　利息未払高　¥　8,000

(2) 　元帳勘定残高　　　　　　　決算整理事項　　　　　　　　　　　第91回
　　支 払 家 賃　¥7/5,000　　家賃は/か月¥65,000で，/2月分は翌月4日に支払う契約のため見越し計上する。

(3) 　元帳勘定残高　　　　　　　決算整理事項　　　　　　　　　第92回改題
　　支 払 利 息　¥ 30,000　　未払利息高　未払額¥/5,000は当期分のため，見越し計上する。

	借 方	貸 方
(1)		
(2)		
(3)		

25 収益の見越し

1 収益の見越し ·····················

　当期の収益として発生しているが，まだ受け取っていない分（未収高）があるときは，この未収高を収益の勘定に加えるとともに，一時的に資産（**未収収益**）として次期に繰り越す。

例1 利息を受け取ったとき　1/1　利息￥36,000（1月～9月分）を現金で受け取った。

　　　　　　　　　　　　　　　（借）現　　金　36,000　　（貸）受取利息　36,000

　　未収高を計上したとき　12/31　決算にあたり，利息の未収分（10月～12月分）￥12,000
　　（整理仕訳）　　　　　　　　　　　を計上した。

　　　　　　　　　　　　　　　（借）未収利息　12,000　　（貸）受取利息　12,000

　　損益勘定に振り替えた　12/31　受取利息の当期分￥48,000を損益勘定に振り替えた。
　　とき（振替仕訳）　　　　　　　（借）受取利息　48,000　　（貸）損　　益　48,000

受取日 1/1	利息受取額（9か月分）￥36,000	9/30	未収分（3か月分）￥12,000	決算日 12/31
	当期分（1年分）￥48,000			

　未収収益は，次期の最初の日付で，収益の勘定に再振替する。これによって，次期に受け取ったとき前期の未収分と当期分とを分けずに収益の勘定に記入しても，勘定残高は当期分を示すことになる。

例2 受取利息勘定に再振替　1/1　未収利息￥12,000を，受取利息勘定に再振替した。
　　したとき（再振替仕訳）　　　（借）受取利息　12,000　　（貸）未収利息　12,000
　　利息を受け取ったとき　4/1　前期末の未収高￥12,000（10月～12月分）と当期分（1月～4月分）￥16,000の利息を現金で受け取った。

　　　　　　　　　　　　　　　（借）現　　金　28,000　　（貸）受取利息　28,000

		受　取　利　息				未　収　利　息	
12/31 損　益 48,000	1/1 現　金 36,000			12/31 受取利息 12,000	12/31 次期繰越 12,000
	12/31 未収利息 12,000			1/1 前期繰越 12,000	1/1 受取利息 12,000
	48,000	48,000			
1/1 未収利息 12,000	4/1 現　金 28,000				

25-1 次の一連の取引の仕訳を示し，次ページの各勘定に転記して締め切りなさい。

　12月31日　決算にあたり，12月分の手数料未収高￥20,000を計上した。

　　〃日　受取手数料の当期分￥240,000を損益勘定に振り替えた。

　1月1日　前期から繰り越された未収手数料を，受取手数料勘定に振り替えた。

　1月5日　前期12月分の未収高と当期1月分をあわせて，手数料￥40,000を現金で受け取った。

	借　　　　　方	貸　　　　　方
12/31		
〃		
1/1		
1/15		

受 取 手 数 料			未 収 手 数 料	
	220,000			

25-2 次の総勘定元帳勘定残高と決算整理事項によって，決算整理仕訳と決算振替仕訳および再振替仕訳を示しなさい。ただし，見越しの勘定を用いること。

元帳勘定残高　受取利息　¥18,000
決算整理事項　利息未収高　¥9,000

	借　　　方	貸　　　方
決算整理仕訳		
決算振替仕訳		
再振替仕訳		

25-3 次の一連の取引の仕訳を示しなさい。

12月31日　決算にあたり，利息の未収分（11月〜12月分）¥6,000を計上した。
　〃日　受取利息の当期分¥36,000を損益勘定に振り替えた。
1月1日　未収利息¥6,000を受取利息勘定に再振替した。

	借　　　方	貸　　　方
12/31		
〃		
1/1		

25-4 次の勘定口座の□□のなかに，適当な勘定科目または金額を記入しなさい。

受 取 地 代				
12/31 エ 60,000		（受取高）	45,000	
		12/31 ア	15,000	
60,000			60,000	
1/1 オ 15,000				

未 収 地 代				
12/31 イ ウ		12/31 次期繰越	15,000	
1/1 前期繰越 15,000		1/1 カ	15,000	

ア		イ		ウ	¥
エ		オ		カ	

25-5 次の一連の取引の仕訳を示し，下記の各勘定に転記して締め切りなさい。ただし，損益勘定は締め切らなくてよい。また，損益計算書・貸借対照表に記載される勘定科目と金額を示しなさい。

//月 /日　借用証書によって現金¥500,000を貸し付けた。なお，利息は/年後に受け取ることとにした。

/2月3/日　決算にあたり，利息の未収高¥4,000を計上した。

　〃日　当期分の受取利息を損益勘定に振り替えた。

/月 /日　前期から繰り越された未収利息を受取利息勘定に振り替えた。

/0月3/日　貸付金¥500,000の返済を受け，利息¥24,000とともに現金で受け取った。

	借　　　方	貸　　　方
11/1		
12/31		
〃		
1/1		
10/31		

受 取 利 息

未 収 利 息

損　　益

	勘 定 科 目	金　額
損益計算書	（　　　）利息	¥
貸借対照表	（　　　）利息	¥

検定問題

25-6 岩手商店（個人企業　決算年/回　/2月3/日）の決算整理事項によって，決算整理仕訳を示しなさい。ただし，見越しの勘定を用いること。　【第66回改題】

決算整理事項

　貸付金に対する/年分の利息は¥84,000で，貸し付けた日から/年後に受け取ることになっており，4か月分の未収高を計上する。

借　　　方	貸　　　方

25-7 次の取引の仕訳を示しなさい。　【第81回】

沖縄商店（個人企業）は，前期末の決算において，家賃の未収高を次のとおり未収家賃勘定に振り替えていたが，当期首にあたり，この未収高を再振替した。

未 収 家 賃

12/31 受取家賃	250,000	12/31 次期繰越	250,000
1/1 前期繰越	250,000		

借　　　方	貸　　　方

26 有価証券の評価

学習の要点

1 有価証券の評価

売買目的の有価証券は，決算にあたり，時価で評価する。この場合の時価は市場価格などである。

(1) 時価が帳簿価額より低いとき──▶帳簿価額を時価まで引き下げ，差額を**有価証券評価損勘定**（費用）の借方に記入する。

(2) 時価が帳簿価額より高いとき──▶帳簿価額を時価まで引き上げ，差額を**有価証券評価益勘定**（収益）の貸方に記入する。

例1 時価<帳簿価額のとき ① 決算にあたり，A社株式50株（1株の帳簿価額¥72,000）を1株につき時価¥69,000に評価替えする。

(借) 有価証券評価損 150,000 (貸) 有価証券 150,000

有 価 証 券		
帳簿価額 3,600,000	評価損 150,000	
	次期繰越 3,450,000	

有価証券評価損		
150,000	損 益 150,000	

例2 時価>帳簿価額のとき ② 決算にあたり，A社株式50株（1株の帳簿価額¥72,000）を1株につき時価¥78,000に評価替えする。

(借) 有価証券 300,000 (貸) 有価証券評価益 300,000

有 価 証 券		
帳簿価額 3,600,000	次期繰越 3,900,000	
評 価 益 300,000		

有価証券評価益		
損 益 300,000	300,000	

26 1 次の取引の仕訳を示しなさい。

(1) 売買する目的で，小樽商事株式会社発行の株式20株を，1株につき¥68,000で買い入れ，代金は小切手を振り出して支払った。

(2) 決算にあたり，上記の株式の時価が次の場合の，決算整理仕訳を示しなさい。

①時価が1株¥65,000のとき ②時価が1株¥70,000のとき

		借 方	貸 方
(1)			
(2)	①		
	②		

26 2 次の取引の仕訳を示し，次ページの各勘定に転記し，締め切りなさい。

12月31日 決算にあたり，売買を目的として保有している株式10株（帳簿価額1株につき¥80,000）を，1株につき¥92,000（時価）に評価替えした。

〃日 有価証券評価益勘定を損益勘定に振り替えた。

	借 方	貸 方
12/31		
〃		

有 価 証 券	有価証券評価益
800,000	

26-3 次の一連の取引の仕訳を示し，下記の各勘定に転記し，締め切りなさい。ただし，損益勘定は締め切らなくてよい。

/0月 2日 売買する目的で，苫小牧物産株式会社発行の額面¥5,000,000の社債を額面¥/00につき¥98（@¥98）で買い入れ，代金は小切手を振り出して支払った。

/2月3/日 決算にあたり，上記の社債を額面¥/00につき¥96（@¥96）に評価替えする。

〃日 有価証券評価損勘定を損益勘定に振り替えた。

	借 方	貸 方
10/2		
12/31		
〃		

有 価 証 券	有価証券評価損
	損 益

26-4 次の取引の仕訳を示しなさい。

(1) 決算にあたり，売買を目的として保有している株式20株（帳簿価額/株につき¥95,000）を/株につき時価¥/04,000に評価替えした。

(2) 決算にあたり，売買を目的として保有している網走商事株式会社の株式30株を/株につき時価¥65,000に評価替えした。なお，この株式の帳簿価額は/株につき¥68,000である。

	借 方	貸 方
(1)		
(2)		

検定問題 ◆◆◆◆◇◇

26-5 次の総勘定元帳残高と決算整理事項によって決算整理仕訳を示しなさい。　第92回

元帳勘定残高

有 価 証 券　¥/,845,000

決算整理事項

有価証券は，売買目的で保有している次の株式であり，時価によって評価する。

松山商事株式会社　300株　時価　/株　¥6,500

借 方	貸 方

27 減価償却（間接法）

学習の要点

1 減価償却の方法

減価償却の記帳方法には，次の二つがある。

(1) 直接法 減価償却額を固定資産の勘定の貸方に記入し，固定資産の帳簿価額から直接差し引く方法。

(2) 間接法 固定資産ごとに，**減価償却累計額勘定**（固定資産に対する**評価勘定**）を設け，その貸方に減価償却額を記入する方法。

例1 減価償却費を計上したとき（間接法）

① 決算にあたり，備品（取得原価¥900,000）について¥150,000の減価償却を行い，間接法で記帳した。

(借) 減価償却費 150,000 (貸) 備品減価償却累計額 150,000

備 品	
取得原価 900,000	次期繰越 900,000

備品減価償却累計額	
次期繰越 600,000	前期繰越 450,000
	当期償却額 150,000

減 価 償 却 費	
当期償却額 150,000	損 益 150,000

2 固定資産の帳簿価額の計算（間接法）

(1) 固定資産の勘定は取得原価のまま次期に繰り越す。

(2) 毎期の減価償却額は，減価償却累計額勘定に加え，減価償却費の累計額を示す。

固定資産の帳簿価額 ＝ 固定資産の取得原価 － 減価償却累計額勘定の残高

例2 固定資産の帳簿価額

② 上記備品の帳簿価額を求める。

¥900,000 － ¥600,000 ＝ ¥300,000　備品の帳簿価額¥300,000

3 減価償却費の計算方法

(1) 定額法

毎期一定額を減価償却費として計算する方法。

$$減価償却費 = \frac{取得原価 - 残存価額}{耐用年数}$$

(2) 定率法

毎期の固定資産の未償却残高に一定の償却率を乗じて減価償却費を計算する方法。

減価償却費＝未償却残高※×償却率　※未償却残高＝取得原価－減価償却累計額

27-1 次の取引の仕訳を，(1)直接法と(2)間接法で示しなさい。

決算にあたり，備品（取得原価¥300,000）について¥30,000の減価償却を行った。

	借 方	貸 方
(1)		
(2)		

27-2 次の取引の仕訳を示し，下記の各勘定に転記して締め切りなさい。また，備品の期末における帳簿価額を示しなさい。

/2月3/日　決算（年/回）にあたり，備品（取得原価¥/,200,000　残存価額は零（0）　耐用年数6年）の減価償却を定額法で行った。なお，間接法によって記帳している。

	借　　　　　方	貸　　　　　方
12/31		

備　　　品	備品減価償却累計額
1,200,000	

減　価　償　却　費	

備品の帳簿価額	¥

27-3 次の一連の取引の仕訳を示し，下記の各勘定に転記して締め切りなさい。

/月　/日　建物¥4,900,000を買い入れ，代金は買入手数料¥/00,000とともに小切手を振り出して支払った。

/2月3/日　決算にあたり，上記建物について減価償却を行った。ただし，残存価額は零（0）耐用年数は20年とし，定額法による。また，間接法によって記帳している。

〃日　減価償却費勘定の残高を，損益勘定に振り替えた。

	借　　　　方	貸　　　　方
1/1		
12/31		
〃		

建　　　物	建物減価償却累計額

減　価　償　却　費	

27-4 金沢商店の次の資料により，第/期から第3期までの減価償却費を，定率法で計算しなさい。

i　取得原価　¥36,000,000

ii　償却率　0.25

第　/　期	第　2　期	第　3　期
¥	¥	¥

27-5 千葉商店の次の資料により，第/期から第3期までの減価償却費を，定額法と定率法で計算しなさい。

  ⅰ 取得原価 ¥/,600,000 残存価額は零（0） 耐用年数 8年

  ⅱ 償却率 0.25

	第 / 期	第 2 期	第 3 期
定 額 法	¥	¥	¥
定 率 法	¥	¥	¥

検定問題

27-6 四国商店（個人企業　決算年/回　/2月3/日）の総勘定元帳残高と決算整理事項は次のとおりであった。よって，　　　　　　　　　　　　　 第92回改題

(1)　決算整理仕訳を示しなさい。

(2)　備品減価償却累計額勘定に必要な記入をおこない，締め切りなさい。

 元帳勘定残高 備品 ¥/,200,000 備品減価償却累計額 ¥300,000

 決算整理事項 備品について，定率法によって，減価償却をおこなう。ただし，償却率は25％とする。

(1)

借　　　　　方	貸　　　　　方

(2)　　　　備品減価償却累計額

		1/1 前期繰越	300,000

（注意）勘定口座には，日付・相手科目・金額を記入すること。

27-7 東北商店（個人企業　決算年/回　/2月3/日）の総勘定元帳勘定残高と決算整理事項は次のとおりであった。よって，　　　　　　　　　　　 第91回改題

(1)　決算整理仕訳を示しなさい。

(2)　期末における備品減価償却累計額と備品の帳簿価額を示しなさい。

 元帳勘定残高 備品 ¥2,800,000 備品減価償却累計額 ¥700,000

 決算整理事項 備品について，定額法によって，減価償却をおこなう。ただし，残存価額は零（0）耐用年数は8年とする。

(1)

借　　　　　方	貸　　　　　方

(2)

備品減価償却累計額	¥
備 品 の 帳 簿 価 額	¥

27-8 滋賀商店（個人企業　決算年/回　/2月3/日）の総勘定元帳勘定残高と決算整理事項は次のとおりであった。よって、 〔第90回改題〕

(1) 決算整理仕訳を示しなさい。

(2) 備品減価償却累計額勘定に必要な記入をおこない、締め切りなさい。

元帳勘定残高　　建物　¥4,000,000　　建物減価償却累計額　¥1,800,000
　　　　　　　　備品　¥1,200,000　　備品減価償却累計額　¥ 240,000

決算整理事項

減価償却高　　建物：定額法による。ただし、残存価額は零（0）　耐用年数は20年とする。
　　　　　　　備品：定率法による。ただし、償却率は20％とする。

(1)

借　　　　　方	貸　　　　　方

(2)

備品減価償却累計額

	1/1 前期繰越　240,000

（注意）勘定口座には、日付・相手科目・金額を記入すること。

27-9 岡山商店（個人企業　決算年/回　/2月3/日）の総勘定元帳残高と決算整理事項は次のとおりであった。よって、 〔第88回改題〕

(1) 決算整理仕訳を示しなさい。

(2) 期末における備品減価償却累計額と備品の帳簿価額を示しなさい。

元帳勘定残高　　備品　¥2,300,000　　備品減価償却累計額　¥920,000

決算整理事項　　備品について、定率法によって、減価償却をおこなう。ただし、償却率は40％とする。

(1)

借　　　　方	貸　　　　方

(2)

備品減価償却累計額	¥
備品の帳簿価額	¥

28 郵便切手などの未使用分

学習の要点

1　郵便切手などの未使用分の整理

決算時に郵便切手や収入印紙などの未使用分を**貯蔵品勘定**（資産）に振り替えて，次期に繰り延べる。

例 収入印紙を購入したとき	4/1	収入印紙¥/9,000を購入し，現金で支払った。		
		(借) 租 税 公 課 /9,000	(貸) 現　　金 /9,000	
未使用高を繰り延べたとき（整理仕訳）	12/31	決算にあたり，収入印紙未使用高¥6,000を次期に繰り延べた。		
		(借) 貯 蔵 品 6,000	(貸) 租 税 公 課 6,000	
損益勘定に振り替えたとき（振替仕訳）	12/31	決算にあたり，租税公課勘定の残高を損益勘定に振り替えた。		
		(借) 損　　益 /3,000	(貸) 租 税 公 課 /3,000	
租税公課勘定に再振替したとき(再振替仕訳)	1/1	前期末の収入印紙未使用高¥6,000を再振替した。		
		(借) 租 税 公 課 6,000	(貸) 貯 蔵 品 6,000	

```
          租 税 公 課                              貯 蔵 品
4/1 現   金 /9,000 |12/31 貯蔵品   6,000     12/31 租税公課 6,000|12/31 次期繰越 6,000
                   |  〃  損 益  13,000     1/1  前期繰越 6,000|1/1  租税公課 6,000
          ────────|─────────
           /9,000 |          /9,000
1/1 貯蔵品  6,000 |
```

28-1 次の一連の取引の仕訳を示し，下記の各勘定に転記して締め切りなさい。

/0月20日　郵便切手¥90,000を買い入れ，代金は現金で支払った。ただし，購入のときに費用として記帳する方法によっている。

/2月3/日　決算にあたり，郵便切手の未使用高¥/2,000を次期に繰り延べた。

〃 日　郵便切手の当期使用分¥78,000を損益勘定に振り替えた。

/月 /日　前期末の郵便切手の未使用高¥/2,000について再振替を行った。

	借　　　　方	貸　　　　方
10/20		
12/31		
〃		
1/1		

```
        通 信 費                          貯 蔵 品



```

28-2 次の勘定口座の□□□のなかに，適当な勘定科目または金額を記入しなさい。

```
            通 信 費
(買入高) /02,000 |12/31 貯蔵品 29,000
                |  〃  [ア]  73,000
       ─────────|────────
        /02,000 |      /02,000
1/1 [イ] [ウ]   |
```

ア		イ	
ウ	¥		

28-3 次の一連の取引の仕訳を示し，下記の各勘定に転記して締め切りなさい。ただし，損益勘定は締め切らなくてよい。また，損益計算書・貸借対照表に記載される勘定科目と金額を示しなさい。

/ /月/5日　収入印紙¥/5,000を購入し，代金は現金で支払った。ただし，購入のときに費用として記帳する方法によっている。

/2月3/日　決算にあたり，収入印紙の未使用高¥6,000を次期に繰り延べた。

　〃 日　収入印紙の当期使用分¥9,000を損益勘定に振り替えた。

/月　/日　前期末の収入印紙の未使用高¥6,000について再振替を行った。

	借　　　　　方	貸　　　　　方
11/15		
12/31		
〃		
1/1		

租　税　公　課

貯　蔵　品

損　益

	勘　定　科　目	金　　額
損益計算書		¥
貸借対照表		¥

検定問題

28-4 関東商店（個人企業　決算年/回　/2月3/日）の総勘定元帳勘定残高と決算整理事項によって決算整理仕訳を示しなさい。

(1)　<u>元帳勘定残高</u>　通信費¥76,000　　　　　　　　　　　[第92回改題]
　　　<u>決算整理事項</u>　郵便切手未使用高　未使用分¥29,000を貯蔵品勘定により繰り延べること。

(2)　<u>元帳勘定残高</u>　租税公課¥87,000　　　　　　　　　　[第90回改題]
　　　<u>決算整理事項</u>　収入印紙未使用高　¥43,000

	借　　　　　方	貸　　　　　方
(1)		
(2)		

総合問題 **5**（1）

5 1 次の決算整理事項について，必要な決算整理仕訳を示しなさい。
- (1) 保険料前払高 ¥20,000
- (2) 利 息 未 収 高 ¥13,000
- (3) 地 代 前 受 高 ¥40,000
- (4) 家 賃 未 払 高 ¥60,000

	借　　　　　　方	貸　　　　　　方
(1)		
(2)		
(3)		
(4)		

5 2 次の総勘定元帳勘定残高と決算整理事項によって，決算整理仕訳を示しなさい。

元帳勘定残高（一部）

売　掛　金 ¥3,840,000　　貸倒引当金 ¥ 93,000　　有 価 証 券 ¥680,000
備　　　品 1,600,000　　備品減価償却累計額 400,000

決算整理事項
- a．貸倒引当金は，売掛金残高の5％とする。
- b．有価証券は売買を目的として保有しており，時価¥650,000に評価替えする。
- c．備品の減価償却は定率法による。ただし，毎期の償却率を25％とする。

	借　　　　　　方	貸　　　　　　方
a		
b		
c		

5 3 仙台商店（決算年1回 12月31日）の総勘定元帳勘定残高と決算整理事項は，次のとおりであった。よって，決算整理仕訳を示しなさい。ただし，繰り延べと見越しの勘定を用いること。

元帳勘定残高（一部）

売　掛　金 ¥1,300,000　　貸倒引当金 ¥ 18,000　　有 価 証 券 ¥1,240,000
貸　付　金 700,000　　備　　　品 1,200,000　　備品減価償却累計額 800,000
受 取 地 代 96,000　　支 払 家 賃 25,000　　保　険　料 24,000
通　信　費 72,000

決算整理事項
- a．貸倒見積高は，売掛金の期末残高に対し，2％と見積もり，貸倒引当金を設定する。
- b．備品の減価償却は定額法による。ただし，残存価額は零（0） 耐用年数は6年とする。
- c．有価証券は，売買を目的として保有する次の株式であり，時価によって評価する。
  石巻商事株式会社 20株 時 価 1株 ¥65,000

d．保険料の¥24,000は，本年4月1日に契約した期間1か年の火災保険に対するものであり，前払高を次期に繰り延べる。

e．受取地代の¥96,000は，本年5月分からの1年分の地代であり，前受高を次期に繰り延べる。

f．家賃¥50,000を当期の費用として見越し計上する。

g．貸付金に対する1年分の利息は¥21,000で，貸し付けた日から1年後に受け取ることになっており，8か月分の利息を当期の収益として見越し計上する。

h．郵便切手の未使用高が¥13,000ある。

	借　　　　方	貸　　　　方
a		
b		
c		
d		
e		
f		
g		
h		

5 4 次の総勘定元帳勘定残高と決算整理事項によって，損益計算書と貸借対照表に記載される勘定科目と金額を示しなさい。

元帳勘定残高（一部）

受取手数料 ¥210,000　受取家賃 ¥270,000　支払利息 ¥20,000
保険料 144,000　租税公課 90,000

決算整理事項

a．保険料前払高 ¥84,000
b．手数料前受高 35,000
c．利息未払高 10,000
d．家賃未収高 90,000
e．収入印紙未使用高 15,000

損　益　計　算　書		貸　借　対　照　表	
費　　用	収　　益	資　　産	負　　債
¥	¥	¥	¥
¥	¥	¥	¥
¥		¥	

29 精算表

1 8桁精算表作成の手順

8桁精算表は，残高試算表欄・整理記入欄・損益計算書欄・貸借対照表欄からなり，次の手順で作成する。

総勘定元帳勘定残高		決算整理仕訳	（各勘定残高に整理仕訳を加減して損益計算書・貸借対照表を作成）	資産・負債・資本
① 残高試算表欄	±	② 整理記入欄		④ 貸借対照表欄
			収 益・費 用	
			③ 損益計算書欄	

2 精算表の作成例

決算整理事項

a．期末商品棚卸高 ¥410,000
b．貸倒見積高 売掛金残高の2%
c．備品減価償却高 ¥100,000
d．有価証券評価高 ¥520,000
e．保険料前払高 ¥ 8,000
f．郵便切手未使用高 ¥ 10,000
g．利息未払高 ¥ 6,000

決算整理仕訳

	借 方		貸 方	
a	仕 入	470,000	繰 越 商 品	470,000
	繰 越 商 品	410,000	仕 入	410,000
b	貸倒引当金繰入	3,000	貸 倒 引 当 金	3,000
c	減 価 償 却 費	100,000	備品減価償却累計額	100,000
d	有価証券評価損	40,000	有 価 証 券	40,000
e	前 払 保 険 料	8,000	保 険 料	8,000
f	貯 蔵 品	10,000	通 信 費	10,000
g	支 払 利 息	6,000	未 払 利 息	6,000

資産の勘定　　　　　　　　　　負債の勘定

精 算 表（一部）
令和○年12月31日

勘定科目	残高試算表 借方	残高試算表 貸方	整理記入 借方	整理記入 貸方	損益計算書 借方	損益計算書 貸方	貸借対照表 借方	貸借対照表 貸方
売 掛 金	900,000						900,000	
貸倒引当金		15,000		b. 3,000				18,000
有 価 証 券	560,000			d. 40,000			520,000	
繰 越 商 品	470,000		a. 410,000	a. 470,000			410,000	
備 品	800,000						800,000	
備品減価償却累計額		300,000		c. 100,000				400,000
仕 入	3,300,000		a. 470,000	a. 410,000	3,360,000			
保 険 料	24,000			e. 8,000	16,000			
通 信 費	62,000			f. 10,000	52,000			
支 払 利 息	15,000		g. 6,000		21,000			
貸倒引当金繰入			b. 3,000		3,000			
減 価 償 却 費			c. 100,000		100,000			
有価証券評価損			d. 40,000		40,000			
前払保険料			e. 8,000				8,000	
貯 蔵 品			f. 10,000				10,000	
未 払 利 息				g. 6,000				6,000

29-1 次の決算整理事項によって，(1)決算整理仕訳を示し，(2)精算表を完成しなさい。

決算整理事項

a．期末商品棚卸高 ¥295,000
b．貸倒見積高 売掛金残高の1%とする。
c．備品減価償却高 ¥130,000
d．保険料前払高 ¥10,000
e．郵便切手未使用高 ¥18,000
f．利息未払高 ¥6,000

(1)

	借　　　　　方	貸　　　　　方
a		
b		
c		
d		
e		
f		

(2)

精　算　表
令和○年12月31日

勘定科目	残高試算表 借方	貸方	整理記入 借方	貸方	損益計算書 借方	貸方	貸借対照表 借方	貸方
現　　　金	1,545,000							
売　掛　金	1,950,000							
貸倒引当金		6,000						
繰越商品	430,000							
備　　　品	780,000							
備品減価償却累計額		260,000						
買　掛　金		1,157,000						
借　入　金		420,000						
資　本　金		2,500,000						
売　　　上		4,440,000						
受取手数料		32,000						
仕　　　入	3,360,000							
給　　　料	465,000							
支払家賃	210,000							
通　信　費	31,000							
保　険　料	24,000							
雑　　　費	2,000							
支払利息	18,000							
貸倒引当金繰入								
減価償却費								
前払保険料								
貯　蔵　品								
未払利息								
（　　　　）								
	8,815,000	8,815,000						

29-2 次の決算整理事項によって精算表を完成しなさい。

決算整理事項
a. 期末商品棚卸高　¥770,000　　　　f. 収入印紙未使用高　¥15,000
b. 貸倒見積高　売掛金残高の2%とする。　g. 当座預金勘定の貸方残高を当座借越勘
c. 備品減価償却高　¥45,000　　　　　定に振り替える。
d. 保険料前払高　¥18,000　　　　　h. 引出金は整理する。
e. 家賃未払高　¥54,000

精　算　表
令和○年12月31日

勘定科目	残高試算表 借方	残高試算表 貸方	整理記入 借方	整理記入 貸方	損益計算書 借方	損益計算書 貸方	貸借対照表 借方	貸借対照表 貸方
現　　金	576,000							
当座預金		45,000						
売掛金	2,100,000							
貸倒引当金		29,000						
繰越商品	850,000							
備　　品	450,000							
備品減価償却累計額		135,000						
買掛金		415,000						
資本金		3,200,000						
引出金	205,000							
売　　上		5,730,000						
受取利息		20,000						
仕　　入	4,800,000							
給　　料	307,000							
支払家賃	162,000							
保険料	72,000							
租税公課	52,000							
	9,574,000	9,574,000						

29-3 石川商店（個人企業　決算年1回　12月31日）の総勘定元帳勘定残高と決算整理事項は，次のとおりであった。よって，
(1) 精算表を完成しなさい。
(2) 貸倒引当金勘定と支払家賃勘定に必要な記入を行い締め切りなさい。
ただし，i 勘定口座の記入は，日付・相手勘定・金額を記入すること。
ii 支払家賃勘定は繰り延べの勘定を用いて整理し，再振替の記入はしなくてよい。

元帳勘定残高

現　　金	¥ 293,000	当座預金	¥ 461,000	売掛金	¥ 462,000
貸倒引当金	22,000	有価証券	710,000	繰越商品	485,000
前払金	75,000	備　　品	300,000	備品減価償却累計額	120,000
買掛金	520,000	借入金	280,000	資本金	1,500,000
売　　上	4,340,000	受取手数料	60,000	仕　　入	3,475,000
給　　料	231,000	発送費	47,000	支払家賃	210,000
保険料	48,000	消耗品費	13,000	支払利息	32,000

決算整理事項

    a. 期末商品棚卸高　¥510,000
    b. 貸倒見積高　　売掛金残高の5%とする。
    c. 備品減価償却高　取得原価¥300,000　残存価額は零(0)　耐用年数5年　定額法による。
    d. 有価証券評価高　有価証券は，売買目的で保有している次の株式であり，時価によって評価する。

              A社株式　10株　　時　価　1株　¥73,000
    e. 支払家賃¥210,000には来年1月から4か月分¥70,000が含まれている。
    f. 受取手数料の未収高が¥20,000ある。

(1)

精　算　表
令和○年12月31日

勘 定 科 目	残 高 試 算 表 借 方	貸 方	整 理 記 入 借 方	貸 方	損 益 計 算 書 借 方	貸 方	貸 借 対 照 表 借 方	貸 方
現　　　　金								
当 座 預 金								
売　掛　金								
貸 倒 引 当 金								
有 価 証 券								
繰 越 商 品								
前　払　金								
備　　　品								
備品減価償却累計額								
買　掛　金								
借　入　金								
資　本　金								
売　　　上								
受 取 手 数 料								
仕　　　入								
給　　　料								
発　送　費								
支 払 家 賃								
保　険　料								
消 耗 品 費								
支 払 利 息								

(2)

貸 倒 引 当 金		4
	22,000	

支 払 家 賃		18
210,000		

29-4　次の決算整理事項によって精算表を完成しなさい。

　　　決算整理事項
　　　　　a．期末商品棚卸高　￥435,000
　　　　　b．貸倒見積高　売掛金残高の2%とする。
　　　　　c．備品減価償却高　取得原価￥600,000
　　　　　　残存価額は零（0）　耐用年数6年
　　　　　　定額法による。
　　　　　d．有価証券は，売買目的で保有する富山
　　　　　　商事株式会社の株式10株であり，1株に
　　　　　　つき時価￥32,500に評価替えする。
　　　　　e．保険料前払高　￥3,000
　　　　　f．手数料前受高　￥15,000

精　算　表
令和○年12月31日

勘定科目	残高試算表 借方	残高試算表 貸方	整理記入 借方	整理記入 貸方	損益計算書 借方	損益計算書 貸方	貸借対照表 借方	貸借対照表 貸方
現　　金	264,000							
当座預金	990,000							
売　掛　金	1,280,000							
貸倒引当金		6,000						
有価証券	350,000							
繰越商品	417,000							
備　　品	600,000							
備品減価償却累計額		300,000						
買　掛　金		593,000						
資　本　金		3,050,000						
売　　上		4,490,000						
受取手数料		60,000						
仕　　入	3,617,000							
給　　料	872,000							
支払家賃	48,000							
保　険　料	36,000							
雑　　費	25,000							
	8,499,000	8,499,000						

検定問題

29-5　近畿商店（個人企業　決算年1回　12月31日）の総勘定元帳勘定残高と決算整理事項は，
次のとおりであった。よって，精算表を完成しなさい。　[第87回改題]

　　　元帳勘定残高

現　　金	￥1,205,000	当座預金	￥2,406,000	受取手形	￥600,000
売　掛　金	800,000	貸倒引当金	8,000	有価証券	1,300,000
繰越商品	520,000	貸付金	1,000,000	備　品	1,600,000
備品減価償却累計額	700,000	土　地	2,000,000	支払手形	659,000
買掛金	1,690,000	資本金	8,000,000	売　上	7,411,000
受取地代	156,000	受取利息	25,000	仕　入	5,560,000
給　料	539,000	広告料	349,000	支払家賃	540,000
保険料	166,000	租税公課	28,000	雑　費	36,000

決算整理事項

- a. 期末商品棚卸高　¥650,000
- b. 貸倒見積高　受取手形と売掛金の期末残高に対し，それぞれ1％と見積もり，貸倒引当金を設定する。
- c. 備品減価償却高　¥225,000
- d. 有価証券評価高　有価証券は，売買目的で保有している次の株式であり，時価によって評価する。

  株式会社北東商会　25株　　時価　1株　¥48,000
- e. 収入印紙未使用高　¥　3,000
- f. 保険料前払高　保険料のうち¥96,000は，本年11月1日からの1年分を支払ったものであり，前払高を次期に繰り延べる。
- g. 地代前受高　¥12,000
- h. 利息未収高　¥　5,000
- i. 給料未払高　¥49,000

精算表
令和○年12月31日

勘定科目	残高試算表 借方	残高試算表 貸方	整理記入 借方	整理記入 貸方	損益計算書 借方	損益計算書 貸方	貸借対照表 借方	貸借対照表 貸方
現　　　　金	1,205,000							
当 座 預 金	2,406,000							
受 取 手 形	600,000							
売 　掛　 金	800,000							
貸 倒 引 当 金		8,000						
有 価 証 券	1,300,000							
繰 越 商 品	520,000							
貸 　付 　金	1,000,000							
備　　　　品	1,600,000							
備品減価償却累計額		700,000						
土　　　　地	2,000,000							
支 払 手 形		659,000						
買 　掛 　金		1,690,000						
資 　本 　金		8,000,000						
売　　　　上		7,411,000						
受 取 地 代		156,000						
受 取 利 息		25,000						
仕　　　　入	5,560,000							
給　　　　料	539,000							
広 　告 　料	349,000							
支 払 家 賃	540,000							
保 　険 　料	166,000							
租 税 公 課	28,000							
雑 　　　費	36,000							
	18,649,000	18,649,000						
貸倒引当金繰入								
減 価 償 却 費								
有価証券評価（　）								
貯 　蔵 　品								
前 払 保 険 料								
前 受 地 代								
（　　　）利息								
未 払 給 料								
当期純（　　）								

30 帳簿決算

学習の要点

個人企業における帳簿決算の一連の流れは，次のとおりである。

1 決算予備手続き

(1) 仕訳帳の締め切り

(2) 試算表の作成

残高試算表（一部）
令和○年／2月3／日

借　方	勘定科目	貸　方
900,000	売　掛　金	
	貸倒引当金	15,000
560,000	有　価　証　券	
470,000	繰　越　商　品	
800,000	備　　品	
	備品減価償却累計額	300,000
3,300,000	仕　　入	
24,000	保　険　料	
62,000	租　税　公　課	
15,000	支　払　利　息	
⋮	⋮	⋮

(3) 棚卸表の作成と決算整理
決算整理仕訳（仕訳帳）→転記（総勘定元帳各勘定）

	借　方	貸　方
a	仕　　入　470,000	繰越商品　470,000
	繰越商品　4/0,000	仕　　入　4/0,000
b	貸倒引当金繰入　3,000	貸倒引当金　3,000
c	減価償却費　100,000	備品減価償却累計額　100,000
d	有価証券評価損　40,000	有価証券　40,000
e	前払保険料　8,000	保険料　8,000
f	貯蔵品　10,000	租税公課　10,000
g	支払利息　6,000	未払利息　6,000

(4) 精算表の作成

2 決算本手続き

(1) 総勘定元帳の締め切り
決算振替仕訳（仕訳帳）→転記（総勘定元帳各勘定）

①収益勘定の残高を損益勘定に振り替える。

借　方	貸　方
売　上　4,645,000	損　益　4,645,000

②費用勘定の残高を損益勘定に振り替える。

借　方	貸　方
損　益　3,592,000	仕　入　3,360,000
	保　険　料　16,000
	租　税　公　課　52,000
	貸倒引当金繰入　3,000
	減価償却費　100,000
	有価証券評価損　40,000
	支　払　利　息　21,000

③損益勘定の貸借差額を資本金勘定に振り替える。

借　方	貸　方
損　益　1,053,000	資　本　金　1,053,000

(2) 繰越試算表の作成

(3) 仕訳帳（決算仕訳）・その他の帳簿の締め切り

(4) 再振替
再振替仕訳（仕訳帳）→転記（総勘定元帳各勘定）

借　方	貸　方
保　険　料　8,000	前払保険料　8,000
租　税　公　課　10,000	貯　蔵　品　10,000
未　払　利　息　6,000	支　払　利　息　6,000

30-1 佐渡商店（個人企業　決算年/回　/2月3/日）の総勘定元帳（一部）の記録と決算整理事項は次のとおりであった。よって，決算に必要な仕訳を示し，転記して各勘定を締め切りなさい。

ただし，i　開始記入はしなくてよい。

ii　勘定には，日付・相手科目・金額を記入すること。

決算整理事項
- a. 期末商品棚卸高　¥490,000
- b. 貸倒見積高　¥30,000
- c. 備品減価償却高　¥56,000
- d. 家賃未払高　¥20,000
- e. 収入印紙未使用高　¥13,000

		借　　方	貸　　方
決算整理仕訳	a		
	b		
	c		
	d		
	e		

	借　　方	貸　　方
決算振替仕訳		

総勘定元帳（一部）

貸　倒　引　当　金　　　　3		
		6,000

繰　越　商　品　　　　4		
1/1 前期繰越 420,000		

備品減価償却累計額　　　6		
	1/1 前期繰越 112,000	

資　　本　　金　　　　9		
	1/1 前期繰越 2,000,000	

売　　　　　上　　　　10		
		3,500,000

受　取　利　息　　　　11		
		65,000

仕　　　　　入　　　　12		
2,400,000		

支　払　家　賃　　　　13		
100,000		

租　税　公　課　　　　14		
110,000		

貯　　蔵　　品　　　　18		

貸倒引当金繰入　　　　15		

損　　　　　益　　　　29		

減　価　償　却　費　　　16		

未　払　家　賃　　　　17		

30·2 敦賀商店（個人企業　決算年/回　/2月3/日）の総勘定元帳の記録と決算整理事項は次のとおりであった。よって，決算に必要な仕訳を示し，転記して各勘定を締め切るとともに，繰越試算表を作成しなさい。

ただし，ⅰ　開始記入はしなくてよい。

　　　　　ⅱ　勘定には，日付・相手科目・金額を記入すること。

決算整理事項

a. 期末商品棚卸高　¥/,430,000
b. 貸倒見積高　売掛金残高の2%とする。
c. 備品減価償却高　¥　50,000
d. 有価証券評価高　¥/,/60,000

e. 手数料前受高　¥　56,000
f. 収入印紙未使用高　¥　79,000
g. 家賃未払高　¥/20,000

		借　　　　　方	貸　　　　　方
決算整理仕訳	a		
	b		
	c		
	d		
	e		
	f		
	g		
決算振替仕訳			

総勘定元帳　　（注）　総勘定元帳の記録は総額で示してある。

現　　　　金　　　　1		売　　　掛　　　金　　　2	
8,0/2,000	5,867,000	5,965,000	2,365,000

貸　倒　引　当　金　　3		有　価　証　券　　4	
	48,000	1,240,000	

繰　越　商　品		5
860,000		

備　　　　　　品		6
400,000		

備品減価償却累計額		7
	50,000	

買　　掛　　金		8
2,680,000	6,598,000	

資　　本　　金		9
	4,000,000	

売　　　　　　上		10
75,000	8,595,000	

受　取　手　数　料		11
	392,000	

仕　　　　　　入		12
7,096,000	58,000	

給　　　　　　料		13
1,107,000		

租　税　公　課		14
178,000		

支　払　家　賃		15
360,000		

貸　倒　引　当　金　繰　入		16

減　価　償　却　費		17

有　価　証　券　評　価　損		18

前　受　手　数　料		19

繰　越　試　算　表
令和○年12月31日

借　　方	勘　定　科　目	貸　　方

貯　蔵　品		20

未　払　家　賃		21

損　　　　　　益		22

30·3 福井商店（個人企業　決算年/回　/2月3/日）の総勘定元帳の記録と決算整理事項は次のとおりであった。よって，決算仕訳を行い，転記して各勘定を締め切るとともに，繰越試算表を作成しなさい。

　　ただし，i　開始記入はしなくてよい。

　　　　　　ii　総勘定元帳には，日付・相手科目・金額を記入すること。

決算整理事項

a．期末商品棚卸高	¥980,000		d．利 息 未 払 高	¥/5,000
b．貸 倒 見 積 高	売掛金残高の5%とする。		e．保 険 料 前 払 高	¥36,000
c．減 価 償 却 高	¥370,000			

仕　　　訳　　　帳　　　　　　　　5

令和○年	摘　　　　　　要	元丁	借　　方	貸　　方
	決　算　仕　訳			
	期首商品棚卸高の振り替え			
	期末商品棚卸高の振り替え			
	貸倒引当金の計上			
	減価償却費の計上			
	利息未払高の計上			
	保険料前払高の計上			
	収益の各勘定を損益勘定に振り替え			
	費用の各勘定を損益勘定に振り替え			
	当期純（　　　）を資本金勘定に振り替え			

総勘定元帳　　（注）　総勘定元帳の記録は総額で示してある。

現 金 1		売 掛 金 2	
7,371,500	2,944,000	6,300,000	2,420,000

貸 倒 引 当 金 3		繰 越 商 品 4	
	64,500	1,370,000	

備 品 5		備品減価償却累計額 6	
1,850,000			740,000

買 掛 金 7		借 入 金 8	
1,903,000	5,788,000		1,200,000

資 本 金 9		売 上 10	
	4,080,000	436,000	11,181,000

受 取 手 数 料 11		仕 入 12	
	264,000	7,885,000	165,000

給 料 13	
1,470,000	

保 険 料 14		支 払 利 息 15	
216,000		45,000	

貸 倒 引 当 金 繰 入 16

減 価 償 却 費 17

未 払 利 息 18

前 払 保 険 料 19

損 益 20

繰 越 試 算 表
令和○年12月3/日

借 方	勘 定 科 目	貸 方
	現 金	
	売 掛 金	
	貸 倒 引 当 金	
	繰 越 商 品	
	備 品	
	備品減価償却累計額	
	買 掛 金	
	借 入 金	
	資 本 金	
	未 払 利 息	
	前 払 保 険 料	

31 損益計算書・貸借対照表の作成

学習の要点

1 損益計算書

損 益 計 算 書

越後商店　令和○年/月/日から令和○年/2月3/日まで（単位：円）

費 用	金 額	収 益	金 額
売 上 原 価	6,820,000	売 上 高	9,290,000
給 料	930,000	受 取 手 数 料	68,000
貸倒引当金繰入	104,000		
保 険 料	32,000		
支 払 家 賃	420,000		
減 価 償 却 費	200,000		
消 耗 品 費	45,000		
雑 費	7,000		
支 払 利 息	42,000		
有価証券評価損	80,000		
当 期 純 利 益	678,000		
	9,358,000		9,358,000

決算整理後の仕入勘定の残高 → 売上原価
売上原価以外の費用の勘定残高 → （給料～有価証券評価損）

売上勘定の残高 ← 売上高
売上勘定以外の収益の勘定残高 ← 受取手数料

2 貸借対照表

貸 借 対 照 表

越後商店　　令和○年/2月3/日　　（単位：円）

資 産		金 額	負債および純資産	金 額
現 金		370,000	買 掛 金	2,060,000
当 座 預 金		2,700,000	借 入 金	700,000
受 取 手 形	800,000		従 業 員 預 り 金	32,000
貸倒引当金	40,000	760,000	未 払 利 息	8,000
売 掛 金	3,100,000		資 本 金	6,000,000
貸倒引当金	155,000	2,945,000	当 期 純 利 益	678,000
有 価 証 券		1,040,000		
商 品		830,000		
消 耗 品		17,000		
前 払 保 険 料		16,000		
備 品	1,600,000			
減価償却累計額	800,000	800,000		
		9,478,000		9,478,000

貸倒引当金は控除形式で示す
繰越商品としない → 商品
減価償却累計額は控除形式で示す → 減価償却累計額

損益勘定から純損益を振り替える前の資本金勘定残高 ← 資本金

31▶1 金沢商店の次の資料によって，下記の損益計算書の一部を完成しなさい。

繰 越 商 品			
1/1 前期繰越	429,000	12/31 仕　　入	429,000
12/31 仕　　入	570,000	〃 次期繰越	570,000
	999,000		999,000

売		上	
	240,000		6,375,000
12/31 損　　益	6,135,000		
	6,375,000		6,375,000

受 取 手 数 料			
12/31 損　　益	570,000		570,000

受 取 利 息			
12/31 損　　益	20,000		20,000

仕		入	
	4,947,000		42,000
12/31 繰越商品	429,000	12/31 繰越商品	570,000
		〃 損　　益	4,764,000
	5,376,000		5,376,000

給		料	
	1,200,000	12/31 損　　益	1,200,000

広		告 料	
	700,000	12/31 損　　益	700,000

損 益 計 算 書

金沢商店　　　　　令和○年1月1日から令和○年12月31日まで

費　　　用	金　　額	収　　　益	金　　額
売 上 原 価		売 上 高	
給　　　料		受 取 手 数 料	
広 告 料		受 取 利 息	

31▶2 福井商店の決算整理後の総勘定元帳勘定残高の一部は，次のとおりであった。よって，貸借対照表を完成しなさい。

元帳勘定残高（一部）

売 掛 金	¥3,150,000	貸倒引当金	¥ 31,500	繰 越 商 品	¥ 600,000
備 品	1,800,000	備品減価償却累計額	600,000	買 掛 金	1,700,000
前払保険料	27,000	未 払 家 賃	90,000	前受手数料	195,000

貸 借 対 照 表

福井商店　　　　　令和○年12月31日　　　　　（単位：円）

資　　　産	金　　額	負債および純資産	金　　額
現　　金	758,500	支 払 手 形	755,000
当 座 預 金	1,335,000	（　　　　　）	1,700,000
売 掛 金（　　　　）		（　　　　　）	
（　　　）（　　　）		（　　　　　）	90,000
有 価 証 券	990,000	資 本 金	5,000,000
（　　　）		（　　　　　）	
（　　　）			
（　　　）（　　　）			
減価償却累計額（　　　）			

31-3 大阪商店（個人企業 決算年1回 12月31日）の総勘定元帳勘定残高と付記事項および決算整理事項は，次のとおりであった。よって，

(1) 付記事項の仕訳を示しなさい。

(2) 決算整理仕訳を示しなさい。ただし，繰り延べおよび見越しの勘定を用いること。

(3) 損益計算書および貸借対照表を完成しなさい。

元帳勘定残高

現　　　金 ¥ 523,000	当座預金 ¥ 2,558,000	受取手形 ¥ 900,000
売　掛　金 1,200,000	貸倒引当金 38,000	有価証券 1,860,000
繰越商品 1,060,000	備　　　品 1,600,000	備品減価償却累計額 640,000
支払手形 730,000	買　掛　金 870,000	従業員預り金 340,000
仮　受　金 110,000	資　本　金 6,000,000	売　　　上 17,650,000
受取手数料 410,000	仕　　　入 13,900,000	給　　　料 1,580,000
支払家賃 1,320,000	保　険　料 96,000	通　信　費 78,000
雑　　　費 113,000		

付記事項

① 仮受金¥110,000は，神戸商店から商品の注文を受けたさいの内金であることがわかった。

決算整理事項

a．期末商品棚卸高　¥1,120,000

b．貸倒見積高　受取手形と売掛金の期末残高に対し，それぞれ3％と見積もり，貸倒引当金を設定する。

c．備品減価償却高　定額法による。ただし，残存価額は零（0）耐用年数は5年とする。

d．有価証券評価高　有価証券は，売買目的で保有する次の株式であり，時価によって評価する。

　　天王寺商事株式会社　30株　時　価　1株 ¥65,000

e．郵便切手未使用高　¥ 21,000

f．保険料前払高　保険料のうち¥72,000は，本年5月1日に1年分を支払ったものであり，前払高を次期に繰り延べる。

g．家賃未払高　家賃¥120,000を当期の費用として見越し計上する。

(1)

	借　　　方	貸　　　方
①		

(2)

	借　　　方	貸　　　方
a		
b		
c		
d		
e		
f		
g		

(3)

損　益　計　算　書

大阪商店　　　令和○年／月／日から令和○年／2月3／日まで　　　（単位：円）

費　　　用	金　　額	収　　　益	金　　額
売 上 原 価		売 上 高	
給　　　料		受 取 手 数 料	
（　　　　　）		（　　　　　）	
（　　　　　）			
支 払 家 賃			
保 険 料			
通 信 費			
雑　　　費			
（　　　）			

貸　借　対　照　表

大阪商店　　　令和○年／2月3／日　　　（単位：円）

資　　　産	金　　額	負債および純資産	金　　額
現　　　金		支 払 手 形	
当 座 預 金		買 掛 金	
受 取 手 形（　　）		（　　　）	
貸倒引当金（　　）		従業員預り金	
売 掛 金（　　）		（　　　）	
貸倒引当金（　　）		資 本 金	
有 価 証 券		（　　　）	
商　　　品			
（　　　）			
（　　　）			
備　　品（　　）			
減価償却累計額（　　）			

31-4 岡山商店（個人企業　決算年/回　/2月3/日）の総勘定元帳勘定残高と付記事項および決算整理事項は，次のとおりであった。よって，貸借対照表を完成しなさい。

元帳勘定残高

現　　　金	¥2,764,000	当座預金 (貸方残高)	¥300,000	受取手形	¥1,250,000
売　掛　金	2,960,000	貸倒引当金	9,000	有価証券	1,120,000
繰越商品	1,620,000	備　　　品	1,200,000	備品減価償却累計額	750,000
支払手形	650,000	買　掛　金	2,795,000	前　受　金	200,000
資　本　金	5,600,000	売　　　上	19,421,000	受取手数料	52,000
仕　　　入	13,924,000	給　　　料	3,590,000	支払家賃	1,020,000
保　険　料	192,000	租税公課	91,000	雑　　　費	46,000

付記事項

　① 大月商店に対する売掛金¥160,000を現金で回収していたが，未処理である。

決算整理事項

　a．期末商品棚卸高　¥1,728,000
　b．貸倒見積高　　　受取手形と売掛金の期末残高に対し，それぞれ2%と見積もり，貸倒引当金を設定する。
　c．備品減価償却高　定額法による。ただし，残存価額は零（0）耐用年数は8年とする。
　d．有価証券評価高　有価証券は，売買目的で保有している次の株式であり，時価によって評価する。
　　　　　　倉敷商事株式会社　40株　　時　価　/株　¥29,000
　e．収入印紙未使用高　¥23,000
　f．保険料前払高　　　保険料のうち¥156,000は，本年4月/日からの/年分を支払ったものであり，前払高を次期に繰り延べる。
　g．家賃未払高　¥204,000
　h．当座預金の貸方残高を当座借越勘定に振り替える。

貸　借　対　照　表

岡山商店　　　　　　　　　　令和○年/2月3/日　　　　　　　　（単位：円）

資　　　産	金　　額	負債および純資産	金　　額
現　　　金		支 払 手 形	
受 取 手 形（　　　）		買　掛　金	
貸倒引当金（　　　）		（　　　　　）	
売　掛　金（　　　）		前　受　金	
貸倒引当金（　　　）		（　　　　　）	
有 価 証 券		資　本　金	
商　　　品		（　　　　　）	
（　　　　　）			
（　　　　　）			
備　　　品（　　　）			
減価償却累計額（　　　）			

31-5 福島商店（個人企業　決算年1回　12月31日）の総勘定元帳勘定残高と付記事項および決算整理事項は，次のとおりであった。よって，損益計算書を完成しなさい。

元帳勘定残高

現　　　金	¥ 1,322,000	当座預金	¥ 2,515,000	受取手形	¥ 1,500,000
売　掛　金	2,400,000	貸倒引当金	35,000	有価証券	1,800,000
繰越商品	750,000	貸　付　金	505,000	備　　　品	1,920,000
備品減価償却累計額	840,000	買　掛　金	1,173,000	借　入　金	1,240,000
所得税預り金	68,000	資　本　金	8,500,000	売　　　上	10,717,000
受取利息	87,000	仕　　　入	8,136,000	給　　　料	740,000
支払家賃	650,000	保　険　料	126,000	租税公課	138,000
雑　　　費	76,000	支払利息	82,000		

付記事項

① 得意先喜多方商店から商品代金として受け取っていた同店振り出しの約束手形¥200,000が満期日となり，当店の当座預金に入金されていたが，記帳していなかった。

決算整理事項

a．期末商品棚卸高　　¥770,000

b．貸倒見積高　　受取手形と売掛金の期末残高に対し，それぞれ1％と見積もり，貸倒引当金を設定する。

c．備品減価償却高　　定率法による。ただし，償却率は25％とする。

d．有価証券評価高　　有価証券は売買を目的として保有する次の株式であり，時価によって評価する。

会津物産株式会社　30株　　時価1株 ¥56,000

e．収入印紙未使用高　　未使用分¥14,000を貯蔵品勘定により繰り延べる。

f．保険料前払高　　保険料のうち¥72,000は，本年10月1日に1年分を支払ったものであり，前払高を次期に繰り延べる。

g．利息未払高　　利息¥5,000を当期の費用として見越し計上する。

損　益　計　算　書

福島商店　　　令和○年1月1日から令和○年12月31日まで　　　（単位：円）

費　　　用	金　　額	収　　　益	金　　額
売　上　原　価		売　上　高	
給　　　料		（　　　　　　　）	
（　　　　　　　）			
（　　　　　　　）			
支　払　家　賃			
保　　険　　料			
（　　　　　　　）			
雑　　　費			
支　払　利　息			
（　　　　　　　）			
（　　　　　　　）			

検定問題

31-6 九州商店（個人企業　決算年1回　12月31日）の総勘定元帳勘定残高と付記事項および決算整理事項は，次のとおりであった。よって，貸借対照表を完成しなさい。　第81回改題

元帳勘定残高

現　　　金	¥ 593,000	当 座 預 金	¥ 2,156,000	受 取 手 形	¥ 1,200,000
売 掛 金	1,680,000	貸倒引当金	5,000	有 価 証 券	1,920,000
繰 越 商 品	1,040,000	備　　　品	1,280,000	備品減価償却累計額	560,000
支 払 手 形	1,210,000	買 掛 金	1,300,000	借 入 金	900,000
従業員預り金	230,000	資 本 金	5,500,000	売　　　上	18,400,000
受 取 手 数 料	189,000	仕　　　入	13,568,000	給　　　料	3,192,000
支 払 家 賃	836,000	保 険 料	504,000	通 信 費	168,000
租 税 公 課	64,000	雑　　　費	57,000	支 払 利 息	36,000

付記事項

① かねて，高松商店に掛けで売り渡していた商品について¥30,000の返品があったが，記帳していなかった。

決算整理事項

a. 期末商品棚卸高　　¥1,320,000（付記事項①返品分を含む）

b. 貸倒見積高　　　　受取手形と売掛金の期末残高に対し，それぞれ2%と見積もり，貸倒引当金を設定する。

c. 備品減価償却高　　定率法による。ただし，毎期の償却率25%とする。

d. 有価証券評価高　　有価証券は，売買目的で保有している次の株式であり，時価によって評価する。

　　　　島原商事株式会社　30株　　時価 1株 ¥66,000

e. 郵便切手未使用高　¥ 29,000

f. 保険料前払高　　　保険料のうち¥312,000は，本年9月1日からの1年分を支払ったものであり，前払高を次期に繰り延べる。

g. 家賃未払高　　　　家賃¥76,000を当期の費用として見越し計上する。

貸 借 対 照 表

九州商店　　　　　　　　令和○年12月31日　　　　　　　　（単位：円）

資　　産	金　額	負債および純資産	金　額
現　　金		支 払 手 形	
当 座 預 金		買 掛 金	
受取手形（　　　）		借 入 金	
貸倒引当金（　　　）		（　　　　）	
売 掛 金（　　　）		（　　　　）	
貸倒引当金（　　　）		資 本 金	
有 価 証 券		（　　　　）	
商　　品			
（　　　　）			
（　　　　）			
備　　品（　　　）			
減価償却累計額（　　　）			

31-7 山陽商店（個人企業　決算年/回　/2月3/日）の総勘定元帳勘定残高と付記事項および決算整理事項は，次のとおりであった。よって，損益計算書を完成しなさい。　第80回改題

元帳勘定残高

現　　　金	¥ 585,000	当座預金	¥ 1,780,000	受取手形	¥ 1,400,000
売　掛　金	1,760,000	貸倒引当金	19,000	有価証券	1,530,000
繰越商品	1,240,000	貸付金	1,500,000	備　　品	3,600,000
備品減価償却累計額	900,000	支払手形	1,340,000	買掛金	1,460,000
仮受金	160,000	従業員預り金	187,000	資本金	7,900,000
売　　上	17,200,000	受取手数料	193,000	仕　入	12,540,000
給　　料	2,328,000	支払家賃	708,000	保険料	272,000
租税公課	79,000	雑費	37,000		

付記事項

① 仮受金¥160,000は，尾道商店に対する売掛金の回収額であることが判明した。

決算整理事項

a. 期末商品棚卸高　　　¥1,370,000
b. 貸倒見積高　　　　　受取手形と売掛金の期末残高に対し，それぞれ2%と見積もり，貸倒引当金を設定する。
c. 備品減価償却高　　　定率法による。ただし，毎期の償却率を25%とする。
d. 有価証券評価高　　　売買を目的として保有する次の株式について，時価によって評価する。
　　　　　　　　　　　福山商事株式会社　30株　時価　/株　¥53,000
e. 収入印紙未使用高　　¥ 26,000
f. 保険料前払高　　　　保険料のうち¥234,000は，本年3月/日からの/年分を支払ったものであり，前払高を次期に繰り延べる。
g. 利息未収高　　　　　利息¥14,000を当期の収益として見越し計上する。

損　益　計　算　書

山陽商店　　　令和○年/月/日から令和○年/2月3/日まで　　　（単位：円）

費　　用	金　額	収　　益	金　額
売　上　原　価		売　上　高	
給　　　料		受取手数料	
（　　　　　）		（　　　　　）	
（　　　　　）		（　　　　　）	
支　払　家　賃			
保　険　料			
租　税　公　課			
雑　　　費			
（　　　　　）			

31-8 福岡商店（個人企業　決算年1回　12月31日）の総勘定元帳残高と付記事項および決算整理事項は，次のとおりであった。よって，損益計算書と貸借対照表を完成しなさい。

元帳勘定残高

現　　　金	¥ 903,000	当 座 預 金	¥ 2,113,000	受 取 手 形	¥ 1,400,000
売 掛 金	2,378,000	貸倒引当金	8,000	有 価 証 券	1,920,000
繰 越 商 品	281,000	備　　　品	1,200,000	備品減価償却累計額	640,000
支 払 手 形	925,000	買 掛 金	1,539,000	借 入 金	800,000
資 本 金	6,000,000	売　　　上	10,780,000	有価証券売却益	90,000
仕　　　入	7,029,000	給　　　料	2,130,000	発 送 費	232,000
支 払 家 賃	780,000	保 険 料	216,000	通 信 費	91,000
雑　　　費	93,000	支 払 利 息	16,000		

付 記 事 項

① 北九州商店に対する売掛金¥78,000が，当店の当座預金口座に振り込まれていたが，記帳していなかった。

決算整理事項

a. 期末商品棚卸高　　¥317,000

b. 貸 倒 見 積 高　　受取手形と売掛金の期末残高に対し，それぞれ1%と見積もり，貸倒引当金を設定する。

c. 備品減価償却高　　定額法による。ただし，残存価額は零（0）耐用年数は15年である。

d. 有価証券評価高　　有価証券は，売買目的で保有している次の株式であり，時価によって評価する。

　　　　　　　　　　佐世保商事株式会社　60株　　時　価　1株　¥33,000

e. 郵便切手未使用高　未使用分¥23,000を貯蔵品勘定により繰り延べる。

f. 保 険 料 前 払 高　保険料のうち¥156,000は，本年6月1日から1年分の保険料として支払ったものであり，前払高を次期に繰り延べる。

g. 利 息 未 払 高　　¥　8,000

損　益　計　算　書

福岡商店　　　令和○年/月/日から令和○年/2月3/日まで　　　（単位：円）

費　　用	金　額	収　　益	金　額
売　上　原　価		売　　上　　高	
給　　　　料		有価証券売却益	
（　　　　　）		（　　　　　）	
（　　　　　）			
発　　送　　費			
支　払　家　賃			
保　　険　　料			
（　　　　　）			
雑　　　　費			
（　　　　　）			
（　　　　　）			

貸　借　対　照　表

福岡商店　　　令和○年/2月3/日　　　（単位：円）

資　　産	金　額	負債および純資産	金　額
現　　金		支　払　手　形	
当　座　預　金		買　　掛　　金	
受取手形（　　　）		（　　　　　）	
貸倒引当金（　　　）		（　　　　　）	
売　掛　金（　　　）		資　　本　　金	
貸倒引当金（　　　）		（　　　　　）	
（　　　　）			
（　　　　）			
貯　蔵　品			
（　　　　）			
備　　品（　　　）			
減価償却累計額（　　　）			

31-9 東北商店（個人企業　決算年/回　/2月3/日）の総勘定元帳勘定残高と付記事項および決算整理事項は，次のとおりであった。よって，損益計算書と貸借対照表を完成しなさい。

第91回改題

元帳勘定残高

現　　　金	¥ 694,000	当 座 預 金	¥ 2,560,000	受 取 手 形	¥ 1,800,000
売 掛 金	2,960,000	貸倒引当金	9,000	有 価 証 券	1,340,000
繰 越 商 品	1,470,000	備　　　品	2,800,000	備品減価償却累計額	700,000
支 払 手 形	1,570,000	買 掛 金	1,851,000	借 入 金	1,500,000
仮 受 金	260,000	従業員預り金	140,000	資 本 金	7,000,000
売　　　上	21,980,000	受取手数料	196,000	仕　　　入	15,132,000
給　　　料	5,280,000	支 払 家 賃	715,000	保 険 料	228,000
租 税 公 課	86,000	雑　　　費	96,000	支 払 利 息	45,000

付記事項

　① 仮受金¥260,000は，盛岡商店に対する売掛金の回収額であることが判明した。

決算整理事項

　a．期末商品棚卸高　　¥1,720,000

　b．貸倒見積高　　　　受取手形と売掛金の期末残高に対し，それぞれ1%と見積もり，貸倒引当金を設定する。

　c．備品減価償却高　　定額法による。ただし，残存価額は零（0）　耐用年数は8年とする。

　d．有価証券評価高　　有価証券は，売買目的で保有している次の株式であり，時価によって評価する。

　　　　　　　　　　　　　南東商事株式会社　200株　　時　価　/株 ¥6,400

　e．収入印紙未使用高　未使用分¥32,000を貯蔵品勘定により繰り延べる。

　f．保険料前払高　　　保険料のうち¥180,000は，本年4月/日からの/年分を支払ったものであり，前払高を次期に繰り延べる。

　g．家賃未払高　　　　家賃は/か月¥65,000で，/2月分は翌月4日に支払う契約のため，見越し計上する。

損 益 計 算 書

東北商店　令和○年/月/日から令和○年/2月3/日まで　　（単位：円）

費　　用	金　額	収　　益	金　額
売 上 原 価		売 上 高	
給　　料		受 取 手 数 料	
（　　　　　）			
（　　　　　）			
支 払 家 賃			
保 険 料			
租 税 公 課			
雑　　費			
支 払 利 息			
（　　　　　）			
（　　　　　）			

貸 借 対 照 表

東北商店　令和○年/2月3/日　　（単位：円）

資　　産	金　額	負債および純資産	金　額
現　金		支 払 手 形	
当 座 預 金		買 掛 金	
受取手形（　　　）		借 入 金	
貸倒引当金（　　　）		従業員預り金	
売 掛 金（　　　）		（　　　　　）	
貸倒引当金（　　　）		資 本 金	
有 価 証 券		（　　　　　）	
商　品			
（　　　　）			
（　　　　）			
備　品（　　　）			
減価償却累計額（　　　）			

総合問題 ⑤ (2)

⑤5 東海商店（個人企業　決算年1回　12月31日）の総勘定元帳の記録と付記事項および決算整理事項は，次のとおりであった。よって，

(1) 付記事項の仕訳を示しなさい。

(2) 決算整理仕訳を示しなさい。ただし，繰り延べおよび見越しの勘定を用いること。

(3) 総勘定元帳の損益勘定に必要な記入を行いなさい。

(4) 繰越試算表を完成しなさい。

総勘定元帳
（注）総勘定元帳の記録は合計額で示してある。

現　　金		当 座 預 金		売 掛 金		貸 倒 引 当 金	
1,250,000	905,000	3,725,000	2,445,000	4,950,000	3,200,000	30,000	75,000

有 価 証 券		繰 越 商 品		備　　品		備品減価償却累計額	
795,000		287,000		1,200,000			300,000

支 払 手 形		買 掛 金		借 入 金		資 本 金	
1,180,000	1,775,000	1,430,000	2,065,000		800,000		3,000,000

売　　上		受 取 手 数 料		仕　　入		給　　料	
43,000	4,843,000		42,000	3,660,000	35,000	385,000	

広 告 料		支 払 家 賃		保 険 料		租 税 公 課	
116,000		280,000		33,000		37,000	

雑　　費		支 払 利 息	
52,000		32,000	

付 記 事 項

① 三重商店より，仲介手数料¥50,000が当店の当座預金口座に入金されていたが，記帳していなかった。

決算整理事項

a. 期末商品棚卸高　　¥312,000

b. 貸 倒 見 積 高　　売掛金の期末残高に対し3%と見積もり，貸倒引当金を設定する。

c. 備品減価償却高　　定率法による。ただし，毎期の償却率を25%とする。

d. 有価証券評価高　　売買目的で保有するもので，時価¥580,000に評価替えする。

e. 保 険 料 前 払 高　　保険料のうち¥21,000は，本年5月1日に1年分を支払ったものであり，前払高を次期に繰り延べる。

f. 家 賃 未 払 高　　¥ 56,000　　　g. 収入印紙未使用高　　¥ 18,000

(1)

	借　　　　方	貸　　　　方
①		

(2)

	借　　　　方	貸　　　　方
a		
b		

c		
d		
e		
f		
g		

(3)

総 勘 定 元 帳
損　　益
31

12/31　仕　　　入	12/31　売　　　上
〃　　給　　料	〃　　受取手数料
〃　　広　告　料	〃　　（　　　　）
〃　　（　　　　）	
〃　　（　　　　）	
〃　　支払家賃	
〃　　保険料	
〃　　租税公課	
〃　　雑　　費	
〃　　支払利息	
〃　　（　　　　）	

(4)

繰 越 試 算 表
令和○年12月31日

借　　方	勘 定 科 目	貸　　方
	現　　　　金	
	当 座 預 金	
	売　掛　金	
	貸 倒 引 当 金	
	有 価 証 券	
	繰 越 商 品	
	（　　　　）	
	（　　　　）	
	備　　　品	
	備品減価償却累計額	
	支 払 手 形	
	買　掛　金	
	借　入　金	
	（　　　　）	
	資　本　金	

5 6 中国商店（個人企業　決算年/回　/2月3/日）の総勘定元帳の記録と付記事項および決算整理事項は，次のとおりであった。よって，
(1) 付記事項の仕訳を示しなさい。
(2) 決算整理仕訳を示しなさい。ただし，繰り延べおよび見越しの勘定を用いること。
(3) 損益計算書および貸借対照表を完成しなさい。

総勘定元帳　（注）総勘定元帳の記録は合計額で示してある。

現　　　　金		当座預金		受取手形		売　掛　金	
7,470,000	5,780,000	18,860,000	14,262,000	6,900,000	4,580,000	10,436,000	8,246,000

貸倒引当金		有価証券		繰越商品		備　　　品	
78,000	238,000	4,560,000		1,840,000		3,600,000	

備品減価償却累計額		買　掛　金		借　入　金		仮　受　金	
	1,200,000	7,200,000	9,040,000	600,000	3,810,000		230,000

従業員預り金		資　本　金		売　　　上		受取手数料	
	116,000		12,000,000	26,000	18,100,000		380,000

仕　　　入		給　　　料		支払家賃		保　険　料	
13,600,000	180,000	1,680,000		912,000		72,000	

通　信　費		雑　　　費		支払利息	
200,000		14,000		114,000	

付記事項
① 仮受金¥230,000は，得意先岡山商店に対する売掛金の回収額であることがわかった。

決算整理事項
a. 期末商品棚卸高　　¥1,680,000
b. 貸倒見積高　　　　受取手形と売掛金の期末残高に対し，それぞれ5％と見積もり，貸倒引当金を設定する。
c. 備品減価償却高　　定額法による。ただし，残存価額は零（0）耐用年数は6年とする。
d. 有価証券評価高　　有価証券は，売買目的で保有している次の株式であり，時価によって評価する。
　　　　　　　　　　　山口物産株式会社　80株　　時　価　/株　¥53,000
e. 保険料前払高　　　保険料¥72,000は本年8月/日に/年分を支払ったものであり，前払高を次期に繰り延べる。
f. 利息未払高　　　　利息¥45,000を当期の費用として見越し計上する。
g. 郵便切手未使用高　¥　40,000

(1)

	借　　　　方	貸　　　　方
①		

(2)

	借　　　　方	貸　　　　方
a		
b		

c		
d		
e		
f		
g		

(3)

損 益 計 算 書

中国商店　令和○年/月/日から令和○年/2月3/日まで

費　　　用	金　額	収　　　益	金　額
売 上 原 価		売 上 高	
給　　料		受 取 手 数 料	
（　　　　　）			
（　　　　　）			
支 払 家 賃			
保 険 料			
通 信 費			
雑　　費			
支 払 利 息			
（　　　　　）			
（　　　　　）			

貸 借 対 照 表

中国商店　令和○年/2月3/日

資　　　産	金　額	負債および純資産	金　額
現　　金		買 掛 金	
当 座 預 金		借 入 金	
受 取 手 形 （　　　）		従業員預り金	
貸倒引当金 （　　　）		（　　　）	
売 掛 金 （　　　）		資 本 金	
貸倒引当金 （　　　）		（　　　）	
有 価 証 券			
（　　　）			
（　　　）			
（　　　）			
備　品 （　　　）			
減価償却累計額 （　　　）			

32 株式会社の設立と株式の発行

1　株式会社の設立

　株式会社は，まず発起人が定款を作成し，それにもとづいて株式を発行して，出資者(株主)から資金を調達して設立される。設立時の資本金は，原則として株主となる者が会社に対して払い込みまたは給付をした財産の全額である。例外として払込金額の2分の1以内の金額を資本金に計上しないことができる。この金額は，**資本準備金勘定**（資本）に計上する。

例1 設立にさいし，払込金額の全額を資本金に計上したとき　①　株式200株を1株につき¥50,000で発行し，全額の引き受け・払い込みを受け，払込金は当座預金とした。

(借) 当 座 預 金 10,000,000 (貸) 資　本　金 10,000,000

当　座　預　金		資　本　金	
払込金額 10,000,000			払込金額 10,000,000

例2 設立にさいし，払込金額の一部を資本金に計上しないとき　②　株式200株を1株につき¥80,000で発行し，全額の引き受け・払い込みを受け，払込金は当座預金とした。ただし，1株の払込金額のうち¥30,000は資本金に計上しないことにした。

(借) 当 座 預 金 16,000,000 (貸) 資　本　金 10,000,000
　　　　　　　　　　　　　　　　　資本準備金　6,000,000

当　座　預　金		資　本　金	
払込金額 16,000,000			計上額　10,000,000
		資 本 準 備 金	
			資本金に計上しない額　6,000,000

　また，定款作成費や設立登記費用など，発起人が株式会社の設立準備のために立て替えていた諸費用は，**創立費勘定**（費用）で処理する。さらに，会社設立後，営業開始（開業）までにかかった費用は**開業費勘定**（費用）で処理する。

例3 創立費を支払ったとき　③　会社設立手続きを完了し，設立準備のために発起人が立て替えていた諸費用¥600,000を小切手を振り出して支払った。

(借) 創　立　費　600,000 (貸) 当 座 預 金　600,000

例4 開業費を支払ったとき　④　開業準備のための諸費用¥400,000を現金で支払った。

(借) 開　業　費　400,000 (貸) 現　　　金　400,000

2　株式の発行

　株式会社は設立後，事業規模拡大などのために，新たに株式を発行して資金を調達することができる。この場合も，設立のときと同じように仕訳する。なお，株式を新たに発行するためにかかった費用は，**株式交付費勘定**（費用）で処理する。

例5 株式交付費を支払ったとき　⑤　事業規模拡大のため，新たに株式を発行し，そのための諸費用¥300,000を小切手を振り出して支払った。

(借) 株 式 交 付 費　300,000 (貸) 当 座 預 金　300,000

32-1 次の取引の仕訳を示しなさい。

(1) 鳥取商事株式会社は，設立にさいし，株式200株を/株につき¥50,000で発行し，全額の引き受け・払い込みを受け，払込金は当座預金とした。

(2) 倉吉商事株式会社は，新たに株式200株を/株につき¥60,000で発行し，全額の引き受け・払い込みを受け，払込金は当座預金とした。

(3) 境港商事株式会社は，設立にさいし，株式300株を/株につき¥100,000で発行し，全額の引き受け・払い込みを受け，払込金は当座預金とした。ただし，/株の払込金額のうち¥30,000は資本金に計上しないことにした。

(4) 米子商事株式会社は，新たに株式100株を/株につき¥70,000で発行し，全額の引き受け・払い込みを受け，払込金は当座預金とした。

(5) 米子南商事株式会社は，新たに株式400株を/株につき¥80,000で発行し，全額の引き受け・払い込みを受け，払込金は当座預金とした。ただし，/株の払込金額のうち2分の/は資本金に計上しないことにした。

	借　　　　　方	貸　　　　　方
(1)		
(2)		
(3)		
(4)		
(5)		

32-2 次の取引の仕訳を示しなさい。

(1) 出雲商事株式会社は，設立手続きを完了し，設立準備のために発起人が立て替えていた諸費用¥400,000を，小切手を振り出して支払った。

(2) 島根商事株式会社は，開業準備のための諸費用¥300,000を，小切手を振り出して支払った。

(3) 松江商事株式会社は，事業規模拡大のため，新たに株式を発行し，そのための諸費用¥300,000を，小切手を振り出して支払った。

	借　　　　　方	貸　　　　　方
(1)		
(2)		
(3)		

32-3 次の取引の仕訳を示しなさい。
(1) 下関商事株式会社は，設立にさいし，株式250株を1株につき￥80,000で発行し，全額の引き受け・払い込みを受け，払込金は当座預金とした。
(2) 宇部商事株式会社は，新たに株式200株を1株につき￥80,000で発行し，全額の引き受け・払い込みを受け，払込金は当座預金とした。ただし，1株の払込金額のうち￥40,000は資本金に計上しないことにした。
(3) 岩国商事株式会社は，設立にさいし，株式500株を1株につき￥90,000で発行し，全額の引き受け・払い込みを受け，払込金は当座預金とした。ただし，1株の払込金額のうち￥45,000は資本金に計上しないことにした。
(4) 萩商事株式会社は，新たに株式200株を1株につき￥65,000で発行し，全額の引き受け・払い込みを受け，払込金は当座預金とした。

	借　方	貸　方
(1)		
(2)		
(3)		
(4)		

32-4 次の取引の仕訳を示しなさい。
(1) 浜田商事株式会社は，設立にさいし，株式500株を1株につき￥80,000で発行し，全額の引き受け・払い込みを受け，払込金は当座預金とした。ただし，1株の払込金額のうち￥10,000は資本金に計上しないことにした。
(2) 松江商事株式会社は，取締役会の決議により，新たに株式100株を1株につき￥70,000で発行し，全額の引き受け・払い込みを受け，払込金は当座預金とした。ただし，1株の払込金額のうち￥20,000は資本金に計上しないことにした。
(3) 益田商事株式会社は，設立にさいし，株式200株を1株につき￥60,000で発行し，全額の引き受け・払い込みを受け，払込金は当座預金とした。ただし，資本金への計上は￥10,000,000とした。

	借　方	貸　方
(1)		
(2)		
(3)		

32-5 次の取引の仕訳を示しなさい。

(1) 倉敷商事株式会社は，会社設立にさいし，株式250株を1株につき¥60,000で発行し，全額の引き受け・払い込みを受け，払込金は当座預金とした。なお，設立に要した諸費用¥450,000は，小切手を振り出して支払った。

(2) 岡山商事株式会社は，開業準備のための諸費用¥800,000を小切手を振り出して支払った。

(3) 玉野商事株式会社は，新たに株式400株を1株につき¥70,000で発行し，全額の引き受け・払い込みを受け，払込金は当座預金とした。なお，この株式の発行に要した諸費用¥600,000は，小切手を振り出して支払った。

(4) 津山商事株式会社は，会社設立にさいし，株式300株を1株につき¥80,000で発行し，全額の引き受け・払い込みを受け，払込金は当座預金とした。ただし，1株の払込金額のうち¥40,000は資本金に計上しないことにした。なお，設立に要した諸費用¥700,000は，小切手を振り出して支払った。

	借　　　　　方	貸　　　　　方
(1)		
(2)		
(3)		
(4)		

32-6 次の取引の仕訳を示しなさい。

(1) 呉商事株式会社は，会社設立にさいし，株式200株を1株につき¥70,000で発行し，全額の引き受け・払い込みを受け，払込金は当座預金とした。なお，この株式の発行に要した諸費用¥400,000は，小切手を振り出して支払った。

(2) 尾道商事株式会社は，開業準備のためにかかった広告料や給料などの諸費用¥900,000を小切手を振り出して支払った。

(3) 福山商事株式会社は，事業拡張のために，新たに株式300株を1株につき¥90,000で発行し，全額の引き受け・払い込みを受け，払込金は当座預金とした。なお，この株式の発行に要した諸費用¥420,000は，小切手を振り出して支払った。

	借　　　　　方	貸　　　　　方
(1)		
(2)		
(3)		

検定問題

32-7 次の取引の仕訳を示しなさい。

(1) 鹿児島商事株式会社は，設立にさいし，株式600株を1株につき¥85,000で発行し，全額の引き受け・払い込みを受け，払込金は当座預金とした。ただし，1株の払込金額のうち¥35,000は資本金に計上しないことにした。なお，設立に要した諸費用¥460,000は小切手を振り出して支払った。 〔第81回〕

(2) 山梨商事株式会社は，事業規模拡大のため，あらたに株式400株を1株につき¥130,000で発行し，全額の引き受け・払い込みを受け，払込金は当座預金とした。ただし，1株の払込金額のうち¥50,000は資本金に計上しないことにした。なお，この株式の発行に要した諸費用¥460,000は小切手を振り出して支払った。 〔第83回〕

(3) 岩手産業株式会社は，設立にさいし，株式400株を1株につき¥90,000で発行し，全額の引き受け・払い込みを受け，払込金は当座預金とした。ただし，1株の払込金額のうち¥40,000は資本金に計上しないことにした。なお，設立に要した諸費用¥370,000は小切手を振り出して支払った。 〔第85回〕

(4) 熊本商事株式会社は，設立にさいし，株式300株を1株につき¥80,000で発行し，全額の引き受け・払い込みを受け，払込金は当座預金とした。なお，設立に要した諸費用¥470,000は小切手を振り出して支払った。 〔第89回〕

(5) 新潟商事株式会社は，企業規模拡大のために発行した株式の発行費用¥760,000を小切手を振り出して支払った。 〔第87回〕

	借　　　　　　　方	貸　　　　　　　方
(1)		
(2)		
(3)		
(4)		
(5)		

33 剰余金の配当と処分

学習の要点

1 純利益の計上

株式会社の純利益は、決算により、個人企業の場合と同じように、損益勘定で算出される。しかし、株式会社の場合は、このあと資本金勘定に振り替えないで、**繰越利益剰余金勘定**（資本）の貸方に振り替えて、次期に繰り越す。また、純損失が生じた場合は、繰越利益剰余金勘定の借方に振り替える。

例1 当期純利益を計上したとき ① 決算の結果、当期純利益￥3,000,000を計上した。

(借) 損 益 3,000,000 (貸) 繰越利益剰余金 3,000,000

損	益
費 用	収 益
当期純利益 3,000,000	

繰越利益剰余金	
次期繰越 3,000,000	当期純利益 3,000,000

2 剰余金の配当と処分

剰余金とは、繰越利益剰余金や任意積立金などをいう。剰余金は、原則として株主総会の決議によって、配当または処分される。剰余金の配当とは、株主に対して金銭などの財産を支払うことをいい、剰余金の処分とは、繰越利益剰余金の任意積立金への振り替えや、損失の処理などをいう。配当および処分金額は、繰越利益剰余金勘定から次に示すそれぞれの勘定の貸方に振り替えられる。

(1) 配当金

株主に対して金銭などで支払われる剰余金の分配額を配当金といい、配当金が決定したときに**未払配当金勘定**（負債）の貸方に記入する。

(2) 利益準備金

株式会社が繰越利益剰余金の配当を行う場合、会社法の規定により所定の金額を計上しなければならない。これを利益準備金といい、**利益準備金勘定**（資本）の貸方に記入する。

(3) 任意積立金

剰余金のうち、会社が定款や株主総会の決議によって任意に積み立てた額を任意積立金という。任意積立金には、特定の目的を定めて積み立てる**新築積立金**などや、目的を定めないで積み立てる**別途積立金**がある。

例2 繰越利益剰余金を配当および処分したとき ② 株主総会で、繰越利益剰余金を次のとおり配当および処分することを決議した。なお、繰越利益剰余金勘定の貸方残高は￥3,000,000である。

配 当 金 ￥1,800,000   利益準備金 ￥180,000
別途積立金 ￥ 900,000

(借) 繰越利益剰余金 2,880,000 (貸) 未払配当金 1,800,000
利益準備金 180,000
別途積立金 900,000

例3 配当金を支払ったとき ③ 配当金￥1,800,000の支払いを銀行に委託し、小切手を振り出して支払った。

(借) 未払配当金 1,800,000 (貸) 当座預金 1,800,000

33-1 次の一連の取引の仕訳を示しなさい。
(1) 広島物産株式会社は，決算の結果，当期純利益¥2,450,000を計上した。
(2) 株主総会において，繰越利益剰余金を次のとおり配当および処分することを決議した。なお，繰越利益剰余金勘定の貸方残高は¥2,450,000である。

　　　　配 当 金 ¥1,500,000　　利益準備金 ¥150,000
　　　　新築積立金 ¥ 350,000　　別途積立金 ¥200,000

(3) 株主総会で決議した配当金¥1,500,000の支払いを銀行に委託し，小切手を振り出して支払った。

	借　　　方	貸　　　方
(1)		
(2)		
(3)		

33-2 次の一連の取引の仕訳を示しなさい。
(1) 岡山物産株式会社は，決算の結果，当期純利益¥2,000,000を計上した。
(2) 株主総会において，繰越利益剰余金を次のとおり配当および処分することを決議した。なお，繰越利益剰余金勘定の貸方残高は¥2,500,000である。

　　　　配 当 金 ¥1,400,000　　利益準備金 ¥140,000
　　　　新築積立金 ¥ 350,000　　別途積立金 ¥500,000

(3) 株主総会で決議した配当金¥1,400,000の支払いを銀行に委託し，小切手を振り出して支払った。

	借　　　方	貸　　　方
(1)		
(2)		
(3)		

33-3 次の一連の取引の仕訳を示しなさい。

(1) 山口商事株式会社（発行済株式数400株）は，決算の結果，当期純利益¥2,400,000を計上した。

(2) 株主総会において，繰越利益剰余金を次のとおり配当および処分することを決議した。なお，繰越利益剰余金勘定の貸方残高は¥2,700,000である。

　　　配 当 金 /株につき¥3,500　　利益準備金 ¥140,000
　　　新築積立金 ¥320,000　　別途積立金 ¥260,000

(3) 株主総会で決議した配当金の支払いを銀行に委託し，小切手を振り出して支払った。

(4) 決算の結果，当期純利益¥2,650,000を計上した。

	借　　　　方	貸　　　　方
(1)		
(2)		
(3)		
(4)		

33-4 次の取引の仕訳を示しなさい。

(1) 島根商事株式会社は，第3期決算の結果，当期純利益¥1,240,000を計上した。

(2) 鳥取商事株式会社（発行済株式数1,000株）は，株主総会で繰越利益剰余金を次のとおり配当および処分することを決議した。なお，繰越利益剰余金勘定の貸方残高は¥3,480,000である。

　　　配 当 金 /株につき¥2,000　　利益準備金 ¥200,000
　　　新築積立金 ¥400,000

(3) 鹿児島商事株式会社（発行済株式数2,000株）は，株主総会において，繰越利益剰余金¥2,800,000について次のとおり配当および処分することを決議した。

　　　配 当 金 /株につき¥1,000　　利益準備金 ¥200,000
　　　別途積立金 ¥600,000

	借　　　　方	貸　　　　方
(1)		
(2)		
(3)		

33-5　次の取引の仕訳を示しなさい。
(1)　南北物産株式会社は，決算の結果，当期純損失¥1,260,000を計上した。
(2)　東西商事株式会社は，決算の結果，当期純損失¥690,000を計上した。

	借　　　　　方	貸　　　　　方
(1)		
(2)		

33-6　次の一連の取引の仕訳を示しなさい。
○1年3月31日　香川物産株式会社（発行済株式数300株）は，第1期決算の結果，当期純利益¥1,260,000を計上した。
○1年6月28日　株主総会において，繰越利益剰余金を次のとおり配当および処分することを決議した。

配　当　金　1株につき¥1,500　　利益準備金　¥ 45,000
新築積立金　¥200,000　　　　別途積立金　¥390,000

○2年3月31日　第2期決算の結果，当期純利益¥860,000を計上した。

	借　　　　　方	貸　　　　　方
○1/3/31		
○1/6/28		
○2/3/31		

33-7　上記**33-6**の○1年6月28日と○2年3月31日の仕訳を転記して，繰越利益剰余金勘定を完成しなさい。

繰越利益剰余金

3/31	次 期 繰 越	1,260,000	3/31	損　　　　　益	1,260,000
			4/1	前 期 繰 越	1,260,000

検定問題

33-8 次の取引の仕訳を示しなさい。

(1) 九州産業株式会社は，決算の結果，当期純利益 ¥2,210,000 を計上した。 [第89回]

(2) 北西商事株式会社は，決算の結果，当期純損失 ¥837,000 を計上した。 [第87回]

(3) 岡山商事株式会社（発行済株式数5,800株）は，株主総会において，繰越利益剰余金を次のとおり配当および処分することを決議した。ただし，繰越利益剰余金勘定の貸方残高は ¥4,700,000である。

　　　配 当 金 /株につき¥350　　利益準備金　¥203,000
　　　別途積立金　¥1,890,000 [第91回改題]

(4) 奈良商事株式会社は，株主総会で決議された配当金 ¥3,720,000 の支払いを全商銀行に委託し，小切手を振り出して支払った。 [第90回]

(5) 沖縄商事株式会社（発行済株式総数6,300株）は，株主総会において，繰越利益剰余金を次のとおり配当および処分することを決議した。ただし，繰越利益剰余金勘定の貸方残高は ¥4,500,000である。

　　　配 当 金 /株につき¥300　　利益準備金　¥189,000
　　　別途積立金　¥1,700,000 [第88回改題]

(6) 山形産業株式会社は，決算の結果，当期純利益 ¥2,700,000 を計上した。 [第85回]

(7) 香川物産株式会社（発行済株式数3,400株）は，株主総会において，繰越利益剰余金を次のとおり配当および処分することを決議した。ただし，繰越利益剰余金勘定の貸方残高は ¥2,875,000である。

　　　配 当 金 /株につき¥500　　利益準備金　¥170,000
　　　別途積立金　¥260,000 [第86回改題]

(8) 福島商事株式会社は，株主総会で決議された配当金 ¥4,300,000 の支払いを全商銀行に委託し，小切手を振り出して支払った。 [第85回]

	借　　　　方	貸　　　　方
(1)		
(2)		
(3)		
(4)		
(5)		
(6)		
(7)		
(8)		

34 株式会社の税金

◤1◢ 株式会社に課せられるおもな税金

株式会社に課せられるおもな税金には，法人税・住民税・事業税・固定資産税などがある。

法人税は，株式会社などの法人の当期純利益をもとに算出した所得に対して国が課す税金である。

住民税は，都道府県民税と市町村民税をあわせたものをいう。

事業税は，当期純利益をもとに算出した所得などに対して，地方公共団体が課す税金である。

法人税・住民税及び事業税は，申告や納付の方法が同じであるので，これら三つの税金は，まとめて**法人税等勘定**で処理する。

◤2◢ 法人税・住民税・事業税

(1) 中間申告・納付

株式会社は，期首から6か月経過後，2か月以内に中間申告を行う。中間申告では，前年度の法人税・住民税及び事業税額のそれぞれ2分の1，または中間決算を行って，法人税・住民税及び事業税額を計算して申告・納付する。中間申告で納付したときは，**仮払法人税等勘定**（資産）で処理する。

例1 中間申告・納付をしたとき

① 四国商事株式会社（決算年/回）は，法人税・住民税及び事業税の中間申告を行って，前年度の法人税・住民税及び事業税額￥800,000の2分の1を小切手を振り出して納付した。

（借）仮払法人税等　400,000　　（貸）当座預金　400,000

(2) 決算日

株式会社は，決算日に当期純利益を計上すると，これをもとに法人税・住民税及び事業税額を計算し，三つの税をまとめて**法人税等勘定**で処理する。この税額から中間申告で納付した税額を差し引いた残額は，**未払法人税等勘定**（負債）に計上する。

例2 決算のとき

② 決算にあたり，当期の法人税・住民税及び事業税の合計額￥900,000を計上した。

（借）法人税等　900,000　　（貸）仮払法人税等　400,000
　　　　　　　　　　　　　　　　　　未払法人税等　500,000

(3) 確定申告・納付

株式会社は，決算の翌日から，原則として2か月以内に確定申告を行い，法人税・住民税及び事業税額を納付する。確定申告での納付額は，未払法人税等勘定に計上してある金額である。

例3 確定申告・納付をしたとき

③ 法人税・住民税及び事業税の確定申告を行い，例2の未払法人税等勘定の残高￥500,000を小切手を振り出して納付した。

（借）未払法人税等　500,000　　（貸）当座預金　500,000

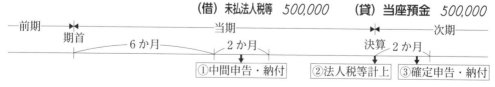

◤3◢ 固定資産税

固定資産税は，土地・建物などの固定資産の価格を基準として，地方公共団体が課す税金で，**租税公課勘定**（費用）で処理する。納税通知書を受け取り納付しないときは，**未払税金勘定**（負債）で処理する。

34-1 次の一連の取引の仕訳を示しなさい。
(1) 善通寺商事株式会社（決算年/回）は，法人税・住民税および事業税の中間申告を行って，前年度の法人税・住民税及び事業税額¥800,000の2分の1を小切手を振り出して納付した。
(2) 決算にあたり，当期の法人税・住民税及び事業税の合計額¥900,000を計上した。
(3) 法人税・住民税及び事業税の確定申告を行い，上記未払法人税等¥500,000を小切手を振り出して納付した。

	借　　　方	貸　　　方
(1)		
(2)		
(3)		

34-2 次の一連の取引の仕訳を示しなさい。
(1) 坂出物産株式会社（決算年/回）は，法人税・住民税及び事業税の中間申告を行って，前年度の法人税・住民税及び事業税額¥940,000の2分の1を小切手を振り出して納付した。
(2) 決算にあたり，当期の法人税・住民税及び事業税の合計額¥900,000を計上した。
(3) 法人税等の確定申告を行い，すでに中間申告で納付した税額を差し引き¥430,000を小切手を振り出して納付した。

	借　　　方	貸　　　方
(1)		
(2)		
(3)		

34-3 次の取引の仕訳を示しなさい。
(1) 高松産業株式会社（決算年/回）は，中間申告を行い，法人税・住民税及び事業税の合計額¥710,000を現金で納付した。
(2) 観音寺物産株式会社は，決算にあたり，当期の法人税¥800,000・住民税¥350,000及び事業税¥150,000を計上した。ただし，仮払法人税等勘定の残高が¥490,000ある。
(3) 丸亀商事株式会社は，当期の法人税・住民税及び事業税の確定申告を行い，すでに中間申告で納付した税額を差し引き¥850,000を現金で納付した。

	借　　　方	貸　　　方
(1)		
(2)		
(3)		

34-4 次の取引の仕訳を示しなさい。

(1) 今治商事株式会社（決算年/回）は，法人税・住民税及び事業税の中間申告を行い，前年度の法人税・住民税及び事業税の合計額¥1,500,000の2分の1を小切手を振り出して納付した。

(2) 伊予物産株式会社は，決算にあたり，当期の法人税・住民税及び事業税の合計額¥1,000,000を計上した。ただし，仮払法人税等勘定の残高が¥530,000ある。

(3) 松山産業株式会社は，法人税等の確定申告を行い，現金で納付した。ただし，未払法人税等勘定の残高が¥1,240,000ある。

	借　　　　　方	貸　　　　　方
(1)		
(2)		
(3)		

34-5 次の取引の仕訳を示しなさい。

(1) 新居浜商事株式会社（決算年/回）は，法人税・住民税及び事業税の中間申告を行い，¥960,000を現金で納付した。

(2) 三島商事株式会社は，決算にあたり，当期の法人税・住民税及び事業税の合計額¥1,500,000を計上した。ただし，仮払法人税等勘定の残高が¥800,000ある。

(3) 宇和島商事株式会社は，法人税・住民税及び事業税の確定申告を行い，¥750,000を現金で納付した。ただし，未払法人税等勘定の残高が¥750,000ある。

	借　　　　　方	貸　　　　　方
(1)		
(2)		
(3)		

34-6 次の取引の仕訳を示しなさい。

(1) 高知商店（個人企業）は，土地・建物に対する固定資産税¥200,000の納税通知書を受け取り，ただちに店の現金で納付した。ただし，この税金のうち20%は家計の負担分である。

(2) 伊野商店（個人企業）は，店舗に対する固定資産税¥350,000の納税通知書を受け取った。

(3) 上記(2)の固定資産税¥350,000を店の現金で納付した。

	借　　　　　方	貸　　　　　方
(1)		
(2)		
(3)		

検定問題

34-7 次の取引の仕訳を示しなさい。

(1) 岩手商事株式会社（決算年/回）は，中間申告をおこない，前年度の法人税・住民税及び事業税の合計額¥3,580,000の2分の/を小切手を振り出して納付した。 第91回

(2) 石川商事株式会社（決算年/回）は，決算にあたり，当期の法人税・住民税及び事業税の合計額¥2,950,000を計上した。ただし，中間申告のさい¥1,210,000を納付しており，仮払法人税等勘定で処理している。 第90回

(3) 鹿児島商事株式会社は，法人税・住民税及び事業税の確定申告をおこない，決算で計上した法人税等¥3,000,000から中間申告のさいに納付した¥1,800,000を差し引いた額を現金で納付した。 第89回

(4) 青森商事株式会社（決算年/回）は，中間申告をおこない，前年度の法人税・住民税及び事業税の合計額¥2,130,000の2分の/を小切手を振り出して納付した。 第88回

(5) 神奈川商事株式会社（決算年/回）は，決算にあたり，当期の法人税・住民税及び事業税の合計額¥1,578,000を計上した。ただし，中間申告のさい¥750,000を納付しており，仮払法人税等勘定で処理している。 第86回

(6) 東北商事株式会社（決算年/回）は，中間申告をおこない，前年度の法人税・住民税及び事業税の合計額¥2,880,000の2分の/を小切手を振り出して納付した。 第85回

(7) 石川商事株式会社は，法人税・住民税及び事業税の確定申告をおこない，決算で計上した法人税等¥2,500,000から中間申告のさいに納付した¥1,140,000を差し引いた額を現金で納付した。 第87回

(8) 奈良商事株式会社は，法人税・住民税及び事業税の確定申告をおこない，決算で計上した法人税等¥720,000から中間申告のさいに納付した¥300,000を差し引いた額を現金で納付した。 第84回

	借　　　方	貸　　　方
(1)		
(2)		
(3)		
(4)		
(5)		
(6)		
(7)		
(8)		

総合問題 ❻

6-1 次の一連の取引の仕訳を示しなさい。

(1) 愛媛商事株式会社は，設立にあたり，株式250株を1株につき¥80,000で発行し，全額の引き受け・払い込みを受け，払込金は当座預金とした。なお，設立登記費用などの諸費用¥800,000は，小切手を振り出して支払った。

(2) 開業準備のための諸費用¥500,000を小切手を振り出して支払った。

(3) 事業規模拡大のため，新たに株式200株を1株につき¥100,000で発行し，全額の引き受け・払い込みを受け，払込金は当座預金とした。ただし，1株の払込金額のうち¥20,000は資本金に計上しないことにした。なお，この株式の発行に要した諸費用¥420,000は，小切手を振り出して支払った。

	借　　　　方	貸　　　　方
(1)		
(2)		
(3)		

6-2 次の取引の仕訳を示しなさい。

(1) 伊予商事株式会社は，決算の結果，当期純利益¥580,000を計上した。

(2) 宇和島物産株式会社は，決算の結果，当期純利益¥2,170,000を計上した。

(3) 北東商事株式会社は，決算の結果，当期純損失¥850,000を計上した。

	借　　　　方	貸　　　　方
(1)		
(2)		
(3)		

6-3 次の取引の仕訳を示しなさい。

(1) 北海道商事株式会社は，株主総会において，繰越利益剰余金を次のとおり配当および処分することを決議した。なお，繰越利益剰余金勘定の貸方残高は¥2,400,000である。

配　当　金　¥1,700,000　　利益準備金　¥170,000
別途積立金　¥　400,000

(2) 北海道商事株式会社は，株主総会で決議した配当金¥1,700,000の支払いを銀行に委託し，小切手を振り出して支払った。

(3) 沖縄観光株式会社は，決算の結果，当期純利益¥400,000を計上した。

	借　　　　方	貸　　　　方
(1)		
(2)		
(3)		

6-4 次の取引の仕訳を示しなさい。

(1) 熊本物産株式会社は，株主総会において，繰越利益剰余金を次のとおり配当および処分することを決議した。ただし，繰越利益剰余金勘定の貸方残高は¥4,890,000である。

配　当　金　¥4,200,000　　利益準備金　¥420,000
別途積立金　¥　190,000

(2) 神奈川物産株式会社（発行済株式数3,500株）は，株主総会において，繰越利益剰余金を次のとおり配当および処分することを決議した。

配　当　金　/株につき¥800　　利益準備金　¥280,000
新築積立金　¥600,000

(3) 西南商事株式会社は，決算の結果，当期純損失¥290,000を計上した。

	借　　　　方	貸　　　　方
(1)		
(2)		
(3)		

65 次の取引の仕訳を示しなさい。

(1) 福岡商事株式会社（決算年/回）は，中間申告を行い，前年度の法人税・住民税及び事業税の合計額 ¥1,860,000 の2分の1を小切手を振り出して納付した。

(2) 神奈川商事株式会社（決算年/回）は，決算にあたり，当期の法人税・住民税及び事業税の合計額 ¥1,957,000 を計上した。ただし，中間申告のさい ¥900,000 を納付している。

(3) 京都商事株式会社は，法人税・住民税及び事業税の確定申告を行い，決算で計上した法人税等の額から中間申告のさいに納付した額を差し引いた ¥740,000 を現金で納付した。

(4) 秋田物産株式会社（決算年/回）は，中間申告を行い，前年度の法人税・住民税及び事業税の合計額 ¥1,160,000 の2分の1を現金で納付した。

	借　　方	貸　　方
(1)		
(2)		
(3)		
(4)		

66 次の一連の取引の仕訳を示しなさい。

(1) 土佐商事株式会社（決算年/回）は，法人税・住民税及び事業税の中間申告を行い，¥850,000 を現金で納付した。

(2) 決算にあたり，当期の法人税・住民税及び事業税の合計額 ¥1,550,000 を計上した。

(3) 法人税・住民税及び事業税の確定申告を行い，上記の未払法人税等 ¥700,000 を現金で納付した。

	借　　方	貸　　方
(1)		
(2)		
(3)		

67 次の取引の仕訳を示しなさい。

南国商店（個人企業）は，土地・建物に対する固定資産税 ¥700,000 の納税通知書を受け取り，ただちに店の現金で納付した。ただし，この税金のうち40%は家計の負担分である。

借　　方	貸　　方

6⑧ 関西商事株式会社（決算年/回　/2月3/日）の次の一連の取引の仕訳を示し，下記の各勘定に転記して，締め切りなさい。ただし，開始記入はしなくてよい。

2月25日　法人税・住民税及び事業税の確定申告を行い，小切手を振り出して納付した。ただし，未払法人税等勘定の残高が¥3/0,000ある。

3月28日　株主総会において，繰越利益剰余金を次のとおり配当および処分することを決議した。なお，繰越利益剰余金勘定の貸方残高は¥/,850,000である。

配　当　金　¥/,400,000　　　利益準備金　¥/40,000
別途積立金　　200,000

6月28日　中間申告を行い，前年度の法人税・住民税及び事業税の合計額¥560,000の2分の/を小切手を振り出して納付した。

/0月 5日　新たに株式/00株を/株につき¥50,000で発行し，全額の引き受け・払い込みを受け，払込金は当座預金とした。

/2月3/日　決算にあたり，当期の法人税・住民税及び事業税¥540,000を計上した。

　〃 日　決算にあたり，当期純利益¥/,260,000を計上した。

	借　　　　方	貸　　　　方
2/25		
3/28		
6/28		
10/5		
12/31		
〃		

仮 払 法 人 税 等			未 払 法 人 税 等	
			1/1 前期繰越　3/0,000	

資　　本　　金			繰越利益剰余金	
	1/1 前期繰越　8,000,000		1/1 前期繰越　/,850,000	

35 固定資産の売却

1 固定資産の売却

　備品・建物などの固定資産を売却したときは，その固定資産の帳簿価額を減少させるとともに，帳簿価額と売却価額との差額は**固定資産売却益(損)勘定**で処理する。

　固定資産の帳簿価額の減少の処理は，減価償却を間接法で記帳している場合，固定資産の取得原価と減価償却累計額を同時に減少させる方法で行う。

　固定資産の帳簿価額は，取得原価から減価償却累計額を差し引いて求める。

> 固定資産の帳簿価額 ＝ 取得原価 － 減価償却累計額

　取得原価は固定資産の勘定の借方に，減価償却累計額は減価償却累計額勘定の貸方に記入されている。例えば備品の取得原価¥500,000，備品減価償却累計額¥360,000の場合，次のとおりである。

備　　　品		備品減価償却累計額	
取得原価　500,000			360,000

帳簿価額 ¥140,000

　上の二つの勘定から備品の帳簿価額は¥140,000（＝¥500,000－¥360,000）であることがわかる。このように備品の帳簿価額は，備品勘定と備品減価償却累計額勘定の二つの勘定の差額として計算される。この帳簿価額¥140,000の備品を¥100,000で売った場合，固定資産売却損は¥40,000となる。

例 備品を売却したとき　　　取得原価¥500,000　減価償却累計額¥360,000の備品を¥100,000で売却し，代金は現金で受け取った。

　　　(借) 備品減価償却累計額　360,000　　(貸) 備　　品　500,000
　　　　　現　　金　100,000
　　　　　固定資産売却損　40,000

35-1 次の取引の仕訳を示しなさい。

(1) 取得原価¥300,000の備品を¥50,000で売却し，代金は月末に受け取ることにした。なお，この備品に対する減価償却累計額が¥216,000ある。

(2) 取得原価¥400,000の備品を¥150,000で売却し，代金は月末に受け取ることにした。なお，この備品に対する減価償却累計額が¥252,000ある。

	借　　　　　方	貸　　　　　方
(1)		
(2)		

35-2 次の取引の仕訳を示しなさい。

(1) これまで使用した取得原価¥600,000の備品を¥200,000で売却し，代金は現金で受け取った。なお，この備品に対する減価償却累計額が¥432,000ある。

(2) 取得原価¥200,000の事務用机を¥30,000で売却し，代金は小切手で受け取り，ただちに当座預金に預け入れた。なお，この事務用机に対する減価償却累計額が¥144,000ある。

	借 方	貸 方
(1)		
(2)		

35-3 次の一連の取引の仕訳を示しなさい。(1)については各勘定に転記して締め切り，備品の期末における帳簿価額を示しなさい。ただし，開始記入はしなくてよい。

(1) 決算（年1回 12月31日）にあたり，備品（取得原価¥1,500,000 残存価額は零（0） 耐用年数6年 定額法）について，減価償却を行い，間接法で記帳した。

(2) 上記備品を期首に¥380,000で売却し，代金は月末に受け取ることにした。

	借 方	貸 方
(1)		

備　　　品		備品減価償却累計額	
1/1 前期繰越 1,500,000			1/1 前期繰越　750,000

減 価 償 却 費	

備品の帳簿価額	¥

	借 方	貸 方
(2)		

検定問題 ◆◆◆◆◆

35-4　次の取引の仕訳を示しなさい。

(1) 山形商店は，期首に取得原価¥620,000の備品を¥205,000で売却し，代金は小切手で受け取り，ただちに当座預金に預け入れた。なお，この備品の売却時における帳簿価額は¥155,000であり，これまでの減価償却高は間接法で記帳している。　　　　　第91回

(2) 和歌山商会は，取得原価¥500,000の商品陳列用ケースを¥80,000で売却し，代金は月末に受け取ることにした。なお，この商品陳列用ケースに対する減価償却累計額は¥400,000であり，これまでの減価償却高は間接法で記帳している。　　　　　第90回

(3) 鳥取商会は，取得原価¥1,200,000の商品陳列用ケースを¥400,000で売却し，代金は月末に受け取ることにした。なお，この商品陳列用ケースに対する減価償却累計額は¥720,000であり，これまでの減価償却高は間接法で記帳している。　　　　　第88回

(4) 千葉商店は，取得原価¥900,000の備品を¥230,000で売却し，代金は月末に受け取ることにした。なお，この備品に対する減価償却累計額は¥600,000であり，これまでの減価償却高は間接法で記帳している。　　　　　第86回

(5) 西日本商店は，取得原価¥800,000の備品を¥250,000で売却し，代金は小切手で受け取り，ただちに当座預金とした。なお，この備品に対する減価償却累計額は¥500,000であり，これまでの減価償却高は間接法で記帳している。　　　　　第84回

(6) 茨城商事株式会社は，取得原価¥2,000,000の備品を¥680,000で売却し，代金は月末に受け取ることにした。なお，この備品に対する減価償却累計額は¥1,250,000であり，これまでの減価償却高は間接法で記帳している。　　　　　第82回

	借　　　　　　方	貸　　　　　　方
(1)		
(2)		
(3)		
(4)		
(5)		
(6)		

36 クレジット売掛金

1 クレジット売掛金とは

クレジットカードを利用する顧客に商品を販売した場合は，クレジット会社に対する債権が生じる。なぜなら，後日クレジット会社からその販売代金を受け取れるからである。この場合の債権は，通常の売掛金とは区別して，**クレジット売掛金勘定**（資産）に計上する。

通常の商品売買による取引　　　　　　　　　　クレジット売掛金

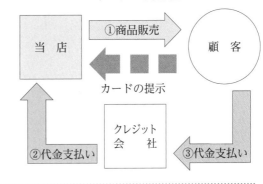

2 クレジット売掛金に関する基本仕訳

例1 クレジットカード払いで販売したとき

① 大宮商店は，商品¥60,000をクレジットカード払いの条件で販売した。なお，クレジット会社への手数料（販売代金の5%）を計上した。

(借) クレジット売掛金 57,000　(貸) 売 上 60,000
支払手数料 3,000

例2 クレジット会社から当座預金口座に振り込みがあったとき

② 上記のクレジット取引について，クレジット会社より手数料を差し引いた代金が当座預金口座に振り込まれた。

(借) 当座預金 57,000　(貸) クレジット売掛金 57,000

36-1 次の一連の取引の仕訳を示しなさい。ただし，商品に関する勘定は3分法によること。
(1) 湘南商店は，商品¥700,000をクレジットカード払いの条件で販売した。なお，クレジット会社への手数料（販売代金の5%）を計上した。
(2) 上記のクレジット取引について，クレジット会社より手数料を差し引いた代金が当座預金口座に振り込まれた。

	借 方	貸 方
(1)		
(2)		

37 電子記録債権・債務

1 **電子記録債権・債務とは**··

取引によって生じた債権・債務を電子データ化して電子債権記録機関に登録したとき，その債権を**電子記録債権**といい，債務を**電子記録債務**という。

2 **電子記録債権・債務の発生に関する仕訳**······························

取引によって生じた債権・債務は，取引銀行を通じて電子債権記録機関に「発生記録」の請求を行うことによって，電子記録債権・債務とすることができる。このときは，**電子記録債権勘定**（資産）と**電子記録債務勘定**（負債）を用いて仕訳する。

例1 発生記録の請求を行ったとき

① 川口商店は，電子債権記録機関に発生記録の請求を行い，川越商店に対する買掛金¥100,000を電子記録債務とした。また，川越商店は取引銀行からその通知を受けた。

《川口商店》債務者

（借）買　掛　金　100,000　　（貸）電子記録債務　100,000

《川越商店》債権者

（借）電子記録債権　100,000　　（貸）売　掛　金　100,000

3 **電子記録債権・債務の消滅に関する仕訳**······························

支払期日となって債務者の口座から債権者の口座への払い込みが行われると，記録原簿に支払等記録が行われ，電子記録債権・債務は自動的に消滅する。

例2 債務者の口座から債権者の口座への払い込みが行われたとき

② 川口商店の川越商店に対する電子記録債務¥100,000が支払期日となり，川口商店の当座預金口座から川越商店の当座預金口座に払い込みが行われた。

《川口商店》債務者

（借）電子記録債務　100,000　　（貸）当　座　預　金　100,000

《川越商店》債権者

（借）当　座　預　金　100,000　　（貸）電子記録債権　100,000

4 **電子記録債権・債務の譲渡に関する仕訳**······························

電子記録債権は，電子債権記録機関に「譲渡記録」の請求を行って譲渡することができる。

例3 電子記録債権を譲渡して買掛金を支払ったとき

③ 秩父商店は，坂戸商店に対する買掛金¥200,000の支払いのため，取引銀行を通じて電子債権記録機関に譲渡記録の請求を行い，保有する電子記録債権¥200,000を譲渡した。

《秩父商店》

（借）買　掛　金　200,000　　（貸）電子記録債権　200,000

《坂戸商店》

（借）電子記録債権　200,000　　（貸）売　掛　金　200,000

例4 電子記録債権を取引銀行に譲渡し，割引料を差し引かれた手取金を受け取ったとき

④ 電子記録債権¥400,000を取引銀行で割り引くために，電子債権記録機関に譲渡記録の請求を行った。割引料を差し引かれた手取金¥392,000が当店の当座預金口座に振り込まれた。

（借）当　座　預　金　392,000　　（貸）電子記録債権　400,000
　　　電子記録債権売却損　　8,000

37-1 次の取引の仕訳を示しなさい。

(1) 千葉商店は，電子債権記録機関に発生記録の請求を行い，銚子商店に対する買掛金¥350,000を電子記録債務とした。また，銚子商店は取引銀行からその通知を受けた。

	借 方	貸 方
千葉商店		
銚子商店		

(2) 千葉商店の銚子商店に対する電子記録債務¥350,000が支払期日となり，千葉商店の当座預金口座から銚子商店の当座預金口座に払い込みが行われた。

	借 方	貸 方
千葉商店		
銚子商店		

(3) 館山商店は，君津商店に対する買掛金¥150,000の支払いのため，取引銀行を通じて電子債権記録機関に譲渡記録の請求を行い，保有する電子記録債権¥150,000を譲渡した。

	借 方	貸 方
館山商店		
君津商店		

37-2 次の取引の仕訳を示しなさい。

(1) 横浜商店は，川崎商店に対する売掛金¥50,000について，電子債権記録機関に対して電子記録債権の発生記録の請求を行った。川崎商店は電子債権記録機関から，電子記録債務の発生記録の通知を受け，これを承諾した。

	借 方	貸 方
横浜商店		
川崎商店		

(2) 上記(1)の電子記録債権・債務の支払期日が到来し，横浜商店の当座預金口座と川崎商店の当座預金口座の間で決済が行われた。

	借 方	貸 方
横浜商店		
川崎商店		

(3) 厚木商店は，電子記録債権¥100,000を取引銀行で割り引くために，電子債権記録機関に譲渡記録の請求を行った。割引料を差し引かれた手取金¥98,000が厚木商店の当座預金口座に振り込まれた。

借 方	貸 方

総合問題 7

7-1 次の取引の仕訳を示しなさい。

(1) 取得原価¥1,130,000の備品を¥400,000で売却し，代金は月末に受け取ることにした。なお，この備品の売却時における帳簿価額は¥339,000であり，これまでの減価償却高は間接法で記帳している。

(2) 取得原価¥520,000の備品を¥180,000で売却し，代金は約束手形で受け取った。なお，この備品の売却時における帳簿価額は¥208,000であり，これまでの減価償却高は間接法で記帳している。

(3) 取得原価¥2,400,000の建物を¥780,000で売却し，代金は月末に受け取ることにした。なお，この建物の売却時における帳簿価額は¥960,000であり，これまでの減価償却高は建物減価償却累計額勘定を用いて間接法で記帳している。

	借　　　　方	貸　　　　方
(1)		
(2)		
(3)		

7-2 次の取引の仕訳を示しなさい。

(1) 取得原価¥400,000の事務用机を¥60,000で売却し，代金は約束手形で受け取った。なお，この事務用机に対する減価償却累計額は¥320,000である。

(2) これまで使用した取得原価¥700,000の備品を¥210,000で売却し，代金は小切手で受け取った。なお，この備品に対する減価償却累計額は¥560,000である。

(3) 取得原価¥2,100,000の土地を¥2,000,000で売却し，代金は月末に受け取ることにした。

	借　　　　方	貸　　　　方
(1)		
(2)		
(3)		

7 3 次の一連の取引の仕訳を示しなさい。ただし，商品に関する勘定は3分法によること。なお，クレジット会社への手数料は販売代金の3％である。

(1) 商品¥50,000をクレジットカード払いの条件で販売した。
(2) 商品¥80,000をクレジットカード払いの条件で販売した。
(3) 上記(1)と(2)のクレジット取引について，クレジット会社より手数料を差し引いた代金が当座預金口座に振り込まれた。

	借　　　　方	貸　　　　方
(1)		
(2)		
(3)		

7 4 次の取引の仕訳を示しなさい。

(1) 長野商店に対する買掛金¥80,000について，電子債権記録機関に電子記録債務の発生記録の請求を行った。
(2) 岐阜商店に対する売掛金¥100,000について，電子債権記録機関に電子記録債権の発生記録の請求を行った。
(3) 上記(2)の電子記録債権が決済され，当店の当座預金口座に¥100,000の振り込みがあった。
(4) 富山商店に対する買掛金¥60,000について，取引銀行を通じて電子記録債務の発生記録の通知を受け，これを承諾した。
(5) 石川商店に対する買掛金¥50,000の支払いのため，取引銀行を通じて電子債権記録機関に譲渡記録の請求を行い，保有する電子記録債権¥50,000を譲渡した。
(6) 福井商店は，電子記録債権¥120,000について，本日，取引銀行で割り引くため，電子債権記録機関に譲渡記録の請求を行い，割引料¥3,000を差し引かれた手取金が福井商店の当座預金口座に振り込まれた。

	借　　　　方	貸　　　　方
(1)		
(2)		
(3)		
(4)		
(5)		
(6)		

38 ▶ 仕訳の問題

38-1 次の取引の仕訳を示しなさい。ただし，勘定科目は，次のなかからもっとも適当なものを使用すること。

現　　　　金	当 座 預 金	受 取 手 形	不 渡 手 形
売 　掛　 金	有 価 証 券	仮 払 法 人 税 等	支 払 手 形
買 　掛　 金	当 座 借 越	未 払 法 人 税 等	未 払 配 当 金
資 　本　 金	資 本 準 備 金	利 益 準 備 金	別 途 積 立 金
繰 越 利 益 剰 余 金	売　　　　　上	受 取 利 息	有 価 証 券 売 却 益
仕 　　　　入	支 払 手 数 料	有 価 証 券 売 却 損	木 津 川 支 店
本 　　　　店			

(1) 決算にあたり，当座預金勘定の貸方残高¥450,000を適切な勘定に振り替えた。

(2) 商品代金として東西商店から裏書きのうえ譲り受けていた約束手形¥560,000が不渡りとなったので，同店に償還請求した。なお，この償還請求の諸費用¥4,500を現金で支払った。

(3) 京都商店の宇治支店は，木津川支店の売掛金¥240,000を現金で受け取った。ただし，本店集中計算制度を採用している。（宇治支店の仕訳）

(4) 売買目的で保有している滋賀株式会社の株式300株（/株の帳簿価額¥4,000）を/株につき¥5,000で売却し，代金は当店の当座預金口座に振り込まれた。

(5) 兵庫商事株式会社は，株主総会において，繰越利益剰余金を次のとおり配当および処分することを決議した。ただし，繰越利益剰余金勘定の貸方残高は¥3,780,000である。
　　配 当 金 ¥3,200,000　　利益準備金 ¥320,000　　別途積立金 ¥/50,000

(6) 和歌山商事株式会社は，法人税・住民税及び事業税の確定申告を行い，決算で計上した法人税等の額から中間申告のさいに納付した額を差し引いた¥620,000を現金で納付した。

	借　　　　　方	貸　　　　　方
(1)		
(2)		
(3)		
(4)		
(5)		
(6)		

38▶2 次の取引の仕訳を示しなさい。ただし、勘定科目は、次のなかからもっとも適当なものを使用すること。

現　　　　　金	普 通 預 金	当 座 預 金	受 取 手 形
売 　掛 　金	有 価 証 券	未 収 入 金	仮 払 消 費 税
備 　　　　品	備品減価償却累計額	支 払 手 形	買 　掛 　金
繰越利益剰余金	受 取 利 息	固定資産売却益	仕 　　　　入
支 払 利 息	固定資産売却損	損 　　　　益	玉 野 支 店
備 前 支 店	本 　　　店		

(1) 山口商店から商品 ¥275,000（消費税 ¥25,000含む）を仕入れ、代金は掛けとした。

(2) さきに西北商店から商品代金として受け取っていた同店振り出し、当店あての約束手形 ¥850,000について、支払期日の延期の申し出があり、これを承諾した。よって、新しい手形を受け取り、旧手形と交換した。なお、支払期日の延期にともなう利息 ¥4,500は現金で受け取った。

(3) 岡山商会の本店は、備前支店が玉野支店の広告料 ¥80,000を現金で立て替え払いしたとの通知を受けた。ただし、本店集中計算制度を採用している。（本店の仕訳）

(4) 売買目的で徳島物産株式会社の株式3,000株を1株につき ¥800で買い入れ、代金は普通預金口座から支払った。

(5) 鳥取商事株式会社は、期首に取得原価 ¥1,250,000の備品を ¥200,000で売却し、代金は月末に受け取ることにした。なお、この備品の売却時における帳簿価額は ¥375,000であり、これまでの減価償却高は間接法で記帳している。

(6) 南東商事株式会社は、決算の結果、当期純損失 ¥412,000を計上した。

	借　　　　　方	貸　　　　　方
(1)		
(2)		
(3)		
(4)		
(5)		
(6)		

38-3 次の取引の仕訳を示しなさい。ただし，勘定科目は，次のなかからもっとも適当なものを使用すること。

現　　　　　金	当 座 預 金	受 取 手 形	売 　 掛 　 金
仮 払 法 人 税 等	支 払 手 形	未 払 法 人 税 等	資 　 本 　 金
資 本 準 備 金	繰越利益剰余金	売 　 　 　 上	受 取 手 数 料
受 取 利 息	仕 　 　 　 入	交 　 通 　 費	支 払 利 息
創 　 立 　 費	開 　 業 　 費	株 式 交 付 費	現 金 過 不 足
損 　 　 　 益	法 人 税 等		

⑴　かねて，現金の実際有高を調べたところ¥45,000であり，帳簿残高は¥46,500であったので，帳簿残高を修正して原因を調査していたが，決算日に，受取手数料¥1,800と交通費¥3,300の記入もれであることが判明した。

⑵　青森産業株式会社は，決算の結果，当期純利益¥1,746,000を計上した。

⑶　秋田商店から商品¥300,000を仕入れ，代金は，かねて受け取っていた山形商店振り出しの約束手形¥300,000を裏書譲渡して支払った。

⑷　宮城商事株式会社は，設立にさいし，株式500株を1株につき¥96,000で発行し，全額の引き受け・払い込みを受け，払込金は当座預金とした。ただし，1株の払込金額のうち¥36,000は資本金に計上しないことにした。なお，設立に要した諸費用¥240,000は小切手を振り出して支払った。

⑸　福島商事株式会社（決算年1回）は，中間申告を行い，前年度の法人税・住民税及び事業税の合計額¥1,640,000の2分の1を小切手を振り出して納付した。

⑹　さきに，秋田商店に対する買掛金の支払いのために振り出した約束手形¥500,000について，支払期日の延期を申し出て，同店の承諾を得た。よって，支払期日の延期にともなう利息¥4,000を加えた新しい手形を振り出して，旧手形と交換した。

	借　　　　　方	貸　　　　　方
⑴		
⑵		
⑶		
⑷		
⑸		
⑹		

38-4 次の取引の仕訳を示しなさい。ただし，勘定科目は，次のなかからもっとも適当なものを使用すること。

現　　　　金	当 座 預 金	受 取 手 形	不 渡 手 形
売　　掛　　金	未 収 入 金	仮 払 法 人 税 等	備　　　　品
備品減価償却累計額	未 払 法 人 税 等	仮 受 消 費 税	資　　本　　金
資 本 準 備 金	売　　　　上	受 取 利 息	固定資産売却益
仕　　　　入	広　告　料	創　立　費	開　業　費
株 式 交 付 費	固定資産売却損	法 人 税 等	支　　　　店

(1) 群馬商店は商品¥506,000（消費税¥46,000を含む）を売り渡し，代金は現金で受け取った。

(2) 栃木商会は，期首に取得原価¥360,000の商品陳列用ケースを¥25,000で売却し，代金は月末に受け取ることにした。なお，この商品陳列用ケースに対する減価償却累計額は¥288,000であり，これまでの減価償却高は間接法で記帳している。

(3) かねて，商品代金として東西商店から裏書譲渡されていた約束手形が不渡りとなり，手形金額¥460,000と償還請求費用¥3,000をあわせて償還請求していたが，本日，請求金額と期日以後の利息¥2,000を現金で受け取った。

(4) 山梨商会の本店は，広告料¥210,000を現金で支払った。ただし，このうち¥84,000は支店の負担分である。（本店の仕訳）

(5) 神奈川物産株式会社は，事業規模拡大のため，あらたに株式300株を/株につき¥120,000で発行し，全額の引き受け・払い込みを受け，払込金は当座預金とした。ただし，/株の払込金額のうち¥50,000は資本金に計上しないことにした。なお，この株式の発行に要した諸費用¥185,000は小切手を振り出して支払った。

(6) 新潟商事株式会社（決算年/回）は，決算にあたり，当期の法人税・住民税及び事業税の合計額¥1,320,000を計上した。ただし，中間申告のさい¥600,000を納付している。

	借　　　　方	貸　　　　方
(1)		
(2)		
(3)		
(4)		
(5)		
(6)		

39 計算の問題

39-1 福岡商事株式会社（決算年1回　3月31日）の下記の勘定と資料によって，次の金額を計算しなさい。

　　　a．仕　入　高　　　　b．繰越利益剰余金勘定の次期繰越高（アの金額）

		損		益		
3/31	仕　　　入	1,947,000	3/31	売　　　上	3,245,000
〃	給　　　料	195,000			
〃	減価償却費	114,000			
〃	雑　　　費	15,000			
〃	法人税等	292,000			
〃	繰越利益剰余金	682,000			
		3,245,000			3,245,000

		繰越利益剰余金			
6/27	未払配当金	400,000	4/1	前期繰越	760,000
〃	利益準備金	40,000	3/31	損　　益	（　　）
〃	別途積立金	70,000			
3/31	次期繰越	（　ア　）			
		（　　）			（　　）

資　料
　i　期首商品棚卸高　　　　¥645,000
　ii　期末商品棚卸高　　　　¥580,000

a	仕　入　高	¥		b	繰越利益剰余金勘定の次期繰越高（アの金額）	¥	

39-2 青森商店（決算年1回　12月31日）の決算日における次の受取地代勘定の（　①　）に入る勘定科目と（　②　）に入る金額を記入しなさい。ただし，地代は4月末と10月末に経過した6か月分¥162,000を受け取っている。

		受　取　地　代				
1/1	（　①　）	54,000	4/30	現　　　金	（　　）
12/31	損　　益	（　②　）	10/31	現　　　金	（　　）
			12/31	未収地代	（　　）
		（　　）			（　　）

①		②	¥	

39-3 富山商事株式会社（決算年1回　12月31日）の次の勘定と資料によって，（　①　）に入る勘定科目と（　②　）に入る金額を記入しなさい。

		仮払法人税等				
8/26	（　　）	（　　）	12/31	（　①　）	（　　）

		未払法人税等				
2/24	当座預金	（　　）	1/1	前期繰越	410,000
12/31	次期繰越	（　　）	12/31	（　②　）	（　　）
		（　　）			（　　）

		法　人　税　等				
12/31	（　　）	（　　）	12/31	（　　）	（　　）

資　料
　i　2月末までに，確定申告をおこなっている。
　ii　8月末までに，前期の法人税・住民税及び事業税額の2分の1を中間申告している。
　iii　税金の納付は，小切手を振り出しておこなっている。
　iv　法人税・住民税及び事業税の計上額
　　　　前期　¥800,000
　　　　当期　¥840,000

①		②	¥	

39-4 島根商店（決算年/回 /2月3/日）の決算日における次の受取家賃勘定の（ ① ）に入る勘定科目と（ ② ）に入る金額を記入しなさい。ただし，家賃は，2月末と8月末に翌月以降の6か月分として¥390,000を受け取っている。

受 取 家 賃

12/31 前受家賃 （ ）	1/1 （ ① ） /30,000
〃 損 益 （ ② ）	2/28 現 金 （ ）
	8/31 現 金 （ ）
（ ）	（ ）

①		②	¥

39-5 鳥取商店（個人企業 決算年/回 /2月3/日）における，下記の勘定と資料によって，次の金額を計算しなさい。

a. 仕 入 高　　　b. 期末の負債総額

繰 越 商 品

1/1 前期繰越 4/0,000	12/31 仕 入 4/0,000
12/31 仕 入 395,000	〃 次期繰越 395,000
805,000	805,000

資 本 金

12/31 引出金 80,000	1/1 前期繰越 2,950,000
〃 次期繰越 （ ）	7/1 現 金 /20,000
	12/31 損 益 （ ）
（ ）	（ ）

資 料
i 期間中の収益および費用
　売 上 高 ¥5,500,000
　受取手数料 24,000
　売 上 原 価 3,575,000
　給 料 1,540,000
　減価償却費 1/6,000
ii 期末の資産総額 ¥6,472,000

a	仕 入 高 ¥	b	期末の負債総額 ¥

39-6 関東商事株式会社（決算年/回 3月3/日）の下記の勘定と資料によって，次の金額を計算しなさい。

a. 仕 入 高　　　b. 繰越利益剰余金勘定の次期繰越高（アの金額）

損 益

3/31 仕 入 3,374,000	3/31 売 上 4,820,000
〃 給 料 365,000	
〃 減価償却費 2/5,000	
〃 雑 費 56,000	
〃 法人税等 324,000	
〃 繰越利益剰余金 486,000	
4,820,000	4,820,000

繰越利益剰余金

6/27 未払配当金 400,000	4/1 前期繰越 680,000
〃 利益準備金 40,000	3/31 損 益 （ ）
〃 別途積立金 25,000	
3/31 次期繰越 （ ア ）	
（ ）	（ ）

資 料
i 期首商品棚卸高 ¥670,000
ii 期末商品棚卸高 ¥580,000

a	仕 入 高 ¥	b	繰越利益剰余金勘定の次期繰越高（アの金額） ¥

39▶7 熊本商店（個人企業）の下記の繰越試算表，損益勘定と資料によって，次の金額を計算しなさい。

a．期　首　資　本　　　b．仕　入　高

<table>
<tr><th colspan="3">繰　越　試　算　表</th></tr>
<tr><th colspan="3">令和○年 /2 月3/日</th></tr>
<tr><th>借　　　　方</th><th>勘定科目</th><th>貸　　　　方</th></tr>
<tr><td>602,000</td><td>現　　　金</td><td></td></tr>
<tr><td>1,124,000</td><td>売　掛　金</td><td></td></tr>
<tr><td>490,000</td><td>繰越商品</td><td></td></tr>
<tr><td>710,000</td><td>備　　　品</td><td></td></tr>
<tr><td></td><td>買　掛　金</td><td>920,000</td></tr>
<tr><td></td><td>借　入　金</td><td>523,000</td></tr>
<tr><td></td><td>資　本　金</td><td>1,483,000</td></tr>
<tr><td>2,926,000</td><td></td><td>2,926,000</td></tr>
</table>

<table>
<tr><th colspan="4">損　　　　益</th></tr>
<tr><td>12/31</td><td>仕　　入</td><td>6,560,000</td><td>12/31 売　　上 8,200,000</td></tr>
<tr><td>〃</td><td>給　　料</td><td>980,000</td><td></td></tr>
<tr><td>〃</td><td>支払利息</td><td>31,000</td><td></td></tr>
<tr><td>〃</td><td>雑　　費</td><td>28,000</td><td></td></tr>
<tr><td>〃</td><td>資本金</td><td>601,000</td><td></td></tr>
<tr><td></td><td></td><td>8,200,000</td><td>8,200,000</td></tr>
</table>

資　　料
i　期首の商品　　　　　　　　￥420,000
ii　期間中の追加元入額　　　　￥110,000
iii　期間中の引出金　　　　　￥ 80,000

a	期 首 資 本 ￥		b	仕 入 高 ￥	

39▶8 千葉商店（個人企業）の下記の繰越試算表と資料によって，次の金額を計算しなさい。

a．仕　入　高　　　b．期　首　負　債

<table>
<tr><th colspan="3">繰　越　試　算　表</th></tr>
<tr><th colspan="3">令和○年 /2 月3/日</th></tr>
<tr><th>借　　　　方</th><th>勘定科目</th><th>貸　　　　方</th></tr>
<tr><td>876,000</td><td>現　　　金</td><td></td></tr>
<tr><td>1,176,000</td><td>売　掛　金</td><td></td></tr>
<tr><td>780,000</td><td>繰越商品</td><td></td></tr>
<tr><td>384,000</td><td>備　　　品</td><td></td></tr>
<tr><td></td><td>買　掛　金</td><td>740,000</td></tr>
<tr><td></td><td>借　入　金</td><td>576,000</td></tr>
<tr><td></td><td>資　本　金</td><td>1,900,000</td></tr>
<tr><td>3,216,000</td><td></td><td>3,216,000</td></tr>
</table>

資　　料
i　期首の資産総額　　　　　　￥ 3,014,000
　　　（うち商品　￥756,000）
ii　期間中の収益および費用
　　売　上　高　　　　　￥11,244,000
　　売　上　原　価　　　　8,970,000
　　広　告　料　　　　　　1,702,000
　　支　払　利　息　　　　　64,000
iii　期間中の追加元入額　　￥　180,000
iv　期間中の引出金　　　　￥　75,000

a	仕 入 高 ￥		b	期 首 負 債 ￥	

39▶9 長野商店（個人企業）の下記の期末の貸借対照表と資料によって，次の金額を計算しなさい。

a．期　首　資　本　　　b．売　上　原　価

<table>
<tr><th colspan="5">貸　借　対　照　表</th></tr>
<tr><td>長野商店</td><td colspan="4">令和○年/2月3/日</td></tr>
<tr><td>現　　　金</td><td>320,000</td><td>買　掛　金</td><td>480,000</td></tr>
<tr><td>当座預金</td><td>810,000</td><td>借　入　金</td><td>920,000</td></tr>
<tr><td>売　掛　金</td><td>470,000</td><td>資　本　金</td><td>2,100,000</td></tr>
<tr><td>商　　　品</td><td>530,000</td><td></td><td></td></tr>
<tr><td>備　　　品</td><td>1,200,000</td><td></td><td></td></tr>
<tr><td>当期純損失</td><td>170,000</td><td></td><td></td></tr>
<tr><td></td><td>3,500,000</td><td></td><td>3,500,000</td></tr>
</table>

資　　料
i　期首の商品　　　　　　￥　480,000
ii　期間中の仕入高　　　　￥6,900,000
iii　期間中の追加元入額　　￥　140,000
iv　期間中の引出金　　　　￥　210,000

a	期 首 資 本 ￥		b	売 上 原 価 ￥	

40 英語の問題

40-1 次の各文の□□□にあてはまるもっとも適当な語を，下記の語群のなかから選び，その番号を記入しなさい。

(1) 企業の一会計期間の経営成績を明らかにした報告書を損益計算書といい，英語では ア と表す。

　　　1．trial balance（T/B）　　2．balance sheet（B/S）
　　　3．profit and loss statement（P/L）

(2) 企業は経営活動を行うために，現金や商品などの財貨や売掛金や貸付金などの債権をもっている。簿記では，これらの財貨や債権などを資産といい，英語では イ と表す。

　　　1．liabilities　　2．assets　　3．bookkeeping

ア		イ	

40-2 次の各文の□□□にあてはまるもっとも適当な語を，下記の語群のなかから選び，その番号を記入しなさい。

(1) 決算手続きのうち，試算表，決算整理，損益計算書および貸借対照表を一つにまとめた一覧表を精算表といい，英語では ア と表す。

　　　1．work sheet　　2．sales book　　3．closing books

(2) 商品有高帳を記入するにあたり，払出単価の決定方法について，仕入れのつど，数量および金額を前の残高に加え，新しい平均単価を算出して決める方法を移動平均法といい，英語では イ と表す。

　　　1．imprest system　　2．moving average method　　3．first-in first-out method

ア		イ	

40-3 次の各文の□□□にあてはまるもっとも適当な語を，下記の語群のなかから選び，その番号を記入しなさい。

(1) 企業は経営活動を行うなかで，将来，一定金額を支払わなければならないなどの債務を負うことがある。この債務を簿記では負債といい，英語では ア と表す。

　　　1．cash　　2．net assets　　3．liabilities

(2) 簿記では，取引によって生じた資産・負債・資本の増減や収益・費用の発生を，さまざまな項目に分けて記録・計算する。この項目のことを勘定といい，英語では イ と表す。

　　　1．debit, debtor　　2．account　　3．credit, creditor

ア		イ	

41 本支店会計の問題

41-1 次の青森商会の取引について，本店および各支店の仕訳を示しなさい。ただし，本店集中計算制度を採用している。なお，勘定科目は，次のなかからもっとも適当なものを使用すること。

現　　　　　金	受　取　手　形	売　　掛　　金	買　　掛　　金
広　　告　　料	本　　　　　店	八　戸　支　店	三　沢　支　店

a．八戸支店は，三沢支店の広告料￥120,000を現金で支払った。本店はこの通知を受けた。

b．八戸支店は，三沢支店の得意先弘前商店に対する売掛金￥450,000を，弘前商店振り出しの約束手形で受け取った。本店はこの通知を受けた。

		借　　　　　方	貸　　　　　方
a	本　店		
	八戸支店		
	三沢支店		
b	本　店		
	八戸支店		
	三沢支店		

41-2 次の秋田商会の取引について，本店および各支店の仕訳を示しなさい。ただし，本店集中計算制度を採用している。なお，勘定科目は，次のなかからもっとも適当なものを使用すること。

現　　　　　金	当　座　預　金	買　　掛　　金	受　取　手　数　料
支　払　手　数　料	本　　　　　店	能　代　支　店	横　手　支　店

a．能代支店は，横手支店の顧客から手数料￥80,000を現金で受け取った。本店はこの通知を受けた。

b．能代支店は，横手支店の仕入先に対する買掛金￥325,000を，小切手を振り出して支払った。本店はこの通知を受けた。

		借　　　　　方	貸　　　　　方
a	本　店		
	能代支店		
	横手支店		
b	本　店		
	能代支店		
	横手支店		

41 3 宮城商店（個人企業　決算年/回　/2月3/日）の下記の資料によって，次の金額を計算しなさい。

a．支店勘定残高と本店勘定残高の一致額　　　b．本支店合併後の買掛金

c．本支店合併後の売上総利益

資　料

i　/2月30日における元帳勘定残高（一部）

	本　店	支　店
繰越商品	¥ 690,000	¥ 246,000
買　掛　金	725,000	367,000
支　店	524,000（借方）	———
本　店	———	404,000（貸方）
売　上	9,380,000	3,240,000
仕　入	7,035,000	2,527,000

ii　/2月3/日における本支店間の取引

① 本店は支店の買掛金¥/87,000を現金で支払った。

支店はその報告を受けた。

② 支店は，本店が/2月28日に支店へ送付していた商品¥/20,000（原価）を受け取った。

iii　決算整理事項（一部）

期末商品棚卸高　本店　¥638,000

支店　¥/35,000（付記事項②の商品は含まれていない）

a	支店勘定残高と本店勘定残高の一致額	¥	b	本支店合併後の買掛金	¥	c	本支店合併後の売上総利益	¥

41 4 支店会計が独立している福島商店（個人企業　決算年/回　/2月3/日）に関する下記の資料によって，次の金額を計算しなさい。

a．支店勘定残高と本店勘定残高の一致額　　　b．本支店合併後の買掛金

資　料

i　/2月30日における元帳勘定残高（一部）

	本　店	支　店
買　掛　金	¥586,000	¥483,000
支　店	874,000（借方）	———
本　店	———	779,000（貸方）

ii　/2月3/日における本支店間の取引

① 支店は，本店の買掛金¥/50,000を現金で支払った。

本店は，その報告を受けた。

② 支店は，本店が/2月29日に支店へ送付していた商品¥95,000（原価）を受け取った。

iii　/2月3/日における本支店間以外の取引

① 支店は，支店の仕入先，郡山商店から商品¥/24,000を仕入れ，代金は/月3/日に支払うこととした。

a	支店勘定残高と本店勘定残高の一致額	¥	b	本支店合併後の買掛金	¥

41-5　支店会計が独立している山形商店（個人企業　決算年1回　12月31日）における下記の資料によって，次の金額を計算しなさい。

　　　　a．支店勘定残高と本店勘定残高の一致額　　　　b．本支店合併後の現金

資　料

　i　12月30日における元帳勘定残高（一部）

	本　店	支　店
現　　金	¥429,000	¥284,000
支　　店	546,000（借方）	———
本　　店	———	403,000（貸方）

　ii　12月31日における本支店間の取引

　①　本店は，支店の売掛金¥110,000を現金で受け取った。
　　　支店は，その報告を受けた。

　②　本店は，広告料¥85,000（うち支店負担分¥30,000）を現金で支払った。
　　　支店は，その報告を受けた。

　③　本店は，支店が12月29日に送付していた送金小切手¥68,000と商品¥75,000（原価）を受け取った。

a	支店勘定残高と本店勘定残高の一致額	¥	b	本支店合併後の現　　金	¥

41-6　支店会計が独立している青森商店（個人企業）の下記の資料と本支店合併後の貸借対照表によって，次の金額を計算しなさい。

　　　　a．支店勘定残高と本店勘定残高の一致額　　　　b．本支店合併後の当期純利益（アの金額）

資　料

　i　12月30日における元帳勘定残高（一部）

	本　店	支　店
現　　金	¥ 625,000	¥ 273,000
当座預金	1,374,000	985,000
買 掛 金	760,000	317,000
支　　店	423,000（借方）	———
本　　店	———	347,000（貸方）

　ii　12月31日における本支店間の取引

　①　本店は，支店の買掛金¥95,000を現金で支払った。
　　　支店は，その報告を受けた。

　②　本店は，支店の発送費¥84,000を小切手を振り出して立て替え払いした。
　　　支店は，その報告を受けた。

　③　本店は，支店が12月29日に送付していた商品¥76,000（原価）を受け取った。

〔本支店合併後の貸借対照表〕

貸 借 対 照 表

青森商店　　　　令和○年12月31日　　　（単位：円）

資　産	金　　額	負債・純資産	金　　額
現　　金	（　　　）	支払手形	865,000
当座預金	（　　　）	買 掛 金	（　　　）
売 掛 金	1,854,000	資 本 金	5,000,000
商　　品	987,000	当期純利益	（　ア　）
備　　品	1,250,000		
	（　　　）		（　　　）

a	支店勘定残高と本店勘定残高の一致額	¥	b	本支店合併後の当期純利益（アの金額）	¥

41-7 支店会計が独立している秋田商店（個人企業　決算年/回　/2月3/日）の下記の資料によって，次の金額を計算しなさい。

a．支店勘定残高と本店勘定残高の一致額　　　b．当期の売上原価

資　料
　i　/2月30日における元帳勘定残高（一部）

	本　店	支　店
繰 越 商 品	¥ 2/8,000	¥ /05,000
買 掛 金	492,000	3/6,000
支 店	264,000（借方）	———
本 店	———	/99,000（貸方）
仕 入	1,947,000	578,000

　ii　/2月3/日における本支店間の取引
　　①　本店は，支店の買掛金¥/80,000を現金で支払った。支店はその報告を受けた。
　　②　支店は，本店が/2月29日に送付していた商品¥65,000（原価）を受け取った。
　iii　決算整理事項（一部）
　　　　期末商品棚卸高　　本店 ¥/98,000　　支店 ¥//3,000
　　　　　　　　　　　　　　　　　　　　（資料ii②の商品も含まれている）

a	支店勘定残高と本店勘定残高の一致額	¥	b	当期の売上原価	¥

41-8 支店会計が独立している北海道商店（個人企業　決算年/回　/2月3/日）の下記の資料によって，次の金額を計算しなさい。

a．支店勘定残高と本店勘定残高の一致額　　　b．本支店合併後の現金

資　料
　i　/2月30日における元帳勘定残高（一部）

	本　店	支　店
現 金	¥804,500	¥491,600
通 信 費	/28,600	75,300
支 店	326,000（借方）	———
本 店	———	/35,000（貸方）

　ii　/2月3/日における本支店間の取引
　　①　本店は，通信費¥36,800（うち支店負担分¥/2,300）を現金で支払った。支店は，その報告を受けた。
　　②　支店は，本店の売掛金¥/24,700を現金で受け取った。本店は，その報告を受けた。
　　③　本店は，支店が/2月29日に送付していた送金小切手¥83,000と商品¥/08,000（原価）を受け取った。

a	支店勘定残高と本店勘定残高の一致額	¥	b	本支店合併後の現金	¥

42 伝票の問題

42-1 四国商店の下記の伝票を集計し，/月/5日の仕訳集計表を作成して，総勘定元帳の現金勘定に転記しなさい。

ただし，ⅰ　下記の取引について，必要な伝票に記入したうえで集計すること。
　　　　ⅱ　総勘定元帳の記入は，日付・金額を示せばよい。

　取　　引
/月/5日　香川商店に商品¥70,000を売り渡し，代金は自治体発行の商品券を受け取った。
　〃日　高知商店から商品¥240,000の注文を受け，内金として¥80,000を同店振り出しの小切手で受け取った。

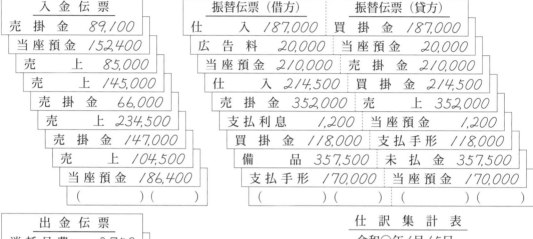

入　金　伝　票	
売　掛　金	89,100
当座預金	152,400
売　　　上	85,000
売　　　上	145,000
売　掛　金	66,000
売　　　上	234,500
売　掛　金	147,000
売　　　上	104,500
当座預金	186,400
(　　　)	(　　　)

振替伝票（借方）		振替伝票（貸方）	
仕　　　入	187,000	買　掛　金	187,000
広　告　料	20,000	当座預金	20,000
当座預金	210,000	売　掛　金	210,000
仕　　　入	214,500	買　掛　金	214,500
売　掛　金	352,000	売　　　上	352,000
支払利息	1,200	当座預金	1,200
買　掛　金	118,000	支払手形	118,000
備　　　品	357,500	未　払　金	357,500
支払手形	170,000	当座預金	170,000
(　　) (　　)		(　　) (　　)	

出　金　伝　票	
消耗品費	3,750
水道光熱費	18,600
租税公課	12,000
買　掛　金	85,500
通　信　費	8,400
仕　　　入	128,000
消耗品費	4,250
旅　　　費	14,000
買　掛　金	68,500
(　　　)	(　　　)

仕　訳　集　計　表
令和○年/月/5日

借　方	元丁	勘定科目	元丁	貸　方
		現　　　金		
		当座預金		
		売　掛　金		
		受取商品券		
		備　　　品		
		支払手形		
		買　掛　金		
		未　払　金		
		前　受　金		
		売　　　上		
		仕　　　入		
		広　告　料		
		旅　　　費		
		通　信　費		
		消耗品費		
		租税公課		
		水道光熱費		
		支払利息		

総　勘　定　元　帳
現　　　金　　　1

9,542,800	7,619,500

42-2 東北商店の下記の伝票を集計し，/月25日の仕訳集計表を作成して，総勘定元帳の当座預金勘定に転記しなさい。
　　　　ただし，ⅰ　下記の取引について，必要な伝票に記入したうえで集計すること。
　　　　　　　ⅱ　総勘定元帳の記入は，日付・金額を示せばよい。

取　　引
　/月25日　従業員が出張から帰社し，旅費の精算を行い，現金¥3,600を支払った。
　　〃日　八戸商店に買掛金の支払いとして，同店あての約束手形¥280,000を振り出して支払った。

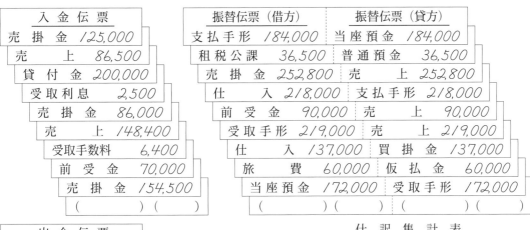

入　金　伝　票	
売　掛　金	125,000
売　　　上	86,500
貸　付　金	200,000
受　取　利　息	2,500
売　掛　金	86,000
売　　　上	148,400
受　取　手　数　料	6,400
前　受　金	70,000
売　掛　金	154,500
（　　　　）	（　　　　）

振替伝票（借方）		振替伝票（貸方）	
支払手形	184,000	当座預金	184,000
租税公課	36,500	普通預金	36,500
売　掛　金	252,800	売　　上	252,800
仕　　　入	218,000	支払手形	218,000
前　受　金	90,000	売　　上	90,000
受取手形	219,000	売　　　上	219,000
仕　　　入	137,000	買　掛　金	137,000
旅　　　費	60,000	仮　払　金	60,000
当座預金	172,000	受取手形	172,000
（　　）	（　　）	（　　）	（　　）

出　金　伝　票	
買　掛　金	176,000
租税公課	24,500
広　告　料	39,600
買　掛　金	114,000
発　送　費	7,150
仮　払　金	80,000
消　耗　品　費	3,850
買　掛　金	215,500
発　送　費	12,000
（　　　）	（　　　）

仕　訳　集　計　表
令和○年/月25日

借　　方	元丁	勘定科目	元丁	貸　　方
		現　　　　金		
		普　通　預　金		
		当　座　預　金		
		受　取　手　形		
		売　　掛　　金		
		貸　　付　　金		
		仮　　払　　金		
		支　払　手　形		
		買　　掛　　金		
		前　　受　　金		
		売　　　　上		
		受　取　手　数　料		
		受　取　利　息		
		仕　　　　入		
		広　　告　　料		
		発　　送　　費		
		旅　　　　費		
		消　耗　品　費		
		租　税　公　課		

総　勘　定　元　帳
当　座　預　金　　　3

7,284,250	5,964,850

42-3 関東商店の下記の伝票を集計し，/月/8日の仕訳集計表を作成して，総勘定元帳の売掛金
勘定に転記しなさい。なお，同店では，仕入・売上の取引の記入は，すべていったん全額を掛け
取引として処理する方法によっている。

　　ただし，ⅰ　下記の取引について，必要な伝票に記入したうえで集計すること。
　　　　　　ⅱ　総勘定元帳の記入は，日付・金額を示せばよい。

取　　　引
　/月/8日　千葉商店に商品¥380,000を売り渡し，代金のうち¥230,000は現金で受け取り，
　　　　　　残額は掛けとした。

　〃日　過日，備品を購入し後払いとなっていた代金¥85,000を現金で支払った。

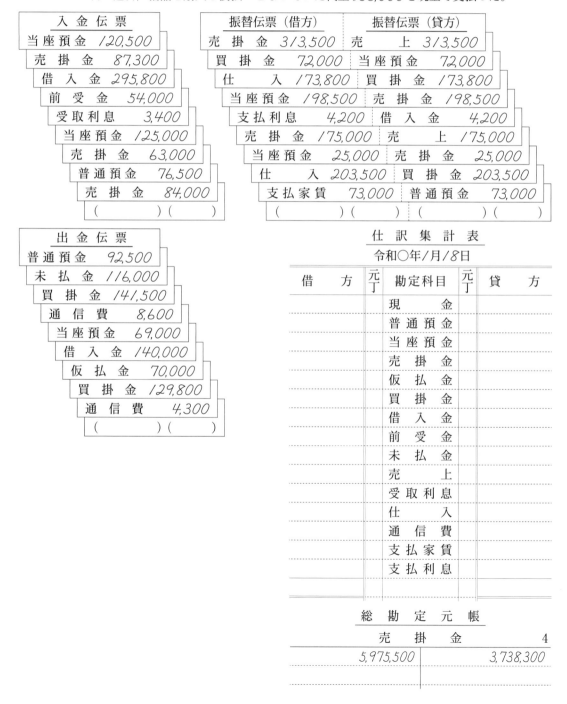

入　金　伝　票	
当 座 預 金	120,500
売 掛 金	87,300
借 入 金	295,800
前 受 金	54,000
受 取 利 息	3,400
当 座 預 金	125,000
売 掛 金	63,000
普 通 預 金	76,500
売 掛 金	84,000
（　　　）	（　　　）

振替伝票（借方）		振替伝票（貸方）	
売 掛 金	313,500	売 上	313,500
買 掛 金	72,000	当 座 預 金	72,000
仕 入	173,800	買 掛 金	173,800
当 座 預 金	198,500	売 掛 金	198,500
支 払 利 息	4,200	借 入 金	4,200
売 掛 金	175,000	売 上	175,000
当 座 預 金	25,000	売 掛 金	25,000
仕 入	203,500	買 掛 金	203,500
支 払 家 賃	73,000	普 通 預 金	73,000
（　　　）	（　　　）	（　　　）	（　　　）

出　金　伝　票	
普 通 預 金	92,500
未 払 金	116,000
買 掛 金	141,500
通 信 費	8,600
当 座 預 金	69,000
借 入 金	140,000
仮 払 金	70,000
買 掛 金	129,800
通 信 費	4,300
（　　　）	（　　　）

仕　訳　集　計　表
令和○年/月/8日

借　　方	元丁	勘定科目	元丁	貸　　方
		現　　　金		
		普 通 預 金		
		当 座 預 金		
		売 　掛　 金		
		仮 　払　 金		
		買 　掛　 金		
		借 　入　 金		
		前 　受　 金		
		未 　払　 金		
		売　　　上		
		受 取 利 息		
		仕　　　入		
		通 　信　 費		
		支 払 家 賃		
		支 払 利 息		

総　勘　定　元　帳
売　　掛　　金　　　　4

5,975,500	3,738,300

42-4 中部商店の下記の伝票を集計し，/月27日の仕訳集計表を作成して，総勘定元帳の買掛金勘定に転記しなさい。なお，同店では，仕入・売上の取引の記入は，すべていったん全額を掛け取引として処理する方法によっている。

ただし， i 下記の取引について，必要な伝票に記入したうえで集計すること。
　　　　 ii 総勘定元帳の記入は，日付・金額を示せばよい。

取　　引
/月27日　濃尾商店から商品¥/80,000を仕入れ，代金は現金で支払った。
　〃 日　名古屋百貨店発行の受取商品券¥52,000を，この発行元である名古屋百貨店に引き渡し，現金¥52,000を受け取った。

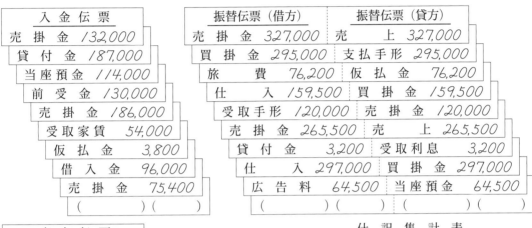

入金伝票	
売　掛　金	/32,000
貸　付　金	/87,000
当 座 預 金	//4,000
前　受　金	/30,000
売　掛　金	/86,000
受 取 家 賃	54,000
仮　払　金	3,800
借　入　金	96,000
売　掛　金	75,400
（　　　　）	（　　　　）

振替伝票（借方）		振替伝票（貸方）	
売　掛　金	327,000	売　　　上	327,000
買　掛　金	295,000	支 払 手 形	295,000
旅　　　費	76,200	仮　払　金	76,200
仕　　　入	/59,500	買　掛　金	/59,500
受 取 手 形	/20,000	売　掛　金	/20,000
売　掛　金	265,500	売　　　上	265,500
貸　付　金	3,200	受 取 利 息	3,200
仕　　　入	297,000	買　掛　金	297,000
広　告　料	64,500	当 座 預 金	64,500
（　　　）	（　　　）	（　　　）	（　　　）

出金伝票	
旅　　　費	7,600
買　掛　金	48,500
支 払 利 息	2,700
貸　付　金	2/6,800
広　告　料	/3,000
仮　払　金	40,000
当 座 預 金	320,000
借　入　金	/50,000
買　掛　金	69,500
（　　　　）	（　　　　）

仕　訳　集　計　表
令和○年/月27日

借　　方	元丁	勘定科目	元丁	貸　　方
		現　　　金		
		当 座 預 金		
		受 取 手 形		
		売　掛　金		
		受 取 商 品 券		
		貸　付　金		
		仮　払　金		
		支 払 手 形		
		買　掛　金		
		借　入　金		
		前　受　金		
		売　　　上		
		受 取 利 息		
		受 取 家 賃		
		仕　　　入		
		広　告　料		
		旅　　　費		
		支 払 利 息		

総　勘　定　元　帳

買　掛　金　　　9

4,846,800	6,/74,500

43 帳簿の問題

43-1 次の千葉商店の取引について,
(1) 総勘定元帳に記入しなさい。
(2) 当座預金出納帳に記入して締め切りなさい。
(3) 受取手形記入帳および支払手形記入帳を作成しなさい。
(4) 売掛金元帳および買掛金元帳に記入して締め切りなさい。
(5) A品の商品有高帳を作成し締め切りなさい。
　ただし, ⅰ　総勘定元帳の記入は,日付と金額を示せばよい。
　　　　　ⅱ　商品有高帳の払出単価の計算は,先入先出法による。

　　取　引
/月/2日　埼玉商店から次の商品を仕入れ,代金は掛けとした。
　　　　　A 品　　200枚　　@¥ 900
　　　　　B 品　　/50 ″　　 ″ 640
/4日　新潟商店に次の商品を売り渡し,代金は掛けとした。
　　　　　A 品　　240枚　　@¥/,400
　　　　　B 品　　 60 ″　　 ″ /,100
/6日　新潟商店に対する売掛金¥420,000が,当店の当座預金口座に振り込まれたとの連絡を取引銀行から受けた。
/8日　神奈川商店に対する買掛金の支払いとして,次の約束手形を振り出した。
　　　　金　　額　¥385,000　　手形番号　2/
　　　　振 出 日　/月/8日　　支払期日　3月/8日
　　　　支払場所　東銀行本店
2/日　神奈川商店から次の商品を仕入れ,代金はさきに支払ってある内金¥80,000を差し引き,残額は掛けとした。
　　　　　A 品　　350枚　　@¥ 920
23日　富山商店から売掛金の一部について,次の約束手形を受け取った。
　　　　金　　額　¥324,000　　手形番号　7
　　　　振 出 人　富山商店　　振 出 日　/月23日
　　　　支払期日　4月23日　　支払場所　北銀行本店
25日　埼玉商店に対する買掛金¥3/7,000を小切手#5を振り出して支払った。
27日　富山商店に次の商品を売り渡し,代金は掛けとした。
　　　　　C 品　　250枚　　@¥ 980
30日　埼玉商店あてに振り出していた約束手形#20 ¥298,000が期日となり,当店の当座預金口座から支払われたむね,取引銀行から通知を受けた。

(1)
　　　　　　　　　　総 勘 定 元 帳

現　　金　1	当 座 預 金　2	受 取 手 形　3
1/1 421,700	1/1 2,796,300	

売 掛 金　6	前 払 金　8	支 払 手 形　17
1/1 1,173,500	1/1 80,000	1/4 298,000

買 掛 金　18	売　　上　24	仕　　入　30
1/1 860,500		1/4 298,000

(2)

当 座 預 金 出 納 帳　　　　　　　　1

令和○年		摘　要	預　入	引　出	借または貸	残　高
1	1	前月繰越	2,796,300		借	2,796,300

（注意）当座預金出納帳は締め切ること。

(3)

受 取 手 形 記 入 帳　　　　　　　　1

令和○年		摘要	金　額	手形種類	手形番号	支払人	振出人	振出日	満期日	支払場所	てん末	
											月日	摘要

支 払 手 形 記 入 帳　　　　　　　　1

令和○年		摘　要	金　額	手形種類	手形番号	受取人	振出人	振出日	満期日	支払場所	てん末	
											月日	摘要
1	4	仕 入 れ	298,000	約手	20	埼玉商店	当　店	1 4	1 30	東銀行本店		

(4)

売 掛 金 元 帳
富 山 商 店　　　　2

令和○年		摘要	借方	貸方	借または貸	残　高
1	1	前月繰越	561,000		借	561,000

買 掛 金 元 帳
埼 玉 商 店　　　　1

令和○年		摘要	借方	貸方	借または貸	残　高
1	1	前月繰越		317,000	貸	317,000

（注意）売掛金元帳・買掛金元帳は締め切ること。

(5)

商 品 有 高 帳
（先入先出法）　　　　　　　品名　A 品　　　　　　　　　　　　単位：枚

令和○年		摘　要	受　入			払　出			残　高		
			数量	単価	金　額	数量	単価	金　額	数量	単価	金　額
1	1	前 月 繰 越	200	860	172,000				200	860	172,000

（注意）商品有高帳は締め切ること。

43-2 次の東京商店の取引について，
(1) 総勘定元帳に記入しなさい。
(2) 当座預金出納帳に記入して締め切りなさい。
(3) 売上帳に記入して締め切りなさい。
(4) 売掛金元帳および買掛金元帳に記入して締め切りなさい。
(5) A品の商品有高帳を作成し締め切りなさい。

　　ただし，　i　総勘定元帳の記入は，日付と金額を示せばよい。
　　　　　　　ii　商品有高帳の払出単価の計算は，移動平均法による。

取　　引

1月11日　茨城商店に対する買掛金¥391,000を小切手#6を振り出して支払った。

　　14日　栃木商店から次の商品を仕入れ，代金は掛けとした。
　　　　　　　A　品　　　400箱　　　@¥1,250
　　　　　　　B　品　　　250〃　　　〃〃　760

　　16日　福井商店に次の商品を売り渡し，代金はさきに受け取っていた内金¥175,000を差し引き，残額は掛けとした。
　　　　　　　A　品　　　350箱　　　@¥1,750
　　　　　　　B　品　　　100〃　　　〃〃1,200

　　19日　石川商店から受け取っていた約束手形#14　¥370,000が期日となり，当店の当座預金口座に入金があったむね，取引銀行から通知を受けた。

　　22日　茨城商店から次の商品を仕入れ，代金は掛けとした。
　　　　　　　A　品　　　500箱　　　@¥1,266

　　24日　石川商店に対する売掛金の一部¥275,000が，当店の当座預金口座に振り込まれたとの連絡を取引銀行から受けた。

　　25日　栃木商店に対する買掛金¥435,000を小切手#7を振り出して支払った。

　　27日　石川商店に次の商品を売り渡し，代金は掛けとした。
　　　　　　　B　品　　　150箱　　　@¥1,200

　　30日　石川商店に売り渡した上記商品のうち，一部が次のとおり返品された。
　　　　　　　B　品　　　10箱　　　@¥1,200

(1)

総　勘　定　元　帳

現　　　　金　　　1	
1/1　487,400	
6　175,000	

当　座　預　金　　　2	
1/1　1,829,600	

受　取　手　形　　　3	
1/1　370,000	

売　　掛　　金　　　6	
1/1　972,800	

買　　掛　　金　　16	
	1/1　913,200

前　　受　　金　　18	
	1/6　175,000

売　　　　上　　26	

仕　　　　入　　31	

全商検定形式別問題

(2)

当 座 預 金 出 納 帳　　　　　　1

令和 ○年		摘　　　　　　　　　要	預　　入	引　　出	借また は　貸	残　　高
/	/	前月繰越	1,829,600		借	1,829,600

（注意）当座預金出納帳は締め切ること。

(3)

売　　　　上　　　　帳　　　　　　1

令和 ○年		摘　　　　　　　　　要	内　　訳	金　　　　額

（注意）売上帳は締め切ること。

(4)

売 掛 金 元 帳
石 川 商 店　　　　2

令和 ○年		摘　要	借　方	貸　方	借また は　貸	残　高
1	1	前月繰越	467,000		借	467,000

買 掛 金 元 帳
栃 木 商 店　　　　1

令和 ○年		摘　要	借　方	貸　方	借また は　貸	残　高
1	1	前月繰越		435,000	貸	435,000

（注意）売掛金元帳・買掛金元帳は締め切ること。

(5)
（移動平均法）

商 品 有 高 帳
品名　Ａ　品　　　　　　　　　　　単位：箱

令和 ○年		摘　　　要	受　　入			払　　出			残　　高		
			数量	単価	金　額	数量	単価	金　額	数量	単価	金　額
1	1	前 月 繰 越	100	1,200	120,000				100	1,200	120,000

（注意）商品有高帳は締め切ること。

43-3 次の長野商店の取引について，
(1) 総勘定元帳に記入しなさい。
(2) 当座預金出納帳に記入して締め切りなさい。
(3) 受取手形記入帳および支払手形記入帳を作成しなさい。
(4) 売掛金元帳および買掛金元帳に記入して締め切りなさい。
(5) B品の商品有高帳を作成し締め切りなさい。

　　ただし，ⅰ　総勘定元帳の記入は，日付と金額を示せばよい。
　　　　　　ⅱ　商品有高帳の払出単価の計算は，先入先出法による。

　　　　取　　　引
　/月/0日　群馬商店から次の商品を仕入れ，代金は掛けとした。
　　　　　　　　A 品　　　400台　　　@¥/,270
　　　　　　　　B 品　　　300〃　　　〃〃1,160
　　　/3日　静岡商店に次の商品を売り渡し，代金は掛けとした。
　　　　　　　　A 品　　　320台　　　@¥/,800
　　　　　　　　B 品　　　240〃　　　〃〃1,600
　　　/7日　山梨商店に対する買掛金¥682,000を小切手♯7を振り出して支払った。
　　　/9日　山梨商店から次の商品を仕入れ，代金はさきに支払ってある内金¥/80,000を差し引き，残額は掛けとした。なお，引取運賃¥6,000は現金で支払った。
　　　　　　　　B 品　　　400台　　　@¥/,/30
　　　2/日　群馬商店に対する買掛金の一部¥429,000を小切手♯8を振り出して支払った。
　　　23日　愛知商店に次の商品を売り渡し，代金は掛けとした。
　　　　　　　　B 品　　　250台　　　@¥/,700
　　　27日　愛知商店から売掛金の一部について，次の約束手形を受け取った。
　　　　　　　金　　額　¥630,000　　　手形番号　9
　　　　　　　振 出 人　愛知商店　　　　振 出 日　/月27日
　　　　　　　支払期日　4月27日　　　　支払場所　西銀行本店
　　　28日　静岡商店に対する売掛金¥5/6,000が，当店の当座預金口座に振り込まれたとの連絡を取引銀行から受けた。
　　　30日　山梨商店あてに振り出していた約束手形♯23　¥482,000が期日となり，当店の当座預金口座から支払われたむね，取引銀行から通知を受けた。

(1)
総 勘 定 元 帳

現　　　金　　　1		当 座 預 金　　2		受 取 手 形　　3	
1/1　6/3,200		1/1　1,824,500			

売　　掛　　金　　6		前　　払　　金　　8		支 払 手 形　　17	
1/1　1,487,500		1/1　180,000			1/4　482,000

買　　掛　　金　　18		売　　　　上　　24		仕　　　　入　　30	
	1/1　1,773,500			1/4　482,000	

(2)

当 座 預 金 出 納 帳　　　　　　　1

令和○年	摘　　　　　要	預　　入	引　　出	借または貸	残　　高
/ /	前月繰越	1,824,500		借	1,824,500

（注意）当座預金出納帳は締め切ること。

(3)

受 取 手 形 記 入 帳　　　　　　　1

令和○年	摘要	金　額	手形種類	手形番号	支払人	振出人	振出日	満期日	支払場所	てん末 月 日	摘要

支 払 手 形 記 入 帳　　　　　　　1

令和○年	摘要	金　額	手形種類	手形番号	受取人	振出人	振出日	満期日	支払場所	てん末 月 日	摘要
1 4	仕入れ	482,000	約手	23	山梨商店	当店	1 4	1 30	北銀行本店		

(4)

売 掛 金 元 帳　　静岡商店　　2

令和○年	摘要	借方	貸方	借または貸	残高
1 1	前月繰越	516,000		借	516,000

買 掛 金 元 帳　　群馬商店　　1

令和○年	摘要	借方	貸方	借または貸	残高
1 1	前月繰越		782,500	貸	782,500

（注意）売掛金元帳・買掛金元帳は締め切ること。

(5)（先入先出法）

商 品 有 高 帳　　品名 B 品　　単位：台

令和○年	摘要	受入 数量	単価	金額	払出 数量	単価	金額	残高 数量	単価	金額
1 1	前月繰越	150	1,120	168,000				150	1,120	168,000

（注意）商品有高帳は締め切ること。

43-4 次の山口商店の取引について，
(1) 総勘定元帳に記入しなさい。
(2) 当座預金出納帳に記入して締め切りなさい。
(3) 仕入帳に記入して締め切りなさい。
(4) 受取手形記入帳を作成しなさい。
(5) 売掛金元帳および買掛金元帳に記入して締め切りなさい。
　　ただし，総勘定元帳の記入は，日付と金額を示せばよい。

　　　取　　　引

/月/2日　岡山商店から次の商品を仕入れ，代金はさきに支払ってある内金¥200,000を差し引き，残額は掛けとした。
　　　　　A　品　　　600袋　　　@¥580
　　　　　B　品　　　350〃　　　〃〃460

/3日　岡山商店から仕入れた上記商品のうち一部を，次のとおり返品した。
　　　　　B　品　　　30袋　　　@¥460

/5日　佐賀商店から売掛金の一部について，次の約束手形を受け取った。
　　　　金　　　額　¥374,000　　　手形番号　9
　　　　振　出　人　佐賀商店　　　振　出　日　/月/5日
　　　　支払期日　4月/5日　　　支払場所　南銀行本店

/7日　広島商店に対する買掛金の一部¥268,000を小切手#2を振り出して支払った。

22日　岡山商店に対する買掛金¥4/2,000について，/月/5日に佐賀商店から受け取っていた約束手形#9　¥374,000を裏書譲渡し，残額は小切手#3を振り出して支払った。

24日　佐賀商店に次の商品を売り渡し，代金は掛けとした。
　　　　　C　品　　　430袋　　　@¥580

26日　広島商店から次の商品を仕入れ，代金は掛けとした。なお，引取運賃¥3,000は現金で支払った。
　　　　　A　品　　　1,000袋　　　@¥578

28日　福岡商店に対する売掛金の一部¥4/5,000について同店振り出しの小切手#8を受け取り，ただちに当座預金に預け入れた。

30日　長崎商店から受け取っていた約束手形#//　¥320,000が期日となり，当店の当座預金口座に入金があったむね，取引銀行から通知を受けた。

(1)
総　勘　定　元　帳

現　　　金	1		当　座　預　金	2		受　取　手　形	3
1/1　5/4,300	1/4　200,000		1/1　2,573,500			1/3　320,000	

売　　掛　　金	6		前　払　金	9		買　　掛　　金	16
1/1　1,265,500			1/4　200,000				1/1　924,800

売　　　上	26		仕　　　入	31
	1/3　320,000			

（2）
当 座 預 金 出 納 帳 1

令和○年	摘 要	預 入	引 出	借または貸	残 高
/ /	前月繰越	2,573,500		借	2,573,500

（注意）当座預金出納帳は締め切ること。

（3）
仕 入 帳 1

令和○年	摘 要	内 訳	金 額

（注意）仕入帳は締め切ること。

（4）
受 取 手 形 記 入 帳 1

令和○年	摘要	金 額	手形種類	手形番号	支払人	振出人	振出日	満期日	支払場所	てん末 月 日	摘要
1 3	売り上げ	320,000	約手	11	長崎商店	長崎商店	1 3	1 30	北銀行本店		

（5）
売 掛 金 元 帳
佐 賀 商 店 1

令和○年	摘 要	借 方	貸 方	借または貸	残 高
1 1	前月繰越	591,000		借	591,000

買 掛 金 元 帳
広 島 商 店 2

令和○年	摘 要	借 方	貸 方	借または貸	残 高
1 1	前月繰越		471,000	貸	471,000

（注意）売掛金元帳・買掛金元帳は締め切ること。

44 決算の問題

44-1 関東商店（個人企業　決算年1回　12月31日）の総勘定元帳勘定残高と付記事項および決算整理事項は，次のとおりであった。よって，

(1) 付記事項の仕訳を示しなさい。

(2) 決算整理仕訳を示しなさい。ただし，繰り延べおよび見越しの勘定を用いること。

(3) 損益計算書を完成しなさい。

(4) 貸借対照表を完成しなさい。

元帳勘定残高

現　　　金	¥ 981,000	当 座 預 金	¥ 3,626,000	受 取 手 形	¥ 2,400,000
売 掛 金	9,000,000	貸倒引当金	21,000	有 価 証 券	4,640,000
繰 越 商 品	2,460,000	貸 付 金	1,600,000	備　　品	3,200,000
備品減価償却累計額	800,000	買 掛 金	7,680,000	借 入 金	1,300,000
従業員預り金	310,000	資 本 金	16,000,000	売　　上	29,200,000
受取手数料	380,000	仕　　入	22,210,000	給　　料	3,768,000
広 告 料	238,000	支 払 家 賃	1,166,000	保 険 料	288,000
租 税 公 課	32,000	雑　　費	82,000		

付 記 事 項

① 栃木商店に対する買掛金¥180,000を，小切手を振り出して支払っていたが，記帳していなかった。

決算整理事項

a. 期末商品棚卸高　　¥2,280,000

b. 貸 倒 見 積 高　　受取手形と売掛金の期末残高に対し，それぞれ1%と見積もり，貸倒引当金を設定する。

c. 備品減価償却高　　定額法による。ただし，残存価額は零（0）　耐用年数は8年とする。

d. 有価証券評価高　　売買を目的として保有する次の株式について，時価によって評価する。
　　　　　　　　千葉物産株式会社　80株　時価　1株¥60,000

e. 利 息 未 収 高　　¥ 28,000

f. 家 賃 未 払 高　　¥ 106,000

g. 収入印紙未使用高　¥ 8,000

(1)

	借　　　　方	貸　　　　方
①		

(2)

	借　　　　方	貸　　　　方
a		
b		
c		
d		

e		
f		
g		

(3)

損　益　計　算　書

関東商店　　令和○年/月/日から令和○年/2月3/日まで　　　　　（単位：円）

費　　　　用	金　　額	収　　　　益	金　　額
売　上　原　価		売　　上　　高	
給　　　　料		受　取　手　数　料	
（　　　　　　）		（　　　　　　）	
（　　　　　　）		（　　　　　　）	
広　　告　　料			
支　払　家　賃			
保　　険　　料			
租　税　公　課			
雑　　　　費			
（　　　　　　）			

(4)

貸　借　対　照　表

関東商店　　令和○年/2月3/日　　　　　（単位：円）

資　　　　　　産	金　　額	負債および純資産	金　　額
現　　　金		買　掛　金	
当　座　預　金		借　入　金	
受　取　手　形　（　　　　）		従業員預り金	
貸倒引当金　（　　　　）		（　　　　　　）	
売　掛　金　（　　　　）		資　本　金	
貸倒引当金　（　　　　）		（　　　　　　）	
有　価　証　券			
商　　　品			
（　　　　　）			
貸　付　金			
（　　　　　）			
備　　品　（　　　　）			
減価償却累計額　（　　　　）			

44-2 信越商店（個人企業　決算年1回　12月31日）の総勘定元帳勘定残高と付記事項および決算整理事項は，次のとおりであった。よって，

(1) 付記事項の仕訳を示しなさい。
(2) 決算整理仕訳を示しなさい。ただし，繰り延べおよび見越しの勘定を用いること。
(3) 損益計算書を完成しなさい。
(4) 貸借対照表を完成しなさい。

元帳勘定残高

現　　金	¥2,621,500	当座預金	¥5,282,000	受取手形	¥3,800,000
売 掛 金	5,400,000	貸倒引当金	24,000	有価証券	2,760,000
繰越商品	3,460,000	備　　品	4,400,000	備品減価償却累計額	1,320,000
買 掛 金	4,135,000	借 入 金	3,800,000	所得税預り金	171,500
資 本 金	16,545,000	売　　上	41,875,500	受取手数料	54,600
有価証券売却益	85,500	仕　　入	35,460,000	給　　料	3,680,000
通 信 費	121,600	保 険 料	312,000	租 税 公課	39,500
支払家賃	564,000	雑　　費	62,500	支払利息	48,000

付 記 事 項

① かねて商品代金として受け取っていた新潟商店振り出しの約束手形¥300,000が，期日に当座預金に入金されていたが，未記帳であった。

決算整理事項

a. 期末商品棚卸高　　¥3,200,000
b. 貸倒見積高　　受取手形と売掛金の期末残高に対し，それぞれ1%と見積もり，貸倒引当金を設定する。
c. 備品減価償却高　　定額法による。ただし，残存価額は零（0）　耐用年数は10年とする。
d. 有価証券評価高　　売買を目的として保有する次の株式について，時価によって評価する。
　　　富山商事株式会社　400株　　時価　1株　¥6,370
e. 郵便切手未使用高　¥40,000
f. 保険料前払高　　保険料のうち¥252,000は，本年4月1日に1年分を支払ったものであり，前払高を次期に繰り延べる。
g. 利息未払高　　利息¥24,000を当期の費用として見越し計上する。

(1)

	借　　　方	貸　　　方
①		

(2)

	借　　　方	貸　　　方
a		
b		
c		
d		
e		
f		
g		

(3)

損 益 計 算 書

信越商店　令和○年/月/日から令和○年/2月3/日まで　　（単位：円）

費　　　　用	金　　額	収　　　　益	金　　額
売　上　原　価		売　　上　　高	
給　　　　料		受　取　手　数　料	
（　　　　　　）		（　　　　　　　　）	
（　　　　　　）			
通　　信　　費			
保　　険　　料			
租　税　公　課			
支　払　家　賃			
雑　　　　費			
支　払　利　息			
有価証券（　　　）			
（　　　　　）			

(4)

貸 借 対 照 表

信越商店　令和○年/2月3/日　　（単位：円）

資　　　　産	金　　額	負債および純資産	金　　額
現　　　金		買　掛　金	
当　座　預　金		借　入　金	
受　取　手　形　（　　　）		所得税預り金	
貸倒引当金　（　　　）		（　　　　）	
売　掛　金　（　　　）		資　本　金	
貸倒引当金　（　　　）		（　　　　）	
有　価　証　券			
商　　　品			
（　　　　）			
（　　　　）			
備　　品　（　　　）			
減価償却累計額　（　　　）			

44-3　中部商店（個人企業　決算年1回　12月31日）の総勘定元帳勘定残高と決算整理事項は，次のとおりであった。よって，精算表を完成しなさい。

元帳勘定残高

現　　　金	¥ 380,000	当 座 預 金	¥ 2,567,000	受 取 手 形	¥ 1,250,000
売 掛 金	2,250,000	貸倒引当金	4,000	有 価 証 券	1,215,000
繰 越 商 品	430,000	備　　　品	1,680,000	備品減価償却累計額	1,050,000
土　　　地	1,720,000	支 払 手 形	653,000	買 掛 金	2,135,000
借 入 金	1,100,000	資 本 金	6,208,000	売　　　上	20,511,000
受取手数料	53,000	受 取 地 代	104,000	仕　　　入	15,372,000
給　　　料	3,576,000	支 払 家 賃	1,020,000	保 険 料	220,000
租 税 公 課	91,000	雑　　　費	38,000	支 払 利 息	9,000

決算整理事項

a. 期末商品棚卸高　　¥578,000

b. 貸 倒 見 積 高　　受取手形と売掛金の期末残高に対し，それぞれ1%と見積もり，貸倒引当金を設定する。

c. 備品減価償却高　　定額法による。ただし，残存価額は零（0）　耐用年数は8年とする。

d. 有価証券評価高　　有価証券は，売買目的で保有している次の株式であり，時価によって評価する。

　　　　　　　　　三重商事株式会社　450株　　時　価　1株　¥2,900

e. 収入印紙未使用高　¥18,000

f. 保険料前払高　　　保険料のうち¥168,000は，本年5月1日からの1年分を支払ったものであり，前払高を次期に繰り延べる。

g. 利 息 未 払 高　　利息¥3,000を当期の費用として見越し計上する。

h. 地 代 前 受 高　　¥8,000

精　算　表
令和○年/2月3/日

勘定科目	残高試算表		整理記入		損益計算書		貸借対照表	
	借　方	貸　方	借　方	貸　方	借　方	貸　方	借　方	貸　方
現　　　　金								
当 座 預 金								
受 取 手 形								
売 　掛　 金								
貸 倒 引 当 金								
有 価 証 券								
繰 越 商 品								
備 　　　品								
備品減価償却累計額								
土 　　　地								
支 払 手 形								
買 　掛　 金								
借 　入　 金								
資 　本　 金								
売 　　　上								
受 取 手 数 料								
受 取 地 代								
仕 　　　入								
給 　　　料								
支 払 家 賃								
保 　険　 料								
租 税 公 課								
雑 　　　費								
支 払 利 息								
貸倒引当金繰入								
減 価 償 却 費								
有価証券評価(　)								
貯 　蔵　 品								
前 払 保 険 料								
(　　　)利 息								
(　　　)地 代								
(　　　　　)								

44-4 近畿商店（個人企業　決算年/回　/2月3/日）の総勘定元帳勘定残高と付記事項および決算整理事項は，次のとおりであった。よって，

(1) 付記事項の仕訳を示しなさい。
(2) 決算整理仕訳を示しなさい。ただし，繰り延べおよび見越しの勘定を用いること。
(3) 損益計算書を完成しなさい。
(4) 貸借対照表を完成しなさい。

元帳勘定残高

現　　　金	¥ 2,095,700	当座預金(貸方残高)	¥ 150,000	受取手形	¥ 1,800,000
売 掛 金	1,650,000	貸倒引当金	6,000	有価証券	1,240,000
繰越商品	857,000	貸付金	1,500,000	備　　品	2,500,000
備品減価償却累計額	1,220,000	支払手形	865,000	買 掛 金	1,154,000
仮受金	250,000	従業員預り金	146,000	資 本 金	6,841,000
売　　上	16,151,000	受取手数料	93,000	受取利息	24,000
仕　　入	11,805,000	給　　料	2,328,000	広告料	115,000
支払家賃	649,000	保険料	244,000	通信費	79,300
雑　　費	37,000				

付記事項

① 仮受金¥250,000は，京都商店に対する売掛金の回収額であることが判明した。

決算整理事項

a. 期末商品棚卸高　　¥921,000
b. 貸倒見積高　　受取手形と売掛金の期末残高に対し，それぞれ/%と見積もり，貸倒引当金を設定する。
c. 備品減価償却高　定率法による。ただし，毎期の償却率を20%とする。
d. 有価証券評価高　売買を目的として保有する次の株式について，時価によって評価する。
　　奈良商事株式会社　200株　　時　価　/株 ¥6,510
e. 郵便切手未使用高　¥ 21,500
f. 保険料前払高　　保険料のうち¥210,000は，本年3月/日からの/年分を支払ったものであり，前払高を次期に繰り延べる。
g. 利息未収高　　¥ 8,000
h. 家賃未払高　　¥ 59,000
i. 当座預金勘定の貸方残高を，当座借越勘定に振り替える。

(1)

	借　　　　方	貸　　　　方
①		

(2)

	借　　　　方	貸　　　　方
a		
b		
c		
d		

全商検定形式別問題

e		
f		
g		
h		
i		

(3)

損 益 計 算 書

近 畿 商 店　　　令和○年/月/日から令和○年/2月3/日まで　　　（単位：円）

費　　　　　　用	金　　　額	収　　　　　　益	金　　　額
売　上　原　価		売　　上　　高	
給　　　　　料		受　取　手　数　料	
（　　　　　　　）		受　　取　　利　　息	
（　　　　　　　）		（　　　　　　　　　）	
広　　告　　料			
支　払　家　賃			
保　　険　　料			
通　　信　　費			
雑　　　　　費			
（　　　　　　　）			

(4)

貸 借 対 照 表

近 畿 商 店　　　令和○年/2月3/日　　　（単位：円）

資　　　　　　産	金　　　額	負債および純資産	金　　　額
現　　　金		支　払　手　形	
受取手形　（　　　　）		買　掛　金	
貸倒引当金（　　　　）		（　　　　）	
売　掛　金（　　　　）		従業員預り金	
貸倒引当金（　　　　）		（　　　　）	
有　価　証　券		資　本　金	
商　　　品		（　　　　）	
（　　　　）			
貸　付　金			
（　　　　）			
（　　　　）			
備　　品（　　　　）			
減価償却累計額（　　　　）			

44-5 山陰商店（個人企業　決算年1回　12月31日）の総勘定元帳勘定残高と決算整理事項は，次のとおりであった。よって，精算表を完成しなさい。

元帳勘定残高

現　　　金	¥ 418,700	当座預金	¥ 1,881,000	受取手形	¥ 900,000
売 掛 金	1,300,000	貸倒引当金	5,000	有価証券	714,000
繰越商品	846,000	備　　品	1,536,000	備品減価償却累計額	672,000
土　　　地	1,218,000	支払手形	300,000	買 掛 金	728,000
借 入 金	610,000	従業員預り金	230,000	資 本 金	5,576,000
売　　　上	18,067,000	受取手数料	89,500	受取地代	72,000
仕　　　入	13,176,000	給　　料	2,940,000	通 信 費	112,000
保 険 料	448,000	租税公課	60,400	支払家賃	748,000
雑　　　費	32,900	支払利息	18,500		

決算整理事項

a．期末商品棚卸高　　¥795,000

b．貸 倒 見 積 高　　受取手形と売掛金の期末残高に対し，それぞれ1%と見積もり，貸倒引当金を設定する。

c．備品減価償却高　　定率法による。ただし，毎期の償却率を25%とする。

d．有価証券評価高　　有価証券は，売買目的で保有している次の株式であり，時価によって評価する。

　　　　　　　　　　山口商事株式会社　1,200株　　時　価　1株　¥640

e．郵便切手未使用高　　¥ 34,500

f．保険料前払高　　保険料のうち¥276,000は，本年9月1日からの1年分を支払ったものであり，前払高を次期に繰り延べる。

g．家 賃 未 払 高　　¥ 68,000

h．地 代 前 受 高　　¥ 27,000

全商検定形式別問題

精　算　表
令和○年／2月3／日

勘定科目	残高試算表 借方	残高試算表 貸方	整理記入 借方	整理記入 貸方	損益計算書 借方	損益計算書 貸方	貸借対照表 借方	貸借対照表 貸方
現　　　金								
当 座 預 金								
受 取 手 形								
売 掛 金								
貸倒引当金								
有 価 証 券								
繰 越 商 品								
備　　　品								
備品減価償却累計額								
土　　　地								
支 払 手 形								
買 掛 金								
借 入 金								
従業員預り金								
資 本 金								
売　　　上								
受 取 手 数 料								
受 取 地 代								
仕　　　入								
給　　　料								
通 信 費								
保 険 料								
租 税 公 課								
支 払 家 賃								
雑　　　費								
支 払 利 息								
貸倒引当金繰入								
減 価 償 却 費								
有価証券評価(　)								
貯 蔵 品								
前 払 保 険 料								
(　　)家賃								
(　　)地代								
(　　　　)								

公益財団法人全国商業高等学校協会主催　**簿 記 実 務 検 定 試 験 規 則**　（平成27年2月改正）

第1条　公益財団法人全国商業高等学校協会は，簿記実務の能力を検定する。

第2条　検定は筆記試験によって行う。

第3条　検定は第1級，第2級および第3級の3種とする。

第4条　検定試験は全国一斉に同一問題で実施する。

第5条　検定試験は年2回実施する。

第6条　検定の各級は次のように定める。

　　第1級　会計（商業簿記を含む）・原価計算
　　第2級　商業簿記
　　第3級　商業簿記

第7条　検定に合格するためには各級とも70点以上の成績を得なければならない。ただし，第1級にあっては，各科目とも70点以上であることを要する。

第8条　検定に合格した者には合格証書を授与する。

　　　　第1級にあっては，会計・原価計算のうち1科目が70点以上の成績を得たときは，その科目の合格証書を授与する。

　　　　前項の科目合格証書を有する者が，取得してから4回以内の検定において，第1級に不足の科目について70点以上の成績を得たときは，第1級合格と認め，合格証書を授与する。

第9条　省　略

第10条　検定試験受験志願者は所定の受験願書に受験料を添えて本協会に提出しなければならない。

第11条　試験委員は高等学校その他の関係職員がこれに当たる。

施 行 細 則　（平成27年2月改正）

第1条　受験票は本協会で交付する。受験票は試験当日持参しなければならない。

第2条　試験規則第5条による試験日は，毎年1月・6月の第4日曜日とする。

第3条　検定の第1級の各科目および第2・3級の配点は各100点満点とし，制限時間は各1時間30分とする。

　　　　第1級にあっては，会計・原価計算のうち，いずれか一方の科目を受験することができる。

第4条　試験問題の範囲および答案の記入については別に定めるところによる。

第5条　受験料は次のように定める。（消費税を含む）

　　第1級　1科目につき　1,300円
　　第2級　1,300円
　　第3級　1,300円

第6条　試験会場では試験委員の指示に従わなければならない。

第7条　合格発表は試験施行後1か月以内に行う。その日時は試験当日までに発表する。

答 案 の 記 入 に つ い て　（昭和26年6月制定）

1. 答案はインクまたは鉛筆を用いて記載すること。けしゴムを用いてさしつかえない。

2. 朱記すべきところは赤インクまたは赤鉛筆を用いること。ただし線は黒でもよい。

出 題 の 範 囲 に つ い て　（令和5年3月改正）

この検定試験は，文部科学省高等学校学習指導要領に定める内容によっておこなう。

Ⅰ　各級の出題範囲

各級の出題範囲は次のとおりである。ただし，2級の範囲は3級の範囲を含み，1級の範囲は2・3級の範囲を含む。

内　　　容	3　級	2　級	1　級　（会計）
(1)簿記の原理	ア．簿記の概要 　　資産・負債・純資産・収益・費用 　　貸借対照表・損益計算書 イ．簿記の一巡の手続 　　取引・仕訳・勘定 　　仕訳帳・総勘定元帳 　　試算表 ウ．会計帳簿 　　主要簿と補助簿 　　現金出納帳・小口現金出納帳・当座預金出納帳・仕入帳・売上帳・商品有高帳(先入先出法・移動平均法)・売掛金元帳・買掛金元帳	受取手形記入帳 支払手形記入帳	(総平均法)
(2)取引の記帳	ア．現金預金 イ．商品売買 ウ．掛け取引	現金過不足の処理 当座借越契約 エ．手形 　　手形の受取・振出・決済・裏書・割引・書換・不渡 　　手形による貸付及び借入 　　営業外取引による手形処理 オ．有価証券 　　売買を目的とした有価証券	銀行勘定調整表の作成 予約販売 サービス業会計 工事契約 契約資産・契約負債 満期保有目的の債券・他企業支配目的株式・その他有価証券・有価証券における利息

内　　容	3　級	2　級	1　級　（会計）
	カ．その他の債権・債務	クレジット取引 電子記録債権・債務	
	キ．固定資産 　取得	売却	除却・建設仮勘定・無形固定資産 リース会計（借り手の処理）
	ク．販売費と一般管理費 ケ．個人企業の純資産		
		追加元入れ・引き出し コ．税金 　所得税・住民税・固定資産税・事業 　税・印紙税・消費税・法人税 サ．株式会社会計 　設立・新株の発行・当期純損益の計 　上・剰余金の配当と処分	課税所得の計算 税効果会計に関する会計処理 合併・資本金の増加・資本金の減 少・任意積立金の取り崩し・自己株 式の取得・処分・消却 新株予約権の発行と権利行使 シ．外貨建換算会計
(3)決　　　算	ア．決算整理 　商品に関する勘定の整理 　貸倒れの見積もり 　固定資産の減価償却（定額法） 　　　　　　　　　　　（直接法）	（定率法） （間接法） 有価証券の評価 収益・費用の繰り延べと見越し 消耗品の処理	商品評価損・棚卸減耗損 （生産高比例法） 税効果会計を含む処理 退職給付引当金 リース取引における利息の計算 外貨建金銭債権の評価
	イ．精算表 ウ．財務諸表 　損益計算書（勘定式） 　貸借対照表（勘定式）		（報告式） （報告式） 株主資本等変動計算書
(4)本支店会計		ア．本店・支店間取引 　支店相互間の取引 イ．財務諸表の合併	
(5)記帳の効率化	ア．伝票の利用 　入金伝票・出金伝票・振替伝票の起 　票 イ．会計ソフトウェアの活用	伝票の集計と転記	
(6)財務会計の概要			ア．企業会計と財務会計の目的 イ．会計法規と会計基準 ウ．財務諸表の種類
(7)資産,負債,純資産			ア．資産，負債の分類，評価基準 イ．資産，負債の評価法
(8)収益，費用			ア．損益計算の基準 イ．営業損益 ウ．営業外損益 エ．特別損益
(9)財務諸表 　分析の基礎			ア．財務諸表の意義・方法 イ．収益性，成長性，安全性の分析 ウ．連結財務諸表の目的,種類,有用性

内　　　　容	1　　　　級　（原価計算）
(1)原 価 と 原 価 計 算	ア．原価の概念と原価計算 イ．製造業における簿記の特色と仕組み
(2)費 目 別 計 算	ア．材料費の計算と記帳 イ．労務費の計算と記帳 ウ．経費の計算と記帳
(3)部門別計算と製品別計算	ア．個別原価計算と製造間接費の計算 　　（製造間接費差異の原因別分析（公式法変動予算）を含む） イ．部門別個別原価計算 　　（補助部門費の配賦は，直接配賦法・相互配賦法による） ウ．総合原価計算 　　（月末仕掛品原価の計算は，平均法・先入先出法による） 　　（仕損と減損の処理を含む）
(4)内 　部 　会 　計	ア．製品の完成と販売 イ．工場会計の独立 ウ．製造業の決算
(5)標 準 原 価 計 算	ア．標準原価計算の目的と手続き 　　（シングルプラン及びパーシャルプランによる記帳を含む） イ．原価差異の原因別分析 ウ．損益計算書の作成
(6)直 接 原 価 計 算	ア．直接原価計算の目的 イ．損益計算書の作成 ウ．短期利益計画

Ⅱ　各級の勘定科目（第97回より適用）

　勘定科目のおもなものを級別に示すと，次のとおりである。

　ただし，同一の内容を表せば，教科書に用いられている別の名称の科目を用いてもさしつかえない。

3　級

—ア 行—
受取地代 勘定
受取手数料 〃
受取家賃 〃
受取利息 〃
売上 〃
売掛金 〃

—カ 行—
買掛金 勘定
貸倒損失 〃
貸倒引当金 〃
貸倒引当金繰入 〃
貸付金 〃
借入金 〃
仮受金 〃

仮払金 勘定
繰越商品 〃
減価償却費 〃
現金 〃
広告交通費 〃
小口現金 〃

—サ 行—
雑費 勘定
仕入 〃
支払地代 〃
支払手数料 〃
支払家賃 〃
支払利息 〃
定期預金 〃

資本金 勘定
車両運搬具 〃
従業員預り金 〃
従業員立替金 〃
商品売買益 〃
商品売買損 〃
消耗品 〃
所得税預り金 〃
水道光熱費 〃
損益 〃

—タ 行—
建物 勘定
通信費 〃

当座預金 勘定
土地 〃

—ハ 行—
発送費 勘定
備品 〃
普通預金 〃
保険料 〃

—マ 行—
前受金 勘定
前払金 〃
未収金 〃
未払金 〃

—ラ 行—
旅費 勘定

2　級

—ア 行—
印紙税 勘定
受取商品券 〃
受取手形 〃
営業外受取手形 〃
営業外支払手形 〃

—カ 行—
開業費 勘定
株式交付費 〃
仮受消費税 〃
仮払法人税等 〃
仮払消費税 〃
繰越利益剰余金 〃
クレジット売掛金 〃
現金過不足 〃
固定資産税 〃
固定資産売却益 〃
固定資産売却損 〃

—サ 行—
雑益 勘定
雑損 〃
事業税 〃
支店 〃
支払手形 〃
資本準備金 〃
社会保険料預り金 〃
車両運搬具減価償却累計額 〃
修繕費 〃
消耗品 〃
新築積立金 〃
創立費 〃
租税公課 〃
建物減価償却累計額 〃
貯蔵品 〃
手形貸付金 〃

手形借入金 勘定
手形売却損 〃
電子記録債権 〃
電子記録債務 〃
電子記録債権売却損 〃
当座借越 〃

—ハ 行—
配当平均積立金 勘定
引出金 〃
備品減価償却累計額 〃
不渡手形 〃
別途積立金 〃
法人税等 〃
法定福利費 〃
本店 〃

—マ 行—
未払消費税 勘定
未払税金 〃

未払配当金 勘定
未払法人税等 〃

—ヤ 行—
有価証券 勘定
有価証券売却益 〃
有価証券売却損 〃
有価証券評価益 〃
有価証券評価損 〃

—ラ 行—
利益準備金 勘定
ほかに
　前払費用に関する勘定
　前受収益に関する 〃
　未払費用に関する 〃
　未収収益に関する 〃

1　級（会計）

—ア 行—
受取配当金 勘定
役務原価 〃
役務収益 〃

—カ 行—
開発費 勘定
火災損失 〃
為替差損益 〃
関連会社株式 〃
関連会社株式評価損 〃
機械装置 〃
機械装置減価償却累計額 〃
繰延税金資産 〃
繰延税金負債 〃
契約資産 〃
契約負債 〃
研究開発費 〃
建設仮勘定 〃

鉱業権 勘定
鉱業権償却 〃
工事収益 〃
工事原価 〃
構築物 〃
構築物減価償却累計額 〃
子会社株式 〃
子会社株式評価損 〃
固定資産除却損 〃

—サ 行—
災害損失 勘定
仕入割引 〃
仕掛品 〃
自己株式 〃
支払リース料 〃
商品評価損 〃
新株予約権 〃
新株予約権戻入益 〃

その他資本剰余金 勘定
その他有価証券 〃
その他有価証券評価差額金 〃
ソフトウェア 〃
ソフトウェア仮勘定 〃
ソフトウェア償却 〃

—タ 行—
退職給付引当金 勘定
退職給付費用 〃
棚卸減耗損 〃
投資有価証券売却益 〃
投資有価証券売却損 〃
特許権 〃
特許権償却 〃

—ナ 行—
のれん 勘定
のれん償却 〃

—ハ 行—
売買目的有価証券 勘定
法人税等調整額 〃
保険差益 〃
保証債務 〃
保証債務取崩益 〃
保証債務費用 〃
保証債務見返 〃

—マ 行—
満期保有目的債券 勘定
未決算 〃

—ヤ 行—
有価証券利息 勘定

—ラ 行—
リース資産 勘定
リース資産減価償却累計額 〃
リース債務 〃

1　級（原価計算）

—ア 行—
売上原価 勘定

—カ 行—
買入部品 勘定
外注加工賃 〃
ガス代 〃
機械装置 〃
機械装置減価償却累計額 〃
組間接費 〃
月次損益 〃
健康保険料 〃
健康保険料預り金 〃
工具器具備品 〃
工具器具備品減価償却累計額 〃
工場 〃
工場消耗品 〃
厚生費 〃

—サ 行—
材料消費価格差異 勘定
材料消費数量差異 〃
作業くず 〃
作業時間差異 〃
雑給 〃
仕掛品に関する勘定
　仕掛品 勘定
　×組仕掛品 〃
　××工程仕掛品 〃
仕損費 〃
仕損品 〃
修繕料 〃
従業員賞与手当 〃
消費材料 〃
消費賃金 〃
消耗工具器具備品 〃
水道料 〃

製造間接費 勘定
製造間接費配賦差異 〃
製造部門費に関する勘定
　××製造部門費 勘定
製造部門費配賦差異 〃
製品に関する勘定
　製品 勘定
　×級製品 〃
　×組製品 〃
操業度差異 〃
素材 〃

—タ 行—
退職給付費用 勘定
棚卸減耗損 〃
賃金 〃
賃率差異 〃
電力料 〃

特許権使用料 勘定

—ナ 行—
年次損益 勘定
燃料 〃
能率差異 〃

—ハ 行—
半製品に関する勘定
　××工程半製品 勘定
販売費及び一般管理費 〃
副産物 〃
部門共通費 〃
補助部門に関する勘定
　××部門費 勘定
本社 〃

—ヤ 行—
予算差異 勘定

英語表記一覧表

英数	
T字形	T form
あ	
移動平均法	moving average method
受取手形勘定	notes receivable account
売上勘定	sales account
売上原価	cost of goods sold
売上帳	sales book
売掛金勘定	accounts receivable account
売掛金元帳	accounts receivable ledger
か	
買掛金勘定	accounts payable account
買掛金元帳	accounts payable ledger
貸方	credit, creditor；Cr.
借方	debit, debtor；Dr.
為替手形	bill of exchange
勘定	account；a/c
勘定科目	title of account
繰越商品勘定	merchandise inventory account
決算	closing books
現金	cash
現金過不足	cash over and short
現金出納帳	cash book
合計転記	summary posting
小口現金	petty cash
小口現金出納帳	petty cash book
固定資産	fixed assets
個別転記	unit posting
さ	
財務諸表	financial statements；F/S
先入先出法（買入順法）	first-in first-out method；FIFO
仕入勘定	purchases account
仕入帳	purchases book
資産	assets
試算表	trial balance；T/B
支払手形勘定	notes payable account
資本	capital
収益	revenues
出金伝票	payment slip
主要簿	main book
純資産	net assets
証ひょう	voucher
商品有高帳	stock ledger
仕訳	journalizing
仕訳帳	journal
精算表	work sheet；W/S
総勘定元帳（元帳）	general ledger
損益計算書	profit and loss statement；P/L income statement；I/S

た	
貸借対照表	balance sheet；B/S
貸借平均の原理	principle of equilibrium
帳簿組織	systems of books
定額資金前渡法（インプレスト・システム）	imprest system
摘要欄	account and explanation
転記	posting
伝票	slip
当座借越	bank overdraft
当座預金	checking account
当座預金出納帳	bank book
取引	transactions
な	
内部けん制制度（内部統制システム）	internal check system
入金伝票	receipt slip
は	
費用	expenses
負債	liabilities
振替伝票	transfer slip
簿記	bookkeeping
補助記入帳	subsidiary register
補助簿	subsidiary book
補助元帳	subsidiary ledger
や	
約束手形	promissory note
有価証券	securities

表紙デザイン
本文基本デザイン
エッジ・デザインオフィス

反復式　簿記問題集　全商2級

●編　者——実教出版編修部

●発行者——小田　良次

●印刷所——株式会社広済堂ネクスト

●発行所——実教出版株式会社

〒102-8377
東京都千代田区五番町5
電話〈営業〉(03)3238-7777
　　〈編修〉(03)3238-7332
　　〈総務〉(03)3238-7700
https://www.jikkyo.co.jp/

002402022

ISBN　978-4-407-35495-9

反復式 **簿記問題集**
全商 2 級

解答編

実教出版

1 現金過不足 (p.4)

1 1

	借　　方		貸　　方	
7/7	現金過不足	2,000	現　　　金❶	2,000
9	交　通　費	1,700	現金過不足	1,700
12/31	雑　　　損	300	現金過不足	300

解説　❶実際有高が不足していたので，現金￥2,000を貸方に記入して，現金勘定の金額を減少させる。

1 2

	借　　方		貸　　方	
10/9	現　　　金❶	1,000	現金過不足	1,000
12	現金過不足	400	受 取 利 息	400
12/31	現金過不足	600	雑　　　益	600

解説　❶実際有高が過剰であるので，現金￥1,000を借方に記入して，現金勘定の金額を増加させる。

1 3

	借　　方		貸　　方	
雑　　　損❶		3,000	現金過不足	3,000

解説　❶雑費ではないので注意する。

検定問題 (p.5)

1 4

	借　　方		貸　　方		
(1)	現　　　金	4,000	現金過不足	4,000	❶
(2)	現金過不足	4,000	現　　　金	4,000	❷

解説　❶実際有高＞帳簿残高（現金過剰）
　　❷実際有高￥125,000＜帳簿残高￥129,000（現金不足）

2 当座借越 (p.6)

2 1

	借　　方		貸　　方	
6/ 1	当 座 預 金	150,000	現　　　金❶	150,000
4	仕　　　入	180,000	当 座 預 金❷	180,000
11	当 座 預 金	60,000	売　掛　金	60,000

解説　❶当座借越契約を結んだだけでは仕訳をしない。
　　❷当座借越契約を結んでいるので，当座預金残高を超えて小切手を振り出すことができる。

2 2

	借　　方		貸　　方		
12/18	買　掛　金	280,000	当 座 預 金	280,000	
20	当 座 預 金	50,000	売　掛　金	50,000	
31	当 座 預 金	30,000	当 座 借 越	30,000	❶

解説　❶決算時に当座預金勘定残高が貸方残高の場合は，当座借越勘定に振り替える。

検定問題 (p.7)

2 3

	借　　方		貸　　方	
(1)	買　掛　金	620,000	当 座 預 金	620,000
(2)	買　掛　金	140,000	当 座 預 金	140,000
(3)	当 座 預 金	390,000	売　掛　金	390,000

3 受取手形・支払手形 (p.8)

3 1

	借　　方		貸　　方	
(1)	受 取 手 形❶	300,000	売　　　上	300,000
(2)	当 座 預 金	300,000	受 取 手 形	300,000
(3)	仕　　　入	260,000	支 払 手 形❷	260,000
(4)	支 払 手 形	260,000	当 座 預 金	260,000

解説　❶後日代金を受け取る手形債権については受取手形勘定を用いる。約束手形という勘定科目はないので注意する。
　　❷後日代金を支払う手形債務については支払手形勘定を用いる。

3 2

	借　　方		貸　　方	
(1)	受 取 手 形	380,000	売　掛　金	380,000
(2)	買　掛　金	190,000	支 払 手 形	190,000
(3)	当 座 預 金	460,000	受 取 手 形	460,000

検定問題 (p.9)

3 3

	借　　方		貸　　方	
(1)	受 取 手 形	200,000	売　掛　金	200,000
(2)	支 払 手 形	190,000	当 座 預 金	190,000

4 手形貸付金・手形借入金・受取商品券 (p.10)

4 1

		借　　方		貸　　方	
(1)	島根商店	手形貸付金❶	510,000	現　　　金	510,000
	岡山商店	現　　　金	510,000	手形借入金❷	510,000
(2)	島根商店	現　　　金	516,000	手形貸付金 受取利息	510,000 6,000
	岡山商店	手形借入金 支払利息	510,000 6,000	現　　　金	516,000

⑤③

	借　　　　方		貸　　　　方	
(1)	引　出　金	152,000	現　　　金	152,000
(2)	引　出　金❶	78,000	現　　　金	78,000

解説 ❶住民税は個人に課せられる税金なので，店の費用とはならない。店の現金で納付した場合は私用として扱い，資本金または引出金勘定で仕訳する。

⑤①

解説 ❶商品売買でなく資金の貸し付けにともなう手形の受け取りなので，受取手形勘定ではなく，手形貸付金勘定で仕訳する。
❷資金借り入れで手形を振り出したので，手形借入金勘定で仕訳する。

④②

	借　　　　方		貸　　　　方	
(1)	受取商品券 現　　　金	200,000 40,000	売　　　上	240,000
(2)	現　　　金	200,000	受取商品券	200,000

5 資本の引き出し　　　(p.11)

⑤①

	借　　　　方		貸　　　　方		
12/3	現　　　金	600,000	資　本　金	600,000	
15	引　出　金❶	130,000	現　　　金	130,000	
20	引　出　金	80,000	仕　　　入❷	80,000	
31	資　本　金	300,000	引　出　金	300,000	❸
〃	損　　　益	360,000	資　本　金	360,000	❹

引　出　金

		90,000	12/31 資　本　金	300,000	
12/15	現　　金	130,000			
20	仕　　入	80,000			
		300,000		300,000	

資　本　金

12/31	引　出　金	300,000	1/1 前期繰越	1,500,000	
〃	次期繰越	2,160,000	12/3 現　　　金	600,000	
			31 損　　　益	360,000	
		2,460,000		2,460,000	

解説 ❶店の現金を私用にあてることは，資本の減少をもたらす。このため，資本の減少として引出金勘定の借方に記入する。
❷商品を仕入れたときの勘定科目を使用する。
❸引出金勘定を設けている場合，決算において引出金勘定残高を資本金勘定に振り替える。
❹当期純利益は損益勘定で計上される。当期純利益という勘定科目はない。

⑤②

	借　　　　方		貸　　　　方	
7/28	引　出　金	320,000	現　　　金	320,000
11/20	引　出　金	320,000	現　　　金	320,000
翌年 3/15	引　出　金	360,000	現　　　金	360,000

解説 所得税は個人に課せられる税金なので，店の費用とはならない。店の現金で納付した場合は私用として扱い，資本金または引出金勘定で仕訳する。

検定問題　　　　　　　　　　　(p.12)

検定問題　　　　　　　　　　　(p.12)

⑤④

	借　　　　方		貸　　　　方	
(1)	引　出　金 (または資本金)	20,000	現　　　金	20,000
(2)	引　出　金 (または資本金)	34,000	現　　　金	34,000
(3)	資　本　金	80,000	引　出　金	80,000

6 個人企業の税金　　　(p.13)

⑥①

	借　　　　方		貸　　　　方	
(1)	租　税　公　課 (または事業税)	80,000	現　　　金	80,000
(2)	租　税　公　課 (または固定資産税)	70,000	現　　　金	70,000
(3)	租　税　公　課 (または印紙税)	12,000	現　　　金	12,000

解説 事業税，固定資産税，印紙税は店の費用として計上することが認められている。資本金（引出金）勘定は用いない。

⑥②

	借　　　　方		貸　　　　方	
2/16	仕　　　入 仮払消費税	480,000 48,000	支払手形	528,000
5/23	売　掛　金	924,000	売　　　上 仮受消費税	840,000 84,000
10/18	仕　　　入 仮払消費税	600,000 60,000	買　掛　金	660,000
11/9	現　　　金	792,000	売　　　上 仮受消費税	720,000 72,000
12/31	仮受消費税❶	156,000	仮払消費税❷ 未払消費税	108,000 48,000
翌年 3/20	未払消費税	48,000	現　　　金	48,000

解説 ❶5/23の¥84,000と11/9の¥72,000の合計である。
❷2/16の¥48,000と10/18の¥60,000の合計である。

6 3

	借	方	貸	方
(1)	租 税 公 課 （または事業税）	75,000	現　　金	75,000
(2)	租 税 公 課 （または印紙税）	3,000	現　　金	3,000
(3)	仕　　入 仮 払 消 費 税	190,000 19,000	当 座 預 金 買 掛 金	150,000 59,000
(4)	租 税 公 課 （または固定資産税）❶ 引 出 金 （または資本金）❷	350,000 150,000	現　　金	500,000
(5)	現　　金 売 掛 金	400,000 194,000	売　　上 仮 受 消 費 税	540,000 54,000
(6)	通 信 費 租 税 公 課 （または印紙税）	33,000 21,000	現　　金	54,000 ❸

解説 ❶ ￥500,000×0.7＝￥350,000（租税公課）
　　 ❷ ￥500,000×0.3＝￥150,000（引出金）
　　 ❸ 郵便切手と収入印紙は郵便局で一括して購入する
　　　　ことが多いので，処理する勘定科目に注意する。

検定問題 (p.15)

6 4

	借	方	貸	方
(1)	仕　　入 仮 払 消 費 税	200,000 20,000	買 掛 金	220,000
(2)	租 税 公 課 （または印紙税）	6,000	現　　金	6,000

総合問題 ❶ (p.16)

1 1

	借	方	貸	方
(1)	現 金 過 不 足	4,500	現　　金	4,500
(2)	現 金 過 不 足❶ 消 耗 品 費	4,000 2,000	受 取 手 数 料	6,000
(3)	雑　　損	900	現 金 過 不 足	900
(4)	備　　品	210,000	当 座 預 金	210,000
(5)	当 座 預 金	120,000	当 座 借 越	120,000
(6)	現　　金 受 取 手 形	200,000 480,000	売　　上	680,000
(7)	買 掛 金	180,000	支 払 手 形	180,000
(8)	当 座 預 金	410,000	受 取 手 形	410,000
(9)	手 形 貸 付 金	550,000	現　　金	550,000
(10)	現　　金 支 払 利 息❸	582,000 18,000	手 形 借 入 金❷	600,000

解説 ❶現金過不足判明時の仕訳
　　 （借）現　　金　4,000　（貸）現金過不足　4,000
　　 ❷約束手形を振り出して借り入れた場合は，支払手
　　　形勘定ではなく，手形借入金勘定で仕訳する。
　　 ❸「利息￥18,000を差し引かれた」は，利息の支払
　　　いを意味している。

1 2

	借	方	貸	方
(1)	引 出 金 （または資本金）	70,000	現　　金 仕　　入	50,000 20,000
(2)	引 出 金 （または資本金）	120,000	租 税 公 課	120,000 ❶
(3)	租 税 公 課 （または固定資産税） 引 出 金 （または資本金）	160,000 40,000	現　　金	200,000
(4)	資 本 金	90,000	引 出 金	90,000
(5)	租 税 公 課 （または事業税）	60,000	現　　金	60,000
(6)	租 税 公 課 （または印紙税） 通 信 費	6,000 8,000	現　　金	14,000
(7)	仕　　入 仮 払 消 費 税	320,000 32,000	支 払 手 形 買 掛 金	200,000 152,000
(8)	売 掛 金	495,000	売　　上 仮 受 消 費 税	450,000 45,000
(9)	仮 受 消 費 税	610,000	仮 払 消 費 税 未 払 消 費 税	470,000 140,000
(10)	引 出 金 （または資本金） 未 払 消 費 税	350,000 460,000	現　　金	810,000

解説 ❶誤った仕訳
　　（借）租税公課 120,000　（貸）現　金 120,000
　　正しい仕訳
　　（借）引 出 金 120,000　（貸）現　金 120,000
　　　　 （資本金）
　　誤った仕訳を貸借逆にして正しい仕訳を加える。
　　（借）現　金 120,000　（貸）租税公課 120,000
　　　　引 出 金 120,000　　　　現　金 120,000
　　　　（資本金）
　　なお，現金については相殺してもよい。

7　現金出納帳　　　　　　　　(p.18)

7|1|

現　金　出　納　帳　　　　　　　1

令和○年		摘　　要	収　入	支　出	残　高
1	1	前月繰越	280,000		280,000
	6	奈良商店から売掛金回収　現金受け取り	300,000		580,000
	13	天理商店に買掛金支払い　現金払い		470,000	110,000
	28	今月分家賃支払い		32,000	78,000
	31	次月繰越		❶78,000	
			580,000	580,000	

解説　❶次月繰越の1行前の残高を次月繰越の金額として
記入する。

7|2|

現　金　出　納　帳　　　　　　　1

令和○年		摘　　要	収　入	支　出	残　高
1	1	前月繰越	420,000		420,000
	8	大津商店から商品仕入れ　現金払い		180,000	240,000
	12	草津商店から売掛金回収　小切手受け取り	360,000		600,000
	16	消耗品購入		4,800	595,200
	20	当座預金に小切手預け入れ		360,000	235,200
	27	彦根商店に商品売り渡し　現金受け取り	240,000		475,200
	31	次月繰越		475,200	
			1,020,000	1,020,000	

7|3|

(1)

	借　　方		貸　　方	
1/18	仕　　入	50,000	現　　金	50,000
26	現　　金	300,000	売　掛　金	300,000

現　　　　金

1/1	前期繰越	460,000	1/18	仕　入	50,000
26	売掛金	300,000			

(2)

現　金　出　納　帳　　　　　　　1

令和○年		摘　　要	収　入	支　出	残　高
1	1	前月繰越	460,000		460,000
	18	土浦商店から商品仕入れ　現金払い		50,000	410,000
	26	日立商店から売掛金回収　小切手受け取り	300,000		710,000
	31	次月繰越❶		710,000	
			760,000	760,000	
2	1	前月繰越❶	710,000		710,000

解説　❶現金出納帳は月末に締め切るので次月繰越，前月
繰越と記入する。

8 1

当 座 預 金 出 納 帳　　　　　　　　1

令和○年		摘　　　　　要	預　入	引　出	借または貸	残　高
3	7	現金を預け入れ	600,000		借	600,000
	11	福井商店から商品仕入れ　小切手＃1		370,000	〃	230,000
	18	勝山商店から売掛金回収	530,000		〃	760,000
	21	小浜商店に買掛金支払い　小切手＃2		290,000	〃	470,000
	31	次月繰越		470,000		
			1,130,000	1,130,000		
4	1	前月繰越	470,000		借	470,000

8 2

当 座 預 金 出 納 帳　　　　　　　　1

令和○年		摘　　　　　要	預　入	引　出	借または貸	残　高
6	1	前月繰越	230,000		借	230,000
	9	金沢商店に買掛金支払い　小切手＃8		380,000	貸❶	150,000
	14	小松商店から売掛金回収	210,000		借	60,000
	18	約束手形＃3　入金	450,000		〃	510,000
	23	輪島商店から商品仕入れ　小切手＃9		130,000	〃	380,000
	30	小口現金の補給　小切手＃10		57,000	〃	323,000
	〃	次月繰越		323,000		
			890,000	890,000		

解説 9日の取引は，前月繰越高より多い金額の小切手を振り出したため，借または貸欄は貸（マイナス）となる。

8 3

	借　　　方		貸　　　方	
1/ 5	当 座 預 金	100,000	受取手数料	100,000
13	買　掛　金	480,000	当 座 預 金	480,000
18	当 座 預 金	560,000	売　掛　金	560,000
26	支 払 手 形	240,000	当 座 預 金	240,000

当 座 預 金

1/1	前 期 繰 越	200,000	1/13	買　掛　金	480,000
5	受取手数料	100,000	26	支 払 手 形	240,000
18	売　掛　金	560,000			

当 座 預 金 出 納 帳　　　　　　　　1

令和○年		摘　　　　　要	預　入	引　出	借または貸	残　高
1	1	前月繰越	200,000		借	200,000
	5	青森商店から手数料受け取り	100,000		〃	300,000
	13	弘前商店に買掛金支払い　小切手＃12		480,000	貸	180,000
	18	三沢商店から売掛金回収	560,000		借	380,000
	26	約束手形＃5　支払い		240,000	〃	140,000
	31	次月繰越		140,000		
			860,000	860,000		
2	1	前月繰越	140,000		借	140,000

9 1

小口現金出納帳　　　　　1

受入	令和○年		摘要	支払	内訳			残高
					交通費	通信費	消耗品費	
30,000	9	1	前月繰越					30,000
		6	タクシー代	7,130	7,130			22,870
		13	郵便切手代	6,000		6,000		16,870
		19	帳簿代	4,000			4,000	12,870
		25	電話料金	5,160		5,160		7,710
			合計	22,290	7,130	11,160	4,000	
22,290		30	小切手#8					❶30,000
		〃	次月繰越	30,000				
52,290				❷52,290				
30,000	10	1	前月繰越					30,000

解説 ❶補給後は前月繰越高と同じ¥30,000になる。
❷補給後の残高を記入し，受入欄と支払欄の合計が一致するのを確かめる。

9 2

(1)

小口現金出納帳　　　　　1

受入	令和○年		摘要	支払	内訳				残高
					交通費	通信費	消耗品費	雑費	
30,000	6	1	前月繰越						30,000
		2	郵便切手代	4,340		4,340			25,660
		8	新聞代	5,800				5,800	19,860
		15	お茶菓子代	5,720				5,720	14,140
		21	文具代	1,980			1,980		12,160
		26	タクシー代	3,240	3,240				8,920
		29	電話料金	4,680		4,680			4,240
			合計	25,760	3,240	9,020	1,980	11,520	
25,760		30	小切手#9						30,000
		〃	次月繰越	30,000					
55,760				55,760					
30,000	7	1	前月繰越						30,000

(2)

	借	方	貸	方
6/30	交 通 費	3,240	小口現金	25,760
	通 信 費	9,020		
	消 耗 品 費	1,980		
	雑 費	11,520		
〃	小 口 現 金	25,760	当座預金	25,760

検定問題　　　　(p.23)

9 3

	借	方	貸	方
	通 信 費	9,000	小口現金	28,000
	交 通 費	17,000		
	雑 費	2,000		
	小 口 現 金	28,000	当座預金	28,000

---

10 1

仕　入　帳　　　　　1

令和○年		摘要	内訳	金額
7	7	土浦商店　　　　掛け		
		A品　100個　@¥200	❶20,000	
		B品　50〃　〃〃300	15,000	35,000
	9	土浦商店　　　掛け返品		
		B品　5個　@¥300		1,500
	15	取手商店　　　小切手		
		A品　150個　@¥220		33,000
	31	総仕入高		❷68,000
	〃	仕入返品高		1,500
		純仕入高		66,500

売　上　帳　　　　　1

令和○年		摘要	内訳	金額
7	10	日立商店　　　現金・掛け		
		A品　80個　@¥250		20,000
	25	宇都宮商店　　　掛け		
		A品　120個　@¥250	❶30,000	
		B品　40〃　〃〃400	16,000	46,000
	26	宇都宮商店　　　掛け返品		
		A品　10個　@¥250		2,500
	31	総売上高		❷66,000
	〃	売上返品高		2,500
		純売上高		63,500

解説 ❶異なる種類の商品を扱っているので，内訳欄には商品の種類ごとの金額を記入する。
❷総仕入高と総売上高を求めるので，赤で記入した金額は計算しない。

10 2

仕　入　帳　　　　　1

令和○年		摘要	内訳	金額
7	11	足利商店　　　掛け		
		A品　400個　@¥400	160,000	
		B品　300〃　〃〃600	180,000	340,000
	13	足利商店　　　掛け返品		
		B品　50個　@¥600		30,000
	18	日光商店　　　小切手		
		A品　500個　@¥420	210,000	
		❶引取運賃現金払い	4,000	214,000
	31	総仕入高		554,000
	〃	仕入返品高		30,000
		純仕入高		524,000

解説 ❶引取運賃は仕入勘定に含まれるので，仕入帳にも記入する。

10 3

売　上　帳　　1

令和○年	摘　　要	内　訳	金　額
7 15	前橋商店　　　　現金・掛け		
	B品　200個　@￥1,000		200,000
25	桐生商店　　　　　掛　け		
	A品　600個　@￥ 600	360,000	
	B品　100 〃　〃〃1,000	100,000	460,000
27	桐生商店　　　　掛け返品		
	A品　20個　@￥ 600		12,000
31	総 売 上 高		660,000
〃	売上返品高		12,000
	純 売 上 高		648,000

解説 発送費は，売上帳に記入しない。

10 4

	借　　　方		貸　　　方	
5/ 2	仕　　　入	360,000	現　　　金	200,000
			買 掛 金	160,000
10	仕　　　入	580,000	買 掛 金	580,000
12	買 掛 金	21,000	仕　　　入	21,000
15	売 掛 金	530,000	売　　　上	530,000
16	売　　　上	30,000	売 掛 金	30,000
24	仕　　　入	228,000	支 払 手 形	220,000
			現　　　金	8,000
28	当 座 預 金	300,000	売　　　上	450,000
	売 掛 金	150,000		
	発 送 費	5,500	現　　　金	5,500

仕　　　入

5/2	諸　　口	360,000	5/12	買 掛 金	21,000
10	買 掛 金	580,000			
24	諸　　口	228,000			

売　　　上

5/16	売 掛 金	30,000	5/15	売 掛 金	530,000
			28	諸　　口	450,000

仕　入　帳　　1

令和○年	摘　　要	内　訳	金　額
5 2	豊田商店　　　　現金・掛け		
	A品　300個　@￥1,200		360,000
10	岡崎商店　　　　　掛　け		
	A品　200個　@￥1,400	280,000	
	B品　150 〃　〃〃2,000	300,000	580,000
12	岡崎商店　　　　掛け返品		
	A品　15個　@￥1,400		21,000
24	一宮商店　　　　　約　手		
	B品　100個　@￥2,200	220,000	
	引取運賃現金払い	8,000	228,000
31	総 仕 入 高		1,168,000
〃	仕入返品高		21,000
	純 仕 入 高		1,147,000

売　上　帳　　1

令和○年	摘　　要	内　訳	金　額
5 15	浜松商店　　　　　掛　け		
	A品　200個　@￥1,900	380,000	
	B品　50 〃　〃〃3,000	150,000	530,000
16	浜松商店　　　　掛け返品		
	B品　10個　@￥3,000		30,000
28	掛川商店　　　　小切手・掛け		
	A品　250個　@￥1,800		450,000
31	総 売 上 高		980,000
〃	売上返品高		30,000
	純 売 上 高		950,000

—9—

11-**1**

商 品 有 高 帳

（先入先出法）　　　　　　　　　品名　A　品　　　　　　　　　　単位：個

令和○年		摘　要	受　入			払　出			残　高		
			数量	単価	金　額	数量	単価	金　額	数量	単価	金　額
7	1	前 月 繰 越	50	600	30,000				50	600	30,000
	4	島 原 商 店	200	650	130,000				{ 50	600	30,000
									200	650	130,000
	10	雲 仙 商 店				{ 50	600	30,000			
						100	650	65,000	100	650	65,000
	15	佐世保商店	100	650	65,000				200	650	130,000
	22	五 島 商 店	350	620	217,000				{ 200	650	130,000
									350	620	217,000
	28	対 馬 商 店				{ 200	650	130,000			
						300	620	186,000	50	620	31,000
	31	次 月 繰 越			❶	50	620	31,000			
			❷ 700		442,000	700		442,000			
8	1	前 月 繰 越	50	620	31,000				50	620	31,000

解説 ❶次月繰越を行う1行前の残高を記入する。
　　　　❷合計は受入欄と払出欄の数量・金額について行い，
　　　　金額が一致することを確認する。単価は計算しな
　　　　い。

11-**2**

商 品 有 高 帳

（移動平均法）　　　　　　　　　品名　B　品　　　　　　　　　　単位：個

令和○年		摘　要	受　入			払　出			残　高		
			数量	単価	金　額	数量	単価	金　額	数量	単価	金　額
7	1	前 月 繰 越	100	400	40,000				100	400	40,000
	3	鹿児島商店	200	430	86,000				300	❶420	126,000
	12	指 宿 商 店				150	420	63,000	150	420	63,000
	20	伊 佐 商 店	300	450	135,000				450	❷440	198,000
	25	奄 美 商 店				250	440	110,000	200	440	88,000
	31	次 月 繰 越				200	440	88,000			
			600		261,000	600		261,000			
8	1	前 月 繰 越	200	440	88,000				200	440	88,000

解説 ❶ $\dfrac{¥40,000 + ¥86,000}{100個 + 200個} = ¥420$

　　　　❷ $\dfrac{¥63,000 + ¥135,000}{150個 + 300個} = ¥440$

11 3

商 品 有 高 帳

（先入先出法） 品名 A品 単位：個

令和○年		摘要	受入			払出			残高		
			数量	単価	金額	数量	単価	金額	数量	単価	金額
7	1	前月繰越	150	800	120,000				150	800	120,000
	2	佐賀商店	550	820	451,000				{ 150	800	120,000
									550	820	451,000
	5	唐津商店				{ 150	800	120,000			
						170	820	139,400	380	820	311,600
	15	鳥栖商店	300	830	249,000				{ 380	820	311,600
									300	830	249,000
	18	伊万里商店				{ 380	820	311,600			
						120	830	99,600	180	830	149,400
	29	鹿島商店	200	855	171,000				{ 180	830	149,400
									200	855	171,000
	31	次月繰越				{ 180	830	149,400			
						200	855	171,000			
			1,200		991,000	1,200		991,000			
8	1	前月繰越	{ 180	830	149,400				{ 180	830	149,400
			200	855	171,000				200	855	171,000

11 4

商 品 有 高 帳

（移動平均法） 品名 C品 単位：個

令和○年		摘要	受入			払出			残高		
			数量	単価	金額	数量	単価	金額	数量	単価	金額
7	1	前月繰越	60	1,400	84,000				60	1,400	84,000
	6	延岡商店	140	1,500	210,000				200	1,470	294,000
	8	延岡商店返品				❶50	1,500	75,000	150	1,460	219,000
	14	日向商店		❷		100	1,460	146,000	50	1,460	73,000
	25	都城商店	450	1,520	684,000				500	1,514	757,000
	28	日南商店				200	1,514	302,800	300	1,514	454,200
	31	次月繰越				300	1,514	454,200			
			650		978,000	650		978,000			

解説 ❶商品を返品したときは，返品する商品の受入時の単価で払出欄に記入する。移動平均法の場合は残高欄の単価を計算し直す。単価は¥219,000÷150個＝@¥1,460となる。

❷引取運賃¥4,500を含めた¥684,000（¥679,500＋¥4,500）を仕入原価とするので，単価は¥684,000÷450個＝@¥1,520となる。

検定問題 (p.31)

11 5

ア	¥	137,000 ❶	イ	¥	44,000 ❷

解説 ❶1/12の仕入れはA品の志摩商店からの¥60,000なので，残高¥77,000＋¥60,000で¥137,000となる

❷1/18の売り渡しは¥328,000でA品・B品とも1個¥800で販売しているので，¥328,000÷@¥800＝410個販売したことになる。A品が200個と記載されているので，410個－200個＝210個がB品となる。よって残高は80個×@¥550＝¥44,000となる。

12 売掛金元帳・買掛金元帳 (p.32)

12 1

総 勘 定 元 帳

売 掛 金 4

1/1	前期繰越	50,000	1/19	売 上	6,000
17	売 上	180,000	30	当座預金	350,000
24	売 上	200,000			

売 掛 金 元 帳

川 崎 商 店 1

令和○年		❶摘要	借方	貸方	借または貸	残高
1	1	前月繰越	50,000		❷借	50,000
	17	売り上げ	180,000		〃	230,000
	19	返品		6,000	〃	224,000
	24	売り上げ	200,000		〃	424,000
	30	回収		350,000	〃	74,000
	31	次月繰越		74,000		
			430,000	430,000		
2	1	前月繰越	74,000		借	74,000

解説 ❶摘要欄には相手勘定科目ではなく取引の内容を記入する。

❷どちらに残高があるかを示すので，売掛金元帳では「借」，買掛金元帳では「貸」と記入する。

12 2

総 勘 定 元 帳

買 掛 金　　　　12

1/15	現　　金	75,000	1/1	前期繰越	55,000	
23	仕　　入	5,000	5	仕　　入	80,000	
			21	仕　　入	40,000	

買 掛 金 元 帳

甲 府 商 店　　　　1

令和〇年	摘　要	借　方	貸　方	借または貸	残　高
1 1	前月繰越		20,000	貸	20,000
5	仕 入 れ		80,000	〃	100,000
15	支 払 い	75,000		〃	25,000
31	次月繰越	25,000			
		100,000	100,000		

上 田 商 店　　　　2

令和〇年	摘　要	借　方	貸　方	借または貸	残　高
1 1	前月繰越		35,000	貸	35,000
21	仕 入 れ		40,000	〃	75,000
23	返　品	5,000		〃	70,000
31	次月繰越	70,000			
		75,000	75,000		

検定問題　　　　　　　　　　　　　　(p.34)

12 3

(1)

総 勘 定 元 帳

当 座 預 金　　　　2

1/1	前期繰越	1,208,000	1/7	仕　　入	452,000	
25	売 掛 金	156,000	27	買 掛 金	395,000	

売 掛 金　　　　4

1/1	前期繰越	530,000	1/15	売　　上	19,000	
12	売　　上	572,000	25	当座預金	156,000	
18	売　　上	215,000	29	現　　金	374,000	

(2)

売 上 帳　　　　1

令和〇年	摘　　要	内　訳	金　額
1 12	京都商店　　　　掛け		
	A品　900個　@¥380	342,000	
	B品　500〃　〃〃460	230,000	572,000
15	京都商店　　掛け返品		
	A品　50個　@¥380		19,000
18	兵庫商店　　　　掛け		
	A品　400個　@¥380	152,000	
	C品　90〃　〃〃700	63,000	215,000
31	総 売 上 高		787,000
〃	売上返品高		19,000
	純 売 上 高		768,000

売 掛 金 元 帳

京 都 商 店　　　　1

令和〇年	摘　要	借　方	貸　方	借または貸	残　高
1 1	前月繰越	374,000		借	374,000
12	売 り 上 げ	572,000		〃	946,000
15	返　品		19,000	〃	927,000
29	回　収		374,000	〃	553,000
31	次月繰越		553,000		
		946,000	946,000		

兵 庫 商 店　　　　2

令和〇年	摘　要	借　方	貸　方	借または貸	残　高
1 1	前月繰越	156,000		借	156,000
18	売 り 上 げ	215,000		〃	371,000
25	回　収		156,000	〃	215,000
31	次月繰越		215,000		
		371,000	371,000		

13 受取手形記入帳・支払手形記入帳　　(p.36)

13 1

	借　　　方		貸　　　方	
9/6	仕　　入	360,000	支払手形	360,000
12	受取手形	250,000	売　　上	250,000
10/5	当座預金	120,000	受取手形	120,000
11/6	支払手形	360,000	当座預金	360,000

令和◯年		摘 要	金 額	手形種類	手形番号	支払人	振出人または裏書人	振出日		満期日		支払場所	てん末		
													月	日	摘 要
8	5	売り上げ	120,000	約手	9	川崎商店	川崎商店	8	5	10	5	東銀行本店	10	5	入 金
9	12	売り上げ	250,000	約手	18	鎌倉商店	鎌倉商店	9	12	12	12	南銀行本店			

支 払 手 形 記 入 帳

令和◯年		摘 要	金 額	手形種類	手形番号	受取人	振出人	振出日		満期日		支払場所	てん末		
													月	日	摘 要
8	25	買掛金支払い	150,000	約手	11	甲府商店	当 店	8	25	12	25	東銀行本店			
9	6	仕 入 れ	360,000	約手	12	横浜商店	当 店	9	6	11	6	東銀行本店	11	6	支 払 い

検定問題 (p.37)

13 2

支 払 手 形 記 入 帳

令和◯年		摘 要	金 額	手形種類	手形番号	受取人	振出人	振出日		満期日(支払期日)		支払場所	てん末		
													月	日	摘 要
1	8	仕 入 れ	297,000	約手	20	鳥取商店	当 店	1	8	3	8	南銀行本店			
❶	20	買掛金支払い	198,000	約手	21	広島商店	当 店	1	20	3	20	南銀行本店			

解説 ❶買掛金支払いの約束手形であるので，受取人は手形上部に記載の広島商店，振出人は当店となる。振出日，満期日（支払期日）も手形から間違えず記入すること。

13 3

ア	¥	180,000 ❶	イ	¥	385,000 ❷

解説 ❶2/24支払手形勘定貸方の¥180,000
❷支払手形記入帳のてん末欄で3/10支払いは約手#31なので，1/10支払手形勘定貸方の¥385,000

総合問題 2 (1) (p.38)

2—1

(1)

		借 方		貸 方	
10/3	仕 入	494,000	当 座 預 金	100,000
			買 掛 金	394,000
5	買 掛 金	8,600	仕 入	8,600
7	売 掛 金	520,000	売 上	520,000
	発 送 費	15,000	現 金	15,000
9	支 払 手 形	450,000	当 座 預 金	450,000
11	仕 入	186,000	支 払 手 形	186,000
12	受 取 手 形	400,000	売 掛 金	400,000
21	受 取 手 形	200,000	売 上	390,000
	売 掛 金	190,000		
22	売 上	6,500	売 掛 金	6,500
23	買 掛 金	300,000	支 払 手 形	300,000
25	当 座 預 金	650,000	受 取 手 形	650,000

令和○年	摘　要	預　入	引　出	借または貸	残　高
10 1	前月繰越	220,000		借	220,000
3	取手商店から仕入れ　小切手#7		100,000	〃	120,000
9	約束手形#4　支払い		450,000	貸	330,000
25	約束手形#2　入金	650,000		借	320,000
31	次月繰越		320,000		
		870,000	870,000		

仕 入 帳　1

令和○年	摘　要	内　訳	金　額
10 3	取手商店　　小切手・掛		
	A品　800個　@¥430	344,000	
	B品　500〃　〃〃300	150,000	494,000
5	取手商店　　掛け返品		
	A品　20個　@¥430		8,600
11	日光商店　　約手		
	A品　400個　@¥465		186,000
31	総仕入高		680,000
〃	仕入返品高		8,600
	純仕入高		671,400

売 上 帳　1

令和○年	摘　要	内　訳	金　額
10 7	日立商店　　掛け		
	A品　700個　@¥600	420,000	
	B品　200〃　〃〃500	100,000	520,000
21	高崎商店　　約手・掛		
	A品　600個　@¥650		390,000
22	高崎商店　　掛け返品		
	A品　10個　@¥650		6,500
31	総売上高		910,000
〃	売上返品高		6,500
	純売上高		903,500

(3)   受 取 手 形 記 入 帳

令和○年	摘要	金　額	手形種類	手形番号	支払人	振出人または裏書人	振出日	満期日	支払場所	てん末 月 日	てん末 摘要
9 25	売掛金回収	650,000	約手	2	上尾商店	上尾商店	9 25	10 25	北銀行本店	10 25	入　金
10 12	売掛金回収	400,000	約手	3	前橋商店	前橋商店	10 12	12 12	北銀行本店		
10 21	売り上げ	200,000	約手	9	高崎商店	高崎商店	10 21	11 21	西銀行本店		

支 払 手 形 記 入 帳

令和○年	摘要	金　額	手形種類	手形番号	受取人	振出人	振出日	満期日	支払場所	てん末 月 日	てん末 摘要
8 9	買掛金支払い	450,000	約手	4	足利商店	当　店	8 9	10 9	北銀行本店	10 9	支 払 い
10 11	仕 入 れ	186,000	約手	5	日光商店	当　店	10 11	11 11	北銀行本店		
10 23	買掛金支払い	300,000	約手	6	取手商店	当　店	10 23	12 23	北銀行本店		

2—2

(1)   総 勘 定 元 帳

現　金　1

1/1	250,800		
27	875,500		

当 座 預 金　2

1/1	2,103,500	1/18	586,000
21	891,000	23	676,500
		29	132,000

売 掛 金　4

1/1	1,766,500	1/21	891,000
13	1,117,000	27	875,500
16	1,008,000		

前 払 金　7

1/1	539,000	1/14	539,000

買 掛 金　12

1/18	586,000	1/1	1,262,500
23	676,500	9	1,023,000
		14	473,000

売　上　18

		1/13	1,117,000
		16	1,008,000

仕　入　26

1/9	1,023,000		
14	1,012,000		
29	132,000		

(2)

当 座 預 金 出 納 帳 1

令和○年		摘　　要	預　入	引　出	借または貸	残　高
/	/	前月繰越	2,103,500		借	2,103,500
	18	熊本商店に買掛金支払い　小切手#17		586,000	〃	1,517,500
	21	八代商店から売掛金回収	891,000		〃	2,408,500
	23	阿蘇商店に買掛金支払い　小切手#18		676,500	〃	1,732,000
	29	熊本商店から仕入れ　小切手#19		132,000	〃	1,600,000
	31	次月繰越		1,600,000		
			2,994,500	2,994,500		

売 掛 金 元 帳
天 草 商 店　　2

令和○年		摘　要	借　方	貸　方	借または貸	残　高
/	/	前月繰越	875,500		借	875,500
	16	売り上げ	1,008,000		〃	1,883,500
	27	回　収		875,500	〃	1,008,000
	31	次月繰越		1,008,000		
			1,883,500	1,883,500		

買 掛 金 元 帳
熊 本 商 店　　1

令和○年		摘　要	借　方	貸　方	借または貸	残　高
/	/	前月繰越		586,000	貸	586,000
	9	仕入れ		1,023,000	〃	1,609,000
	18	支払い	586,000		〃	1,023,000
	31	次月繰越	1,023,000			
			1,609,000	1,609,000		

商 品 有 高 帳

(先入先出法)　　　　品名　A 品　　　　単位：個

令和○年		摘　要	受入 数量	単価	金額	払出 数量	単価	金額	残高 数量	単価	金額
/	/	前月繰越	100	5,060	506,000				100	5,060	506,000
	9	熊本商店	100	4,950	495,000				100	5,060	506,000
									100	4,950	495,000
	13	八代商店				100	5,060	506,000			
						20	4,950	99,000	80	4,950	396,000
	14	阿蘇商店	200	5,060	1,012,000				80	4,950	396,000
									200	5,060	1,012,000
	31	次月繰越				80	4,950	396,000			
						200	5,060	1,012,000			
			400		2,013,000	400		2,013,000			

14 入金伝票・出金伝票・振替伝票 (p.42)

14❶

入 金 伝 票
令和○年 10 月 22 日　　No.7

科目	売掛金	入金先	宇治商店様
摘　要		金　額	
❶ 売掛金回収　小切手#5		300000	
❷			
合　計		300000	

出 金 伝 票
令和○年 10 月 25 日　　No.9

科目	仕入	支払先	大津商店様
摘　要		金　額	
❶ D品 500個 @¥400		200000	
❷			
合　計		200000	

振 替 伝 票
令和○年 10 月 30 日　　No.14

勘定科目	借　方	勘定科目	貸　方
受取手形	250000	❷ 売　上	250000
❷			
合　計	250000	合　計	250000
摘要	西宮商店にA品売り渡し、約束手形#8受け取り ❸		

解説 ❶入金伝票・出金伝票の摘要欄には取引の概要を記入する。
❷追加記入ができないように斜線を引く。
❸振替伝票の摘要欄には取引先・支払条件等の概要を記入する。
※日付・伝票番号・科目・入金先(支払先)・金額の記入を行うが、合計欄にも金額を記入すること。

— 15 —

14 2

入　金　伝　票
令和○年　　月　　日　　No. _8_

科目		入金先		様
摘　　要		金　　額		
合　　計				

出　金　伝　票
令和○年 11 月 6 日　　No. _10_

科目	買掛金	支払先	仙台商店様
摘　　要		金　　額	
買掛金支払い		250000	
合　　計		250000	

振　替　伝　票
令和○年 11 月 6 日　　No. _16_

勘定科目	借　方	勘定科目	貸　方
仕　入	390000	買　掛　金	390000
合　計	390000	合　計	390000
摘要	仙台商店から商品仕入れ		

解説《いったん全額を掛け取引として処理する場合の仕訳》
(借)仕　入 390,000　(貸)買掛金 390,000…振替伝票
(借)買掛金 250,000　(貸)現　金 250,000…出金伝票

14 3

入　金　伝　票
令和○年 12 月 8 日　　No. _26_

科目	売掛金	入金先	郡山商店様
摘　　要		金　　額	
売掛金回収　小切手#8		300000	
合　　計		300000	

出　金　伝　票
令和○年 12 月 8 日　　No. _21_

科目	発送費	支払先	会津運送店様
摘　　要		金　　額	
発送費現金払い		1500	
合　　計		1500	

振　替　伝　票
令和○年 12 月 8 日　　No. _33_

勘定科目	借　方	勘定科目	貸　方
売　掛　金	530000	売　上	530000
合　計	530000	合　計	530000
摘要	郡山商店に商品売り渡し		

解説《いったん全額を掛け取引として処理する場合の仕訳》
(借)売掛金 530,000　(貸)売　上 530,000…振替伝票
(借)現　金 300,000　(貸)売掛金 300,000…入金伝票
(借)発送費　1,500　(貸)現　金　1,500…出金伝票

15 伝票の集計と転記　　(p.45)

15 1

仕　訳　集　計　表
令和○年4月5日

借　方	元丁	勘定科目	元丁	貸　方
❶ 850,000		現　　　　金		676,000 ❷
❸ 490,000		当　座　預　金		470,000 ❹
❸ 400,000		受　取　手　形		300,000 ❹
❸ 600,000		売　　掛　　金		525,000 ❹
❸ 70,000		支　払　手　形		120,000 ❹
❸ 150,000		買　　掛　　金		180,000 ❹
❸ 25,000		売　　　　上		950,000 ❹
❸ 630,000		仕　　　　入		
❸ 6,000		消　耗　品　費		
3,221,000				3,221,000

解説 [仕訳集計表の作成方法]

❶ 入金伝票を集計した金額を現金勘定の借方に記入。
¥300,000+¥100,000+¥50,000+¥350,000
+¥50,000=¥850,000

❷ 出金伝票を集計した金額を現金勘定の貸方に記入。
¥190,000+¥30,000+¥6,000+¥250,000
+¥200,000=¥676,000

❸ 出金伝票と振替伝票（借方）の同一勘定を集計して，それぞれの借方に記入。
当座預金　(出)¥190,000+(振)¥300,000
＝¥490,000
受取手形　(振)¥400,000
売　掛　金　(振)¥600,000
支払手形　(振)¥70,000
買　掛　金　(出)¥30,000+(振)¥120,000
＝¥150,000
売　　上　(振)¥25,000
仕　　入　(出)¥250,000+(出)¥200,000
+(振)¥180,000=¥630,000
消耗品費　(出)¥6,000

❹ 入金伝票と振替伝票（貸方）の同一勘定を集計して，それぞれの貸方に記入。
当座預金　(入)¥300,000+(入)¥100,000
+(振)¥70,000=¥470,000
受取手形　(振)¥300,000
売　掛　金　(入)¥50,000+(入)¥50,000+(振)¥400,000
+(振)¥25,000=¥525,000
支払手形　(振)¥120,000
買　掛　金　(振)¥180,000
売　　上　(入)¥350,000+(振)¥600,000
＝¥950,000

15 2

仕 訳 集 計 表
令和○年/月8日

借 方	元丁	勘 定 科 目	元丁	貸 方
❶ 880,000		現　　　　金		714,000 ❷
❸ 360,000	2	当 座 預 金	2	305,000 ❹
❸ 70,000		受 取 手 形		
❸ 360,000		売 掛 金		260,000 ❹
		支 払 手 形		30,000 ❹
❸ 90,000	16	買 掛 金	16	320,000 ❹
❸ 10,000	23	売　　　　上	23	910,000 ❹
❸ 630,000		仕　　　　入		
❸ 49,000		広 告 料		
❸ 20,000		消 耗 品 費		
❸ 70,000		水 道 光 熱 費		
2,539,000				2,539,000

総 勘 定 元 帳
当 座 預 金　　2

	1,918,000		1,021,000
1/8	360,000	1/8	305,000

買 掛 金　　16

	2,550,000		3,275,000
1/8	90,000	1/8	320,000

売 上　　23

	62,000		5,133,000
1/8	10,000	1/8	910,000

解説 ❶入金伝票合計　¥130,000+¥220,000+¥60,000
+¥40,000+¥250,000+¥100,000
+¥80,000=¥880,000

❷出金伝票合計　¥160,000+¥150,000+¥5,000
+¥160,000+¥120,000+¥70,000
+¥49,000=¥714,000

❸出金伝票と振替伝票（借方）の同一勘定の合計
当座預金　出¥160,000+出¥120,000
+振¥80,000=¥360,000
受取手形　振¥70,000
売掛金　振¥360,000
買掛金　振¥30,000+振¥60,000=¥90,000
売　上　振¥10,000
仕　入　出¥150,000+出¥160,000+振¥120,000
+振¥200,000=¥630,000
広告料　出¥49,000
消耗品費　出¥5,000+振¥15,000=¥20,000
水道光熱費　出¥70,000

❹入金伝票と振替伝票（貸方）の同一勘定の合計
当座預金　入¥130,000+入¥100,000+振¥60,000
+振¥15,000=¥305,000
売掛金　入¥60,000+入¥40,000+振¥80,000
+振¥70,000+振¥10,000=¥260,000
支払手形　振¥30,000
買掛金　振¥120,000+振¥200,000=¥320,000
売　上　入¥220,000+入¥250,000+入¥80,000
+振¥360,000=¥910,000

---

15 3

仕 訳 集 計 表
令和○年/月/9日

借 方	元丁	勘 定 科 目	元丁	貸 方
❶ 1,027,400	1	現　　　　金	1	852,200 ❷
❸ 370,000		当 座 預 金		330,900 ❹
❸ 237,000		受 取 手 形		
❸ 469,000		売 掛 金		423,000 ❹
		支 払 手 形		102,000 ❹
❸ 537,000		買 掛 金		615,000 ❹
		前 受 金		220,000 ❹
		売　　　　上		1,159,000 ❹
		受 取 利 息		65,000 ❹
❸ 997,000		仕　　　　入		
❸ 48,000		広 告 料		
❸ 8,120		消 耗 品 費		
❸ 36,500		水 道 光 熱 費		
❸ 6,580		租 税 公 課		
❸ 30,000		雑　　　　費		
❸ 500		支 払 利 息		
❸ 3,767,100				3,767,100

総 勘 定 元 帳
現 金　　1

	8,765,210		4,186,210
1/19	1,027,400	1/19	852,200

解説《追加取引の仕訳》
（借）受取手形 200,000 （貸）売　上 200,000…振替伝票
（借）現　金 50,000 （貸）前受金 50,000…入金伝票

❶入金伝票合計　¥256,000+¥65,000+¥130,000
+¥270,000+¥84,000+¥15,400
+¥93,000+¥21,000+¥43,000
+¥50,000（追加取引分）=¥1,027,400

❷出金伝票合計　¥65,000+¥200,000+¥14,000
+¥326,000+¥56,000+¥8,120
+¥36,500+¥6,580+¥140,000
=¥852,200

❸出金伝票と振替伝票（借方）の同一勘定の合計
当座預金　出¥200,000+振¥170,000=¥370,000
受取手形　出¥37,000+振¥200,000（追加取引分）
=¥237,000
売掛金　出¥469,000
買掛金　出¥65,000+出¥140,000+振¥102,000
+振¥230,000=¥537,000
仕　入　出¥326,000+出¥56,000+振¥615,000
=¥997,000
広告料　振¥48,000
消耗品費　出¥8,120
水道光熱費　出¥36,500
租税公課　出¥6,580
雑　費　出¥14,000+振¥16,000=¥30,000
支払利息　振¥500

❹入金伝票と振替伝票（貸方）の同一勘定の合計
当座預金　入¥15,400+入¥21,000+振¥16,000
+振¥48,000+振¥500+振¥230,000
=¥330,900
売掛金　入¥256,000+入¥130,000+振¥37,000
=¥423,000

支払手形 ㊝ ¥102,000
買 掛 金 ㊝ ¥615,000
前 受 金 ㊉¥50,000(追加取引分)+㊝¥170,000
= ¥220,000
売 　 上 ㊉¥270,000+㊉¥84,000+㊉¥93,000
+㊉¥43,000+㊝¥469,000
+㊝¥200,000(追加取引分)=¥1,159,000
受取利息 ㊉¥65,000

15 4

a	ア	¥ 345,000 ❶	イ	¥ 2,833,000 ❷
b		¥ 3,828,000 ❸		

解説 《追加取引の仕訳》
(借)仕 入 160,000 (貸)買掛金 160,000…振替伝票
(借)買掛金 50,000 (貸)現 金 50,000…出金伝票
仕入取引はいったん全額を振替伝票に掛け取引として起票したあと，出金伝票を起票する。
❶仕訳集計表の買掛金の借方金額¥345,000
=㊥¥150,000+㊥¥50,000(追加取引分)
+㊝¥100,000+㊝¥43,000+㊝¥2,000
❷追加取引を含めたすべての伝票を合計すると¥2,833,000が求められる。
❸仕入¥3,828,000
=1月9日残高¥3,280,000+1月10日仕入増加分¥550,000−1月10日仕入減少分¥2,000

〈参考〉

仕 訳 集 計 表
令和○年/月/○日

借　　方	元丁	勘 定 科 目	元丁	貸　　方
537,000		現　　　　金		461,000
120,000		当 座 預 金		366,000
178,000		受 取 手 形		
896,000		売 　 掛 　 金		408,000
58,000		前 　 払 　 金		
55,000		支 払 手 形		143,000
345,000		買 　 掛 　 金		550,000
11,000		売　　　　上		896,000
		受 取 利 息		7,000
550,000		仕　　　　入		2,000
13,000		消 耗 品 費		
70,000		支 払 家 賃		
2,833,000				2,833,000

総合問題 2 (2) (p.50)

2—3

a	ア	¥ 1,228,000 ❶	イ	¥ 3,242,000 ❷
b		¥ 2,073,000 ❸		

解説 《追加取引の仕訳》
(借)前払金 20,000 (貸)現 金 20,000…出金伝票
(借)受取商品券 50,000 (貸)売 上 50,000…振替伝票
❶仕訳集計表の売上の貸方金額¥1,228,000
=㊉¥396,000+㊝¥374,000+㊝¥408,000
+㊝¥50,000(追加取引分)
❷追加取引を含めたすべての伝票を合計すると¥3,242,000が求められる。
❸当座預金¥2,073,000
=6月14日残高¥2,035,000+6月15日当座預金増加分¥209,000−6月15日当座預金減少分¥171,000

〈参考〉

仕 訳 集 計 表
令和○年6月/5日

借　　方	元丁	勘 定 科 目	元丁	貸　　方
704,000		現　　　　金		583,000
209,000		当 座 預 金		171,000
452,000		受 取 手 形		
782,000		売 　 掛 　 金		745,000
50,000		受 取 商 品 券		109,000
20,000		前 　 払 　 金		
208,000		買 　 掛 　 金		381,000
		売　　　　上		1,228,000
		受 取 手 数 料		12,000
		受 取 利 息		13,000
766,000		仕　　　　入		
45,000		消 耗 品 費		
6,000		雑　　　　費		
3,242,000				3,242,000

2—4

仕 訳 集 計 表
令和○年/月/7日

	借　　方	元丁	勘 定 科 目	元丁	貸　　方	
❶	843,000	1	現　　　　金	1	1,181,000	❷
❸	490,000		当 座 預 金		462,000	❹
❸	230,000		受 取 手 形			
❸	1,097,000	4	売 　 掛 　 金	4	557,000	❹
❸	653,000		買 　 掛 　 金		750,000	❹
			前 　 受 　 金		48,000	❹
❸	7,000	10	売　　　　上	10	1,097,000	❹
			受 取 手 数 料		23,000	❹
			受 取 利 息		2,000	❹
❸	750,000	18	仕　　　　入	18	13,000	❹
❸	37,000		広 　 告 　 料			
❸	18,000		消 耗 品 費			
❸	8,000		雑　　　　費			
	4,133,000				4,133,000	

— 18 —

総勘定元帳

現　金　　　　1

	借方			貸方
	4,657,000			1,899,000
1/7	843,000	1/7		1,181,000

売　掛　金　　　　4

	借方			貸方
	2,963,000			2,183,000
1/7	1,097,000	1/7		557,000

売　上　　　　10

	借方			貸方
	26,000			5,113,000
1/7	7,000	1/7		1,097,000

仕　入　　　　18

	借方			貸方
	3,917,000			18,000
1/7	750,000	1/7		13,000

解説 まず追加取引を仕訳して（ ）のなかに記入する。
(借)売掛金 200,000 （貸)売　上 200,000…振替伝票
(借)現　金 150,000 （貸)売掛金 150,000…入金伝票
(借)買掛金 150,000 （貸)現　金 150,000…出金伝票
売上取引は，いったん全額を掛け取引として振替伝票に起票したあと，入金伝票を起票する。
❶入金伝票合計 ¥170,000＋¥95,000＋¥23,000
　　　　　＋¥200,000＋¥155,000＋¥48,000
　　　　　＋¥2,000＋¥150,000（追加取引分）
　　　　　＝¥843,000
❷出金伝票合計 ¥240,000＋¥6,000＋¥490,000
　　　　　＋¥8,000＋¥65,000＋¥185,000
　　　　　＋¥37,000＋¥150,000（追加取引分）
　　　　　＝¥1,181,000
❸出金伝票と振替伝票（借方）の同一勘定の合計
　当座預金 ⊞¥490,000
　受取手形 ⊛¥230,000
　売　掛　金 ⊛¥67,000＋⊛¥830,000
　　　　　＋⊛¥200,000（追加取引分）
　　　　　＝¥1,097,000
　買　掛　金 ⊞¥240,000＋⊞¥65,000＋⊞¥185,000
　　　　　＋⊞¥150,000（追加取引分）＋⊛¥13,000
　　　　　＝¥653,000
　売　　　上 ⊛¥7,000
　仕　　　入 ⊛¥160,000＋⊛¥590,000
　　　　　＝¥750,000
　広　告　料 ⊞¥37,000
　消耗品費 ⊞¥6,000＋⊛¥12,000＝¥18,000
　雑　　　費 ⊞¥8,000
❹入金伝票と振替伝票（貸方）の同一勘定の合計
　当座預金 ⊕¥95,000＋⊕¥200,000＋⊕¥155,000
　　　　　＋⊛¥12,000＝¥462,000
　売　掛　金 ⊕¥170,000＋⊕¥150,000（追加取引分）
　　　　　＋⊛¥7,000＋⊛¥230,000＝¥557,000
　買　掛　金 ⊛¥160,000＋⊛¥590,000＝¥750,000
　前　受　金 ⊕¥48,000
　売　　　上 ⊛¥67,000＋⊛¥830,000
　　　　　＋⊛¥200,000（追加取引分）
　　　　　＝¥1,097,000
　受取手数料 ⊕¥23,000
　受取利息 ⊕¥2,000
　仕　　　入 ⊛¥13,000

---

16 特殊な手形の取引　　　(p.52)

16 1

	借　方		貸　方	
(1)	買　掛　金	210,000	受取手形❶	210,000
(2)	当座預金	315,200	受取手形	320,000
	手形売却損	4,800		
(3)	仕　　　入	420,000	受取手形	180,000
			買　掛　金	240,000
(4)	受取手形❷	160,000	売　掛　金	160,000

解説 ❶手形債権を秩父商店に譲ったので受取手形勘定の金額を減少させる。
❷約束手形を裏書譲渡された場合，受取手形勘定の金額を増加させる。

16 2

	借　方		貸　方	
奥州商店	支払手形	200,000	支払手形	200,000
	支払利息	4,000	現　　　金	4,000
北上商店	受取手形	200,000	受取手形	200,000
	現　　　金	4,000	受取利息	4,000

解説 奥州商店＝支払側，北上商店＝受取側。

16 3

	借　方		貸　方	
天童商店	手形借入金	400,000	手形借入金	406,000
	支払利息	6,000		
新庄商店	手形貸付金	406,000	手形貸付金	400,000
			受取利息	6,000

解説 天童商店は手形による借り入れなので，手形借入金とし，新庄商店は手形による貸し付けなので，手形貸付金とする。また，新手形に利息を含めていることに注意する。

16 4

	借　方		貸　方	
(1)	支払手形	300,000	支払手形	300,000
	支払利息	2,000	現　　　金	2,000
(2)	受取手形	453,900	受取手形	450,000
			受取利息	3,900

16 5

	借　方		貸　方	
(1)	不渡手形	173,000	受取手形	170,000
			現　　　金	3,000
(2)	現　　　金	173,600	不渡手形	173,000
			受取利息	600

解説 (1)所有している手形が不渡りとなったので，償還請求の諸費用とともに不渡手形勘定の借方に記入する。

(2)請求金額を回収したので，不渡手形勘定の貸方に記入する。

16|6

借 方		貸 方	
貸倒引当金	234,800	不渡手形	234,800

解説 不渡手形の代金未回収分は，貸し倒れとして処理する。貸倒引当金勘定の残高がある場合は，これでてん補する。

16|7

	借 方		貸 方	
(1)	不 渡 手 形	253,000	受 取 手 形	250,000
			現　　　金	3,000
(2)	現　　　金	390,000	不 渡 手 形	650,000
	貸倒引当金	200,000		
	貸 倒 損 失	60,000		

解説 (2)不渡手形の回収不能分のうち，設定した貸倒引当金勘定の残高を超過した分は，貸倒損失勘定（費用）で仕訳する。

検定問題 (p.55)

16|8

	借 方		貸 方	
(1)	当 座 預 金	582,000	受 取 手 形	600,000
	手形売却損	18,000		
(2)	仕　　　入	270,000	受 取 手 形	270,000
(3)	現　　　金	733,000	不 渡 手 形	732,000
			受 取 利 息	1,000
(4)	支 払 手 形	300,000	支 払 手 形	306,000
	支 払 利 息	6,000		

16|9

a	1 ❶	b	¥	2,000 ❷

解説 ❶1/19商品を売り渡したときに受け取る手形は受取手形なので，受取手形記入帳である。

❷2/8に割り引いた手形は1/19受け取りの約手＃16なので¥250,000−¥248,000＝¥2,000

16|10

a	¥	400,000 ❶	b	¥	1,000 ❷

解説 ❶当座預金出納帳2/7の残高は貸方（マイナス）¥40,000になる。2/9の入金後残高が¥360,000のため，マイナス分を考慮して入金額は¥400,000となる。

❷2/16の入金は受取手形記入帳の1/16のてん末欄と同じ取引と判断できるため，¥600,000−¥599,000＝¥1,000となる。

---

17 営業外受取手形・営業外支払手形 (p.57)

17|1

	借 方		貸 方	
(1)	営業外受取手形	1,900,000	土 　 地	1,700,000
			固定資産売却益	200,000
(2)	営業外受取手形	140,000	備 　 品	155,000
	固定資産売却損	15,000		

解説 商品売買や金銭の貸借以外の取引で約束手形を受け取ったので，営業外受取手形勘定（資産）で仕訳する。

17|2

	借 方		貸 方	
(1)	備 　 品	380,000	営業外支払手形	380,000
(2)	車両運搬具	1,600,000	現 　 金	1,000,000
			営業外支払手形	600,000

解説 商品売買や金銭の貸借以外の取引で約束手形を振り出したので，営業外支払手形勘定（負債）で仕訳する。

---

18 有価証券 (p.58)

18|1

	借 方		貸 方	
(1)	有 価 証 券	❶485,000	現 　 金	485,000
(2)	有 価 証 券	❷405,000	当 座 預 金	405,000

解説 ❶ $¥500,000 × \dfrac{¥97}{¥100} = ¥485,000$

❷ $¥80,000 × 5株 + ¥5,000 = ¥405,000$

18|2

	借 方		貸 方	
(1)	当 座 預 金	❶390,000	有 価 証 券	❷330,000
			有価証券売却益	60,000
(2)	現 　 金	680,000	有 価 証 券	720,000
	有価証券売却損	40,000		
(3)	現 　 金	❸792,000	有 価 証 券	784,000
			有価証券売却益	8,000
(4)	当 座 預 金	975,000	有 価 証 券	990,000
	有価証券売却損	15,000		

解説 ❶ $¥65,000 × 6株 = ¥390,000$（売却価額）

❷ $¥55,000 × 6株 = ¥330,000$（帳簿価額）

❸ $¥800,000 × \dfrac{¥99}{¥100} = ¥792,000$（売却価額）

— 20 —

検定問題 (p.59)

18 3

	借　　方		貸　　方	
(1)	有価証券	1,600,000	当座預金	1,600,000
(2)	有価証券	1,723,000	当座預金	1,723000
(3)	当座預金	1,580,000	有価証券	1,480,000
			有価証券売却益	100,000
(4)	当座預金	1,400,000	有価証券	1,200,000
			有価証券売却益	200,000

総合問題 3 (p.60)

3—1

	借　　方		貸　　方	
(1)	仕　　入	740,000	受取手形	400,000
			買掛金	340,000
(2)	当座預金	375,500	受取手形	380,000
	手形売却損	4,500		
(3)	手形借入金	600,000	手形借入金	609,000
	支払利息	9,000		
(4)	支払手形	390,000	支払手形	397,000
	支払利息	7,000		
(5)	受取手形	400,000	受取手形	400,000
	現　　金	2,000	受取利息	2,000
(6)	手形貸付金	816,000	手形貸付金	800,000
			受取利息	16,000
(7)	不渡手形	643,000	受取手形	640,000
			現　　金	3,000
(8)	現　　金	475,000	不渡手形	468,000
			受取利息	7,000

3—2

	借　　方		貸　　方	
(1)	貸倒引当金	200,000	不渡手形	254,000
	貸倒損失	54,000		
(2)	貸倒引当金	532,500	不渡手形	532,500
(3)	営業外受取手形	800,000	車両運搬具	750,000
			固定資産売却益	50,000
(4)	営業外支払手形	2,000,000	当座預金	2,000,000
(5)	有価証券	2,940,000	当座預金	2,940,000
(6)	当座預金	2,970,000	有価証券	2,940,000
			有価証券売却益	30,000
(7)	有価証券	1,408,000	当座預金	1,408,000
(8)	現　　金	660,000	有価証券	680,000
	有価証券売却損	20,000		

第4編 本支店会計

19 本支店間の取引 (p.62)

19 1

		借　　方		貸　　方	
(1)	本店	支　店	100,000	現　金	100,000
	支店	現　金	100,000	本　店	100,000
(2)	本店	支　店	500,000	仕　入	500,000
	支店	仕　入	500,000	本　店	500,000
(3)	本店	買掛金	200,000	支　店	200,000
	支店	本　店	200,000	現　金	200,000
(4)	本店	支　店	110,000	損　益	110,000
	支店	損　益	110,000	本　店	110,000

解説 本店の支店勘定と支店の本店勘定は，借方と貸方が反対に生じる。
(2)商品（原価）を発送したときは仕入勘定を減少させる。
(4)支店では，当期純損益を本店勘定に振り替える。

19 2

		借　　方		貸　　方	
(1)	本店	支　店	30,000	現　金	30,000
	支店	旅　費	30,000	本　店	30,000
(2)	本店	支　店	25,000	現　金	25,000
	支店	広告料	25,000	本　店	25,000
(3)	本店	仕　入	15,000	支　店	15,000
	支店	本　店	15,000	仕　入	15,000
(4)	本店	受取手形	100,000	支　店	100,000
	支店	本　店	100,000	売掛金	100,000

支　　　店				
(1)	現　金	30,000	(3) 仕　入	15,000
(2)	現　金	25,000	(4) 受取手形	100,000

本　　　店				
(3)	仕　入	15,000	(1) 旅　費	30,000
(4)	売掛金	100,000	(2) 広告料	25,000

解説 (3)返品は，仕入れたときと貸借反対の仕訳をする。
(4)本店は約束手形を受け取り，支店に対する債務が発生する。支店は売掛金が減少し，本店に対する債権が発生する。

		借 方		貸 方	
(1)	本店	支 店	1,900,000	現 金	1,000,000
				仕 入	400,000
				備 品	500,000
	支店	現 金	1,000,000	本 店	1,900,000
		仕 入	400,000		
		備 品	500,000		
(2)	本店	借入金	250,000	支 店	250,000
	支店	本 店	250,000	当座預金	250,000
(3)	本店	支 店	200,000	当座預金	200,000
	支店	買 掛 金	200,000	本 店	200,000
(4)	本店	損 益	270,000	支 店	270,000
	支店	本 店	270,000	損 益	270,000

支 店

(1) 諸 口	1,900,000	(2) 借 入 金	250,000
(3) 当座預金	200,000	(4) 損 益	270,000

本 店

(2) 当座預金	250,000	(1) 諸 口	1,900,000
(4) 損 益	270,000	(3) 買 掛 金	200,000

決算直前の支店勘定と本店勘定の一致額	¥	1,580,000

解説 (1)支店では本店に対する債務が発生する。

(2)支店は小切手を振り出したから当座預金勘定が減少し，本店に対する債権が発生する。本店は支店が借入金を支払ってくれたから借入金勘定が減少し，支店に対する債務が発生する。

検定問題 (p.65)

19 4

		借 方		貸 方	
(1)	広 告 料		180,000	現 金	300,000
	支 店	❶	120,000		
(2)	支 店		240,000	損 益	240,000
(3)	損 益		290,000	支 店	290,000
(4)	通 信 費		12,000	現 金	18,000
	支 店	❶	6,000		
(5)	現 金		280,000	支 店	280,000
(6)	仕 入		21,000	支 店	21,000
(7)	仕 入		16,000	支 店	16,000
(8)	損 益		320,000	支 店	320,000
(9)	広 告 料		108,000	現 金	150,000
	支 店	❶	42,000		

解説 ❶支店負担分は支店勘定に計上する。

20 本支店の財務諸表の合併 (p.66)

20 1

(1)

		借 方		貸 方	
本店	支 店		230,000	損 益	230,000
支店	損 益		230,000	本 店	230,000

(2)

合 併 損 益 計 算 書

宇都宮商店 令和○年/月/日から令和○年/2月3/日まで （単位：円）

費 用	金 額	収 益	金 額
（売上原価）	(3,715,000)	売 上 高	(5,489,000)
給 料	6/5,000		
広 告 料	(165,000)		
通 信 費	80,000		
貸倒引当金繰入	(30,000)		
減価償却費	(180,000)		
支 払 利 息	32,000		
（当期純利益）	(672,000)		
	(5,489,000)		(5,489,000)

合 併 貸 借 対 照 表

宇都宮商店 令和○年/2月3/日 （単位：円）

資 産		金 額	負債および純資産	金 額
現 金		(1,360,000)	買 掛 金	690,000
売 掛 金	960,000		借 入 金	800,000
貸倒引当金	48,000	9/2,000	資 本 金	(1,500,000)
（商 品）		(850,000)	（当期純利益）	(672,000)
備 品		(540,000)		
		(3,662,000)		(3,662,000)

解説 (1)支店勘定残高と本店勘定残高が一致していることを確認し，相殺する。

(2)合併財務諸表は，本店と支店の個別財務諸表の同一項目を合算して作成する。

20 2

(1)

		借 方		貸 方	
①	本店	支 店	220,000	現 金	220,000
	支店	買 掛 金	220,000	本 店	220,000
②	本店	仕訳なし			
	支店	仕 入	30,000	本 店	30,000

支 店

	540,000		
① 現 金	220,000		

本 店

			5/0,000
		① 買 掛 金	220,000
		② 仕 入	30,000

(2)

a	支店勘定残高と本店勘定残高の一致額 ¥	760,000
b	本 支 店 合 併 後 の 買 掛 金 ¥	1,020,000
c	当 期 の 売 上 原 価 ¥	1,410,000

解説（1）②の12月31日における本店側は「仕訳なし」となる。なぜなら，本店側は12月29日に商品を送付した時点で，
（借）支　店 *30,000*　（貸）仕　　入 *30,000*
の仕訳をしてあるからである。
（2）a．12月31日における本支店間の取引の仕訳を支店勘定と本店勘定に転記後の残高を求める。
　　b．12月30日の本店の買掛金¥840,000
　　　＋12月30日の支店の買掛金¥400,000
　　　－12月31日の支店の借方買掛金¥220,000
　　　＝¥1,020,000
　　c．12月30日の本店および支店の繰越商品
　　　（¥100,000＋¥50,000）＋12月30日と31日の本店および支店の仕入（¥800,000＋¥600,000＋¥30,000）－本店および支店の期末商品棚卸高（¥90,000＋¥80,000）
　　　＝¥1,410,000

20 3
(1)

		借　　　方		貸　　　方	
①	本店	支　　店	*50,000*	売 掛 金	*50,000*
	支店	現　　金	*50,000*	本　　店	*50,000*
②	本店	広 告 料	*60,000*	現　　金	*80,000*
		支　　店	*20,000*		
	支店	広 告 料	*20,000*	本　　店	*20,000*
③	本店	現　　金	*90,000*	支　　店	*90,000*
	支店	仕訳なし			

支　　　　　店

		820,000	③	現　　　金	*90,000*
①	売 掛 金	*50,000*			
②	現　　金	*20,000*			

本　　　店

					730,000
			①	現　　　金	*50,000*
			②	広 告 料	*20,000*

(2)

a	支店勘定残高と本店勘定残高の一致額 ¥	800,000
b	本 支 店 合 併 後 の 現 金 ¥	1,230,000

解説（1）③の12月31日における支店側は「仕訳なし」となる。なぜなら，支店側は12月28日の時点で仕訳をしてあるからである。
（2）a．12月31日における本支店間の取引の仕訳を支店勘定と本店勘定に転記後の残高を求める。

b．12月30日の本店の現金¥680,000 ＋ 12月30日の支店の現金¥490,000＋12月31日①の支店の借方現金¥50,000－12月31日②の本店の貸方現金¥80,000＋12月31日③の本店の借方現金¥90,000＝¥1,230,000

20 4
(1)

		借　　　方		貸　　　方	
①	本店	買 掛 金	*60,000*	支　　店	*60,000*
	支店	本　　店	*60,000*	現　　金	*60,000*
②	本店	広 告 料	*120,000*	支　　店	*120,000*
	支店	本　　店	*120,000*	当座預金	*120,000*
③	本店	仕訳なし			
	支店	仕　　入	*80,000*	本　　店	*80,000*

支　　　　　店

		710,000	①	買 掛 金	*60,000*
			②	広 告 料	*120,000*

本　　　店

①	現　　金	*60,000*			*630,000*
②	当座預金	*120,000*	③	仕　　入	*80,000*

(2)

a	支店勘定残高と本店勘定残高の一致額 ¥	530,000
b	本支店合併後の現金（アの金額） ¥	740,000
c	本支店合併後の当座預金（イの金額） ¥	2,080,000
d	本支店合併後の買掛金（ウの金額） ¥	1,300,000
e	本支店合併後の当期純利益（エの金額） ¥	660,000

解説（1）③の12月31日における本店側は「仕訳なし」となる。なぜなら，本店側は12月29日に商品を送付した時点で，
（借）支　店 *80,000*　（貸）仕　　入 *80,000*
の仕訳をしてあるからである。
（2）a．12月31日における本支店間の取引の仕訳を支店勘定と本店勘定に転記後の残高を求める。
　　b．12月30日の本店の現金¥520,000＋12月30日の支店の現金¥280,000－12月31日①の支店の貸方現金¥60,000＝¥740,000
　　c．12月30日の本店の当座預金¥1,300,000＋12月30日の支店の当座預金¥900,000－12月31日②の支店の貸方当座預金¥120,000＝¥2,080,000
　　d．12月30日の本店の買掛金¥800,000＋12月30日の支店の買掛金¥560,000－12月31日①の本店の借方買掛金¥60,000＝¥1,300,000
　　e．貸借対照表の借方合計と貸方合計の差額が当期純利益となる。

— 23 —

20 5

a	支店勘定残高と本店勘定残高の一致額	¥	678,000
b	当 期 の 売 上 原 価	¥	1,290,000

(解説) a. 12月31日における本支店間の取引の仕訳
　①本店：(借)支　店 240,000　(貸)現　金 240,000
　　支店：(借)買掛金 240,000　(貸)本　店 240,000
　②本店：仕訳なし(12月29日時点で仕訳済み)
　　支店：(借)仕　入 28,000　(貸)本　店 28,000
　上記の仕訳を支店勘定と本店勘定に転記して，支店勘定残高と本店勘定残高の一致額を求める。

支　店

	438,000		
①	240,000	(残高	678,000)

本　店

			410,000
(残高	678,000)	①	240,000
		②	28,000

b. 12月30日の本店および支店の繰越商品(¥102,000+¥49,000)+12月30日と31日の本店および支店の仕入(¥793,000+¥500,000+¥28,000)−本店および支店の期末商品棚卸高(¥98,000+¥84,000)＝¥1,290,000

20 6

a	支店勘定残高と本店勘定残高の一致額	¥	801,000
b	本 支 店 合 併 後 の 現 金	¥	403,000

(解説) a. 12月31日における本支店間の取引の仕訳
　①本店：(借)支　店 48,000　(貸)現　金 48,000
　　支店：(借)買掛金 48,000　(貸)本　店 48,000
　②本店：(借)広告料 40,000　(貸)現　金 60,000
　　　　　　　　　　　　　　　　支　店 20,000
　　支店：(借)広告料 20,000　(貸)本　店 20,000
　③本店：(借)現　金 51,000　(貸)支　店 90,000
　　　　　　　　　仕　入 39,000
　　支店：仕訳なし(12月29日時点で仕訳済み)
　上記の仕訳を支店勘定と本店勘定に転記して，支店勘定残高と本店勘定残高の一致額を求める。

支　店

	823,000	③	90,000
①	48,000	(残高	801,000)
②	20,000		

本　店

			733,000
(残高	801,000)	①	48,000
		②	20,000

b. 12月30日の本店および支店の現金(¥281,000+¥179,000)+12月31日の現金の増減(−¥48,000−¥60,000+¥51,000)＝¥403,000

21 支店相互間の取引 (p.72)

21 1

		借　　方		貸　　方	
(1)	郡山支店	本　店	80,000	現　金	80,000
	桜井支店	現　金	80,000	本　店	80,000
	本　店	桜井支店	80,000	郡山支店	80,000
(2)	新宮支店	本　店	90,000	仕　入	90,000
	白浜支店	仕　入	90,000	本　店	90,000
	本　店	白浜支店	90,000	新宮支店	90,000

(解説) 本店集中計算制度をとる場合，各支店は，相手の勘定が本店勘定になり，本店は借方，貸方ともそれぞれの支店勘定になる。

21 2

		借　　方		貸　　方	
(1)	明石支店	現　金	170,000	本　店	170,000
	尼崎支店	本　店	170,000	売掛金	170,000
	本　店	明石支店	170,000	尼崎支店	170,000
(2)	彦根支店	本　店	60,000	現　金	60,000
	近江支店	旅　費	60,000	本　店	60,000
	本　店	近江支店	60,000	彦根支店	60,000
(3)	山科支店	本　店	250,000	受取手形	250,000
	二条支店	買掛金	250,000	本　店	250,000
	本　店	二条支店	250,000	山科支店	250,000
(4)	姫路支店	買掛金	130,000	本　店	130,000
	宝塚支店	本　店	130,000	当座預金	130,000
	本　店	姫路支店	130,000	宝塚支店	130,000

(解説) (2)彦根支店は現金が減少し，近江支店は旅費が発生する。相手はそれぞれ本店と考えればよい。本店・支店は債権，債務を考える。
(3)山科支店は所有している約束手形を裏書譲渡したので受取手形が減少し，二条支店は買掛金が減少する。
(4)支店が他の支店の買掛金を支払ったとき，本店への債権が発生したとして本店勘定の借方に，他の支店は，本店への債務が発生したとして本店勘定の貸方に記入する。

21 3

		借　　方		貸　　方	
(1)	山梨支店	本　店	300,000	現　金	300,000
	静岡支店	現　金	300,000	本　店	300,000
	本　店	静岡支店	300,000	山梨支店	300,000
(2)	山梨支店	買掛金	200,000	本　店	200,000
	静岡支店	本　店	200,000	受取手形	200,000
	本　店	山梨支店	200,000	静岡支店	200,000

21 4

	借 方		貸 方	
(1)	本　　　店	120,000	当座預金	120,000
(2)	長浜支店	150,000	安土支店	150,000
(3)	現　　　金	400,000	本　　　店	400,000
(4)	旅　　　費	40,000	本　　　店	40,000
(5)	伊丹支店	70,000	京橋支店	70,000

解説 (1)天王寺支店は小切手を振り出して支払った。相手は本店。
(4)橋本支店に旅費が発生し，支払ったのは本店と考えればよい。

検定問題 (p.75)

21 5

	借 方		貸 方	
(1)	大垣支店	530,000	高山支店	530,000
(2)	仕　　　入	180,000	本　　　店	180,000
(3)	仙台支店	180,000	白石支店	180,000
(4)	高岡支店	760,000	黒部支店	760,000
(5)	本　　　店	500,000	現　　　金	500,000
(6)	長岡支店	320,000	村上支店	320,000
(7)	本　　　店	90,000	仕　　　入	90,000
(8)	現　　　金	370,000	本　　　店	370,000

総合問題 4 (p.76)

4—1

		借 方		貸 方	
(1)	大津支店	現　　金	150,000	本　　店	150,000
	本　　店	大津支店	150,000	当座預金	150,000
(2)	神戸支店	本　　店	230,000	支払手形	230,000
	本　　店	買掛金	230,000	神戸支店	230,000
(3)	大津支店	旅　　費	46,000	本　　店	46,000
	神戸支店	本　　店	46,000	現　　金	46,000
	本　　店	大津支店	46,000	神戸支店	46,000
(4)	大津支店	当座預金	400,000	本　　店	400,000
	神戸支店	本　　店	400,000	受取手形	400,000
	本　　店	大津支店	400,000	神戸支店	400,000
(5)	大津支店	損　　益	243,000	本　　店	243,000
	神戸支店	本　　店	115,000	損　　益	115,000
	本　　店	大津支店 243,000 損　　益 115,000		損　　益 243,000 神戸支店 115,000	

解説 本店集中計算制度をとる場合，各支店は，相手の勘定が本店勘定になり，本店は借方，貸方ともそれぞれの支店勘定になる。

4—2

a	本店損益計算書の広告料（アの金額）	¥ 271,000
b	本支店合併後の損益計算書の売上原価（イの金額）	¥ 7,716,000
c	支店損益計算書の売上高（ウの金額）	¥ 4,122,000
c	本支店合併後の損益計算書の当期純利益（エの金額）	¥ 1,257,000

解説 12月31日における本支店間の取引の仕訳
支店：(借)仕　　入 70,000 (貸)本　　店 70,000
a．本店の広告料＝合併後の広告料¥391,000－支店の広告料¥120,000＝¥271,000
b．合併後の売上原価（ イ ）＝本店および支店の期首商品棚卸高（¥553,000＋¥346,000）＋本店および支店の当期仕入高（¥4,932,000＋¥2,803,000＋資料ⅱ¥70,000）－本店および支店の期末商品棚卸高（¥530,000＋¥458,000）＝¥7,716,000
c．支店の売上高（ ウ ）は，支店の売上原価・雑費・受取手数料を求めたあとに，損益計算書の貸借差額として計算する。
d．合併後の当期純利益（ エ ）は，合併損益計算書の売上原価・減価償却費・売上高を求めたあとに，損益計算書の貸借差額として計算する。
合併後の減価償却費＝本店の減価償却費¥220,000＋支店の減価償却費¥160,000
＝¥380,000
合併後の売上高＝本店の売上高¥7,862,000＋支店の売上高（ ウ ）¥4,122,000
＝¥11,984,000

22 費用の繰り延べ　　　　　(p.78)

22 **1**

	借　　　　　方	貸　　　　　方
5/1	保 険 料　　72,000	当座預金　　72,000
12/31	前払保険料　24,000	保 険 料　　24,000
〃	損　　益　　48,000	保 険 料　　48,000
1/1	保 険 料　　24,000	前払保険料　24,000

保　険　料

5/1	当座預金　72,000	12/31 前払保険料 24,000
		〃　損　益 48,000
	72,000	72,000
1/1	前払保険料 24,000	

前 払 保 険 料

12/31 保 険 料 24,000	12/31 次期繰越 24,000
1/1 前期繰越 24,000	1/1 保 険 料 24,000

解説 保険料勘定：前払分¥24,000を差し引いた金額が当期の保険料となる。
次期に繰り延べた前払保険料は次期の費用になるので，次期の最初の日付で保険料勘定の借方に再振替し，転記する。
前払保険料勘定：次期繰越と前期繰越（開始記入）の記入を忘れずに行うこと。

22 **2**

	借　　　　方	貸　　　　方
決算整理仕訳	前 払 利 息　6,000	支 払 利 息　6,000
決算振替仕訳	損　　益　47,000	支 払 利 息　47,000
再振替仕訳	支 払 利 息　6,000	前 払 利 息　6,000

22 **3**

	借　　　　方	貸　　　　方	
(1)	前払保険料　63,000	保 険 料　63,000	❶
(2)	前 払 家 賃　78,000	支 払 家 賃　78,000	❷
(3)	前 払 利 息　45,000	支 払 利 息　45,000	❸

解説 ❶次期に繰り延べる金額は，翌年1月から7月までの7か月分である。

$$¥108,000 × \frac{7か月}{12か月} = ¥63,000$$

❷次期に繰り延べる金額は，翌年1月から3月までの3か月分である。

$$¥312,000 × \frac{3か月}{12か月} = ¥78,000$$

❸次期に繰り延べる金額は，翌年1月から9月までの9か月分である。

$$¥60,000 × \frac{9か月}{12か月} = ¥45,000$$

22 **4**

ア	前 払 地 代	イ	¥　21,000	ウ	支 払 地 代
エ	前 払 地 代	オ	支 払 地 代	カ	¥　21,000

解説 ア：支払高から差し引かれるものであるので，前払地代勘定になる。
エ：次期の費用になる，当期からの前払分である。（再振替仕訳）
オ：再振替仕訳から転記されたものである。

22 **5**

	借　　　　方	貸　　　　方
4/1	支 払 家 賃　168,000	現　　金　168,000
12/31	前 払 家 賃　42,000	支 払 家 賃　42,000
〃	損　　益　126,000	支 払 家 賃　126,000
1/1	支 払 家 賃　42,000	前 払 家 賃　42,000

支 払 家 賃

4/1	現 金 168,000	12/31 前払家賃 42,000
		〃　損　益 126,000
	168,000	168,000
1/1	前払家賃 42,000	

前 払 家 賃

12/31 支払家賃 42,000	12/31 次期繰越 42,000
1/1 前期繰越 42,000	1/1 支払家賃 42,000

損　　益

12/31 支払家賃 126,000	

	勘 定 科 目	金　　額
損 益 計 算 書	(支 払)家賃	¥　126,000
貸 借 対 照 表	(前 払)家賃	¥　42,000

解説 4月1日に支払った¥168,000のうち，前払分¥42,000は前払家賃勘定（資産）として貸借対照表に表示し，残りの¥126,000は支払家賃勘定（費用）として損益計算書に表示する。

検定問題　　　　　(p.80)

22 **6**

	借　　　　方	貸　　　　方	
(1)	前払保険料　161,000	保 険 料　161,000	❶
(2)	前 払 家 賃　120,000	支 払 家 賃　120,000	❷

解説 ❶次期に繰り延べる金額は，翌年1月から7月までの7か月分である。

$$¥276,000 × \frac{7か月}{12か月} = ¥161,000$$

❷次期に繰り延べる金額は，翌年1月から3月までの3か月分である。なお，支払った金額¥240,000は6か月分であることに注意する。

$$¥240,000 × \frac{3か月}{6か月} = ¥120,000$$

23 収益の繰り延べ (p.81)

23-1

	借　　方		貸　　方	
12/31	受取地代	9,000	前受地代	9,000
〃	受取地代	27,000	損　益	27,000
1/1	前受地代	9,000	受取地代	9,000

23-2

ア	前受家賃	イ	受取家賃	ウ	損　　　益
エ	¥ 80,000	オ	受取家賃	カ	前受家賃

解説 ア：受取高から差し引かれるものであるので，前受家賃勘定になる。
ウ：受取高から，前受分を差し引いた金額は，当期の収益になるので，損益勘定に振り替える。
オ：再振替仕訳から転記されたものである。
カ：次期の収益になる，当期からの前受分である。（再振替仕訳）

23-3

	借　　方		貸　　方	
決算整理仕訳	受取利息	5,000	前受利息	5,000
決算振替仕訳	受取利息	19,000	損　益	19,000
再振替仕訳	前受利息	5,000	受取利息	5,000

23-4

	借　　方		貸　　方		
(1)	受取利息	16,000	前受利息	16,000	❶
(2)	受取地代	30,000	前受地代	30,000	❷
(3)	受取利息	24,000	前受利息	24,000	

解説 ❶次期に繰り延べる金額は，翌年1月から4月までの4か月分である。

$$¥48,000 \times \frac{4か月}{12か月} = ¥16,000$$

❷次期に繰り延べる金額は，翌年1月から5月までの5か月分である。

$$¥72,000 \times \frac{5か月}{12か月} = ¥30,000$$

23-5

	借　　方		貸　　方	
4/1	現　金	180,000	受取地代	180,000
12/31	受取地代	45,000	前受地代	45,000
〃	受取地代	135,000	損　益	135,000
1/1	前受地代	45,000	受取地代	45,000

受　取　地　代

12/31	前受地代	45,000	4/1	現　金	180,000
〃	損　益	135,000			
		180,000			180,000
			1/1	前受地代	45,000

前　受　地　代

12/31	次期繰越	45,000	12/31	受取地代	45,000
1/1	受取地代	45,000	1/1	前期繰越	45,000

解説 受取地代勘定：前受分を差し引いた金額が当期の受取地代となる。
次期に繰り延べた前受地代は次期の収益になるので，次期の最初の日付で受取地代勘定の貸方に再振替し，転記する。
前受地代勘定：次期繰越と前期繰越（開始記入）の記入を忘れずに行うこと。

23-6

	借　　方		貸　　方	
9/1	現　金	24,000	受取利息	24,000
12/31	受取利息	8,000	前受利息	8,000
〃	受取利息	16,000	損　益	16,000
1/1	前受利息	8,000	受取利息	8,000

受　取　利　息

12/31	前受利息	8,000	9/1	現　金	24,000
〃	損　益	16,000			
		24,000			24,000
			1/1	前受利息	8,000

前　受　利　息

12/31	次期繰越	8,000	12/31	受取利息	8,000
1/1	受取利息	8,000	1/1	前期繰越	8,000

損　　　益

			12/31	受取利息	16,000

	勘定科目	金　額
損益計算書	（受取）利息	¥ 16,000
貸借対照表	（前受）利息	¥ 8,000

解説 9月1日に受け取った¥24,000のうち，前受分¥8,000は前受利息勘定（負債）として貸借対照表に表示し，残りの¥16,000は受取利息勘定（収益）として損益計算書に表示する。

検定問題 (p.83)

23-7

	借　　方		貸　　方	
	受取利息	30,000	前受利息	30,000

解説 次期に繰り延べる金額は，8か月分である。

$$¥45,000 \times \frac{8か月}{12か月} = ¥30,000$$

23 **8**

借　　　方		貸　　　方	
前 受 家 賃	124,000	受 取 家 賃	124,000

24 費用の見越し　　　　　　(p.84)

24 **1**

	借　　　方		貸　　　方	
12/31	支 払 家 賃	90,000	未 払 家 賃	90,000
〃	損　　益	360,000	支 払 家 賃	360,000
1/1	未 払 家 賃	90,000	支 払 家 賃	90,000
2/5	支 払 家 賃	180,000	当 座 預 金	180,000

支 払 家 賃

		270,000	12/31	損　　益	360,000
12/31	未 払 家 賃	90,000			
		360,000			360,000
2/5	当 座 預 金	180,000	1/1	未 払 家 賃	90,000

未 払 家 賃

12/31	次 期 繰 越	90,000	12/31	支 払 家 賃	90,000
1/1	支 払 家 賃	90,000	1/1	前 期 繰 越	90,000

解説 未払分（3か月分）を未払家賃勘定に計上し，それを
すでに支払ってある¥270,000に加えた金額が当期の
支払家賃となる。未払家賃勘定に計上した金額を，次
期の最初の日付で支払家賃勘定に再振替することによ
って，2月5日に家賃を支払ったとき，支払額をその
まま支払家賃勘定の借方に記入しても，すでに支払家
賃勘定の貸方に記入してある金額が当期の支払額から
差し引かれることになるので，支払家賃勘定の借方残
高が，当期の発生額をあらわすことになる。
また，未払家賃勘定の次期繰越と前期繰越（開始記入）
の記入も忘れずに行うこと。

24 **2**

	借　　　方		貸　　　方	
決算整理仕訳	支 払 利 息	31,000	未 払 利 息	31,000
決算振替仕訳	損　　益	48,000	支 払 利 息	48,000
再振替仕訳	未 払 利 息	31,000	支 払 利 息	31,000

24 **3**

	借　　　方		貸　　　方	
12/31	支 払 家 賃	12,000	未 払 家 賃	12,000
〃	損　　益	48,000	支 払 家 賃	48,000
1/1	未 払 家 賃	12,000	支 払 家 賃	12,000

24 **4**

ア	¥	12,000	イ	支 払 地 代	ウ	¥	12,000
エ	損　　益		オ	支 払 地 代	カ	未 払 地 代	

解説 エ：支払高に未払分を加えた金額が当期の費用にな
るので，損益勘定に振り替える。
オ・カ：再振替仕訳から転記されたものである。

24 **5**

	借　　　方		貸　　　方	
12/31	支 払 利 息	8,000	未 払 利 息	8,000
〃	損　　益	24,000	支 払 利 息	24,000
1/1	未 払 利 息	8,000	支 払 利 息	8,000
1/31	支 払 利 息	12,000	現　　金	12,000

支 払 利 息

		16,000	12/31	損　　益	24,000
12/31	未 払 利 息	8,000			
		24,000			24,000
1/31	現　　金	12,000	1/1	未 払 利 息	8,000

未 払 利 息

12/31	次 期 繰 越	8,000	12/31	支 払 利 息	8,000
1/1	支 払 利 息	8,000	1/1	前 期 繰 越	8,000

損　　益

12/31	支 払 利 息	24,000		

	勘 定 科 目	金　　額
損 益 計 算 書	（支　払）利息	¥　24,000
貸 借 対 照 表	（未　払）利息	¥　8,000

解説 すでに支払ってある¥16,000に2か月分の未払分
¥8,000を加えた¥24,000が当期の費用となり支払利
息勘定（費用）として損益計算書に，また，未払分は
未払利息（負債）として貸借対照表に表示する。

検定問題　　　　　　　　　　　(p.86)

24 **6**

	借　　　方		貸　　　方	
(1)	支 払 利 息	8,000	未 払 利 息	8,000
(2)	支 払 家 賃	65,000	未 払 家 賃	65,000
(3)	支 払 利 息	15,000	未 払 利 息	15,000

25 収益の見越し　　　　　　(p.87)

25 **1**

	借　　　方		貸　　　方	
12/31	未 収 手 数 料	20,000	受 取 手 数 料	20,000
〃	受 取 手 数 料	240,000	損　　益	240,000
1/1	受 取 手 数 料	20,000	未 収 手 数 料	20,000
1/15	現　　金	40,000	受 取 手 数 料	40,000

受 取 手 数 料

12/31	損　　益	240,000			220,000
			12/31	未 収 手 数 料	20,000
		240,000			240,000
1/1	未 収 手 数 料	20,000	1/15	現　　金	40,000

— 28 —

未 収 手 数 料

12/31	受取手数料	20,000	12/31	次期繰越	20,000
1/1	前期繰越	20,000	1/1	受取手数料	20,000

解説 未収分（12月分）を未収手数料勘定に計上し，すでに受け取っている*¥220,000*に加えた金額が当期の受取手数料となる。未収手数料勘定に計上した金額を，次期の最初の日付で受取手数料勘定に再振替することによって，1月15日に手数料を受け取ったとき，受取額をそのまま受取手数料勘定の貸方に記入しても，すでに受取手数料勘定の借方に記入してある金額が当期の受取額から差し引かれることになるので，受取手数料勘定の貸方残高が，当期の受取額をあらわすことになる。

25 2

	借 方		貸 方	
決算整理仕訳	未収利息	9,000	受取利息	9,000
決算振替仕訳	受取利息	27,000	損　益	27,000
再振替仕訳	受取利息	9,000	未収利息	9,000

25 3

	借 方		貸 方	
12/31	未収利息	6,000	受取利息	6,000
〃	受取利息	36,000	損　益	36,000
1/1	受取利息	6,000	未収利息	6,000

25 4

ア	未 収 地 代	イ	受 取 地 代	ウ	¥ 15,000
エ	損　益	オ	未 収 地 代	カ	受 取 地 代

解説 ア：受取高に加えられるものであるので，未収地代勘定になる。
エ：受取高に未収分を加えた金額が当期の収益になるので，損益勘定に振り替える。
オ・カ：再振替仕訳から転記されたものである。

25 5

	借 方		貸 方	
11/1	貸 付 金	500,000	現　金	500,000
12/31	未 収 利 息	4,000	受 取 利 息	4,000
〃	受 取 利 息	4,000	損　益	4,000
1/1	受 取 利 息	4,000	未 収 利 息	4,000
10/31	現　金	524,000	貸 付 金 受 取 利 息	500,000 24,000

受 取 利 息

12/31	損　益	4,000	12/31	未 収 利 息	4,000
1/1	未 収 利 息	4,000	10/31	現　金	24,000

未 収 利 息

12/31	受 取 利 息	4,000	12/31	次 期 繰 越	4,000
1/1	前 期 繰 越	4,000	1/1	受 取 利 息	4,000

損　　益

			12/31 受取利息	4,000

	勘 定 科 目	金　額
損 益 計 算 書	（受　取）利息	¥　4,000
貸 借 対 照 表	（未　収）利息	¥　4,000

解説 2か月分の*¥4,000*が未収分であり未収利息勘定（資産）として貸借対照表に，また，同時にその金額が当期の収益となり，受取利息勘定（収益）として損益計算書に表示する。

検定問題　　　　　　　　　　（p.89）

25 6

借 方		貸 方	
未 収 利 息	28,000	受 取 利 息	28,000

25 7

借 方		貸 方	
受 取 家 賃	250,000	未 収 家 賃	250,000

解説 前期末の決算で見越し計上した未収高*¥250,000*を，当期首に再振替する。
【前期末時（決算整理仕訳）】
（借）未収家賃 250,000 （貸）受取家賃 250,000
【当期首時（再振替仕訳）】
（借）受取家賃 250,000 （貸）未収家賃 250,000

26 有価証券の評価　　　　　（p.90）

26 1

		借 方		貸 方		
(1)		有 価 証 券	1,360,000	当 座 預 金	1,360,000	
(2)	①	有価証券評価損	60,000	有 価 証 券	60,000	❶
	②	有 価 証 券	40,000	有価証券評価益	40,000	❷

解説 有価証券を所有する場合，決算時において帳簿価額と市場価格（時価）との差額が生じた場合は，評価損であれば，有価証券評価損勘定（費用）で仕訳し，同時に有価証券勘定の貸方に記入する。また，評価益であれば，有価証券評価益勘定（収益）で仕訳し，同時に有価証券勘定の借方に記入する。
❶有価証券評価損＝（*¥68,000*－*¥65,000*）×20株
　　　　　　　　＝*¥60,000*
❷有価証券評価益＝（*¥70,000*－*¥68,000*）×20株
　　　　　　　　＝*¥40,000*

26 2

	借 方		貸 方		
12/31	有 価 証 券	120,000	有価証券評価益	120,000	❶
〃	有価証券評価益	120,000	損　益	120,000	

有価証券

		800,000	12/31	次 期 繰 越	*920,000* ❷
12/31	有価証券評価益	*120,000*			
		920,000			*920,000*
1/1	前 期 繰 越	*920,000*			

有価証券評価益

12/31	損 益	*120,000*	12/31	有 価 証 券	*120,000*

解説 ❶有価証券評価益＝(¥92,000 − ¥80,000)×10株
　　　　　　　　　　　＝¥120,000
　　　　❷有価証券の取得原価¥800,000に評価益¥120,000
　　　　を加えた¥920,000を次期に繰り越す。

26 3

	借　　方		貸　　方		
10/2	有 価 証 券	*4,900,000*	当 座 預 金	*4,900,000*	
12/31	有価証券評価損	*100,000*	有 価 証 券	*100,000*	❶
〃	損　　益	*100,000*	有価証券評価損	*100,000*	

有 価 証 券

10/2	当 座 預 金	*4,900,000*	12/31	有価証券評価損	*100,000*
			〃	次 期 繰 越	*4,800,000* ❷
		4,900,000			*4,900,000*
1/1	前 期 繰 越	*4,800,000*			

有価証券評価損

12/31	有 価 証 券	*100,000*	12/31	損 益	*100,000*

損　　益

12/31	有価証券評価損	*100,000*		

解説 ❶有価証券評価損＝(¥98 − ¥96)× $\frac{¥5,000,000}{¥100}$

　　　　　　　　　　　　＝¥100,000
　　　　❷有価証券の取得原価¥4,900,000から，評価損
　　　　¥100,000を差し引いた¥4,800,000を次期に繰り
　　　　越す。

26 4

	借　　方		貸　　方		
(1)	有 価 証 券	*180,000*	有価証券評価益	*180,000*	
(2)	有価証券評価損	*90,000*	有 価 証 券	*90,000*	

検定問題　　　　　　　　　　　(p.91)

26 5

	借　　方		貸　　方		
	有 価 証 券	*105,000*	有価証券評価益	*105,000*	

解説 有価証券評価益＝(¥6,500×300株)−¥1,845,000
　　　　　　　　　　＝¥105,000

27 減価償却（間接法）　　　(p.92)

27 1

	借　　方		貸　　方		
(1)	減価償却費	*30,000*	備　　品	*30,000*	
(2)	減価償却費	*30,000*	備品減価償却累計額	*30,000*	

27 2

	借　　方		貸　　方		
12/31	減価償却費	*200,000*	備品減価償却累計額	*200,000*	❶

備　　品

		1,200,000	12/31	次 期 繰 越	*1,200,000* ❷
1/1	前 期 繰 越	*1,200,000*			

備品減価償却累計額

❸ 12/31	次 期 繰 越	*200,000*	12/31	減価償却費	*200,000*
			1/1	前 期 繰 越	*200,000*

減 価 償 却 費

12/31	備品減価償却累計額	*200,000*	12/31	損 益	*200,000*

備品の帳簿価額	¥	*1,000,000*	❹

解説 ❶減価償却費＝¥1,200,000÷6年＝¥200,000
　　　　❷備品勘定は取得原価¥1,200,000のまま次期に繰
　　　　り越すことになる。
　　　　❸当期の減価償却費¥200,000を備品減価償却累計
　　　　額勘定の貸方に記入して，次期に繰り越す。
　　　　❹期末時点の帳簿価額は，取得原価から備品減価償
　　　　却累計額勘定を差し引くことによって求められる。

27 3

	借　　方		貸　　方		
1/1	建　　物	*5,000,000*	当 座 預 金	*5,000,000*	
12/31	減価償却費	*250,000*	建物減価償却累計額	*250,000*	
〃	損　　益	*250,000*	減価償却費	*250,000*	

建　　物

1/1	当 座 預 金	*5,000,000*	12/31	次 期 繰 越	*5,000,000*
1/1	前 期 繰 越	*5,000,000*			

建物減価償却累計額

12/31	次 期 繰 越	*250,000*	12/31	減価償却費	*250,000*
			1/1	前 期 繰 越	*250,000*

減 価 償 却 費

12/31	建物減価償却累計額	*250,000*	12/31	損 益	*250,000*

27 4

第 1 期	第 2 期	第 3 期
¥ 9,000,000	¥ 6,750,000	¥ 5,062,500

解説 定率法による毎期の減価償却費＝未償却残高×償却率
　　　　第1期…¥9,000,000＝¥36,000,000×0.25
　　　　第2期…¥6,750,000＝(¥36,000,000 − ¥9,000,000)
　　　　　　　　　×0.25
　　　　第3期…¥5,062,500＝(¥36,000,000 − ¥9,000,000
　　　　　　　　　− ¥6,750,000)×0.25

27 5

	第 1 期	第 2 期	第 3 期	
定額法	¥ 200,000	¥ 200,000	¥ 200,000	❶
定率法	¥ 400,000	¥ 300,000	¥ 225,000	❷

解説 ❶定額法による毎期の減価償却費＝$\dfrac{\text{取得原価}－\text{残存価額}}{\text{耐用年数}}$

$¥200,000＝\dfrac{¥1,600,000－¥0}{8年}$

❷定率法による毎期の減価償却費＝未償却残高×償却率

第1期…$¥400,000＝¥1,600,000×0.25$

第2期…$¥300,000＝(¥1,600,000－¥400,000)$
$×0.25$

第3期…$¥225,000＝(¥1,600,000－¥400,000$
$－¥300,000)×0.25$

検定問題 (p.94)

27 6

(1)

借　　方		貸　　方	
減価償却費	225,000	備品減価償却累計額	225,000 ❶

(2)

備品減価償却累計額

❷12/31	次期繰越	525,000	1/1	前期繰越	300,000
			12/31	減価償却費	225,000
		525,000			525,000
			1/1	前期繰越	525,000

解説 ❶減価償却費＝$(¥1,200,000－¥300,000)×0.25$
$＝¥225,000$

❷備品減価償却累計額の前期繰越高$¥300,000$は前期までの減価償却費の合計なので，当期分の$¥225,000$を加えた金額を次期に繰り越す。

27 7

(1)

借　　方		貸　　方	
減価償却費	350,000	備品減価償却累計額	350,000 ❶

(2)

備品減価償却累計額	¥	1,050,000 ❷
備品の帳簿価額	¥	1,750,000 ❸

解説 ❶減価償却費＝$(¥2,800,000－¥0)÷8年$
$＝¥350,000$

❷備品減価償却累計額$¥700,000$は前期までの減価償却費の合計なので，当期分の$¥350,000$を加えた金額が，期末の残高となる。

❸備品勘定の残高は取得原価をあらわしているので，備品減価償却累計額の残高を差し引くことにより，備品の期末帳簿価額が求められる。

27 8

(1)

借　　方		貸　　方	
減価償却費	392,000	建物減価償却累計額	200,000 ❶
		備品減価償却累計額	192,000

(2)

備品減価償却累計額

❷12/31	次期繰越	432,000	1/1	前期繰越	240,000
			12/31	減価償却費	192,000
		432,000			432,000
			1/1	前期繰越	432,000

解説 ❶建物の減価償却費＝$(¥4,000,000－¥0)÷20年$
$＝¥200,000$

備品の減価償却費＝$(¥1,200,000－¥240,000)$
$×0.2＝¥192,000$

❷備品減価償却累計額勘定の前期繰越$¥240,000$は，前期までの減価償却費の合計なので，当期分の$¥192,000$を加えた金額を次期に繰り越す。

27 9

(1)

借　　方		貸　　方	
減価償却費	552,000	備品減価償却累計額	552,000 ❶

(2)

備品減価償却累計額	¥	1,472,000 ❷
備品の帳簿価額	¥	828,000 ❸

解説 ❶減価償却費＝$(¥2,300,000－¥920,000)×0.4$
$＝¥552,000$

❷備品減価償却累計額$¥920,000$は前期までの減価償却費の合計なので，当期分の$¥552,000$を加えた金額が，期末の残高となる。

❸備品勘定の残高は取得原価をあらわしているので，備品減価償却累計額の残高を差し引くことにより，備品の期末帳簿価額が求められる。

28 郵便切手などの未使用分 (p.96)

28 1

	借　　方		貸　　方	
10/20	通信費	90,000	現金	90,000
12/31	貯蔵品	12,000	通信費	12,000
〃	損益	78,000	通信費	78,000
1/1	通信費	12,000	貯蔵品	12,000

通信費

10/20	現金	90,000	12/31	貯蔵品	12,000
			〃	損益	78,000
		90,000			90,000
1/1	貯蔵品	12,000			

貯蔵品

12/31	通信費	12,000	12/31	次期繰越	12,000
1/1	前期繰越	12,000	1/1	通信費	12,000

28 2

ア	損益	イ	貯蔵品	ウ	¥	29,000

解説 ア：買入高から，未使用分を差し引いたものを当期の費用として損益勘定に振り替える。

イ：再振替仕訳から転記されたものである。

28 3

	借 方		貸 方	
11/15	租税公課	15,000	現 金	15,000
12/31	貯 蔵 品	6,000	租税公課	6,000
〃	損 益	9,000	租税公課	9,000
1/1	租税公課	6,000	貯 蔵 品	6,000

租 税 公 課

11/15 現 金	15,000	12/31 貯 蔵 品	6,000
		〃 損 益	9,000
	15,000		15,000
1/1 貯 蔵 品	6,000		

貯 蔵 品

12/31 租税公課	6,000	12/31 次期繰越	6,000
1/1 前期繰越	6,000	1/1 租税公課	6,000

損 益

12/31 租税公課	9,000	

	勘 定 科 目	金 額
損益計算書	租 税 公 課	¥ 9,000
貸借対照表	貯 蔵 品	¥ 6,000

解説 11/15に購入した¥15,000のうち，未使用分の¥6,000を貯蔵品勘定（資産）として貸借対照表に表示し，残りの¥9,000を租税公課勘定（費用）として損益計算書に表示する。

検定問題 (p.97)

28 4

	借 方		貸 方	
(1)	貯 蔵 品	29,000	通 信 費	29,000
(2)	貯 蔵 品	43,000	租税公課	43,000

総合問題 5 (1) (p.98)

5—1

	借 方		貸 方	
(1)	前払保険料	20,000	保 険 料	20,000
(2)	未収利息	13,000	受取利息	13,000
(3)	受取地代	40,000	前受地代	40,000
(4)	支払家賃	60,000	未払家賃	60,000

5—2

	借 方		貸 方	
a	貸倒引当金繰入	99,000	貸倒引当金	99,000
b	有価証券評価損	30,000	有価証券	30,000
c	減価償却費	300,000	備品減価償却累計額	300,000

5—3

	借 方		貸 方		
a	貸倒引当金繰入	8,000	貸倒引当金	8,000	❶
b	減価償却費	200,000	備品減価償却累計額	200,000	❷
c	有価証券	60,000	有価証券評価益	60,000	❸
d	前払保険料	6,000	保険料	6,000	❹
e	受取地代	32,000	前受地代	32,000	❺
f	支払家賃	50,000	未払家賃	50,000	
g	未収利息	14,000	受取利息	14,000	❻
h	貯蔵品	13,000	通信費	13,000	

解説 ❶貸倒引当金の設定は，
$$¥1,300,000 × 0.02 − ¥18,000 = ¥8,000$$
❷減価償却費$= \dfrac{¥1,200,000 − ¥0}{6(年)}$
$= ¥200,000$
❸有価証券評価益$= (¥65,000 × 20株) − ¥1,240,000$
$= ¥60,000$
❹次期に繰り延べる金額は，翌年1月から3月までの3か月分である。
$$¥24,000 × \dfrac{3か月}{12か月} = ¥6,000$$
❺次期に繰り延べる金額は，翌年1月から4月までの4か月分である。
$$¥96,000 × \dfrac{4か月}{12か月} = ¥32,000$$
❻当期の収益として見越し計上する金額は，8か月分である。
$$¥21,000 × \dfrac{8か月}{12か月} = ¥14,000$$

5—4

損 益 計 算 書				貸 借 対 照 表			
費 用		収 益		資 産		負 債	
保 険 料	¥ 60,000	受取手数料	¥ 175,000	前払保険料	¥ 84,000	前受手数料	¥ 35,000
支払利息	¥ 30,000	受取家賃	¥ 360,000	未収家賃	¥ 90,000	未払利息	¥ 10,000
租税公課	¥ 75,000			貯蔵品	¥ 15,000		

29 精算表 (p.100)

29 1

(1)

	借 方		貸 方	
a	仕　　入	430,000	繰越商品	430,000
	繰越商品	295,000	仕　　入	295,000
b	貸倒引当金繰入	13,500	貸倒引当金	13,500
c	減価償却費	130,000	備品減価償却累計額	130,000
d	前払保険料	10,000	保 険 料	10,000
e	貯 蔵 品	18,000	通 信 費	18,000
f	支払利息	6,000	未払利息	6,000

(2)

精　算　表

令和○年/2月3/日

勘定科目	残高試算表 借方	残高試算表 貸方	整理記入 借方	整理記入 貸方	損益計算書 借方	損益計算書 貸方	貸借対照表 借方	貸借対照表 貸方
現　　　　金	1,545,000						1,545,000	
売　　掛　　金	1,950,000						1,950,000	
貸 倒 引 当 金		6,000		❶ 13,500				19,500
繰 越 商 品	430,000		295,000	430,000			295,000	
備　　　　品	780,000						780,000	
備品減価償却累計額		260,000		130,000				390,000 ❷
買　　掛　　金		1,157,000						1,157,000
借　　入　　金		420,000						420,000
資　　本　　金		2,500,000						2,500,000
売　　　　上		4,440,000				4,440,000		
受 取 手 数 料		32,000				32,000		
仕　　　　入	3,360,000		430,000	295,000	3,495,000 ❸			
給　　　　料	465,000				465,000			
支 払 家 賃	210,000				210,000			
通　　信　　費	31,000			18,000	13,000			
保　　険　　料	24,000			10,000	14,000			
雑　　　　費	2,000				2,000			
支 払 利 息	18,000		6,000		24,000			
貸倒引当金繰入			13,500		13,500			
減 価 償 却 費			130,000		130,000			
前 払 保 険 料			10,000				10,000	
貯　　蔵　　品			18,000				18,000	
未 払 利 息				6,000				6,000
（当期純利益）					105,500			105,500
	8,8/5,000	8,8/5,000	902,500	902,500	4,472,000	4,472,000	4,598,000	4,598,000

解説 ❶ 売掛金残高¥1,950,000×0.01−¥6,000
　　＝¥13,500
❷ ¥260,000＋¥130,000＝¥390,000
❸ ¥3,360,000＋¥430,000−¥295,000
　　＝¥3,495,000

精　算　表

令和○年/2月3/日

勘定科目	残高試算表 借方	残高試算表 貸方	整理記入 借方	整理記入 貸方	損益計算書 借方	損益計算書 貸方	貸借対照表 借方	貸借対照表 貸方
現　　　　　金	576,000						576,000	
当 座 預 金		45,000	45,000					
売 掛 金	2,100,000						2,100,000	
貸 倒 引 当 金		29,000		13,000				42,000
繰 越 商 品	850,000		770,000	850,000			770,000	
備　　　　　品	450,000						450,000	
備品減価償却累計額		135,000		45,000				180,000
買 掛 金		415,000						415,000
資 本 金		3,200,000	205,000					2,995,000
引 出 金	205,000			205,000				
売 上		5,730,000				5,730,000		
受 取 利 息		20,000				20,000		
仕 入	4,800,000		850,000	770,000	4,880,000 ❶			
給 料	307,000				307,000			
支 払 家 賃	162,000		54,000		216,000			
保 険 料	72,000			18,000	54,000			
租 税 公 課	52,000			15,000	37,000			
	9,574,000	9,574,000						
貸倒引当金繰入			13,000		13,000			
減 価 償 却 費			45,000		45,000			
前 払 保 険 料			18,000				18,000	
未 払 家 賃				54,000				54,000
貯 蔵 品			15,000				15,000	
当 座 借 越				45,000				45,000
当 期 純 利 益					198,000			198,000
			2,015,000	2,015,000	5,750,000	5,750,000	3,929,000	3,929,000

解説 決算整理仕訳は，次のとおりである。

a. (借)仕　　　入 850,000　(貸)繰越商品 850,000
　　　 繰越商品 770,000　　　仕　　　入 770,000
b. (借)貸倒引当金繰入 13,000　(貸)貸倒引当金 13,000
c. (借)減価償却費 45,000　(貸)備品減価償却累計額 45,000
d. (借)前払保険料 18,000　(貸)保　険　料 18,000
e. (借)支払家賃 54,000　(貸)未払家賃 54,000
f. (借)貯 蔵 品 15,000　(貸)租税公課 15,000
g. (借)当座預金 45,000　(貸)当座借越 45,000
h. (借)資 本 金 205,000　(貸)引 出 金 205,000

❶ ¥4,800,000 + ¥850,000 − ¥770,000
　 = ¥4,880,000

(1)

精　算　表

令和○年12月31日

勘定科目	残高試算表 借方	残高試算表 貸方	整理記入 借方	整理記入 貸方	損益計算書 借方	損益計算書 貸方	貸借対照表 借方	貸借対照表 貸方
現　　　金	293,000						293,000	
当 座 預 金	461,000						461,000	
売 掛 金	462,000						462,000	
貸 倒 引 当 金		22,000		❶ 1,100				23,100
有 価 証 券	710,000		20,000				730,000	
繰 越 商 品	485,000		510,000	485,000			510,000	
前 払 金	75,000						75,000	
備　　　品	300,000						300,000	
備品減価償却累計額		120,000		60,000				❷ 180,000
買 掛 金		520,000						520,000
借 入 金		280,000						280,000
資 本 金		1,500,000						1,500,000
売　　　上		4,340,000				4,340,000		
受 取 手 数 料		60,000		20,000		80,000		
仕　　　入	3,475,000		485,000	510,000	3,450,000 ❸			
給　　　料	231,000				231,000			
発 送 費	47,000				47,000			
支 払 家 賃	210,000			70,000	140,000			
保 険 料	48,000				48,000			
消 耗 品 費	13,000				13,000			
支 払 利 息	32,000				32,000			
	6,842,000	6,842,000						
貸倒引当金繰入			1,100		1,100			
減 価 償 却 費			60,000		60,000			
有価証券評価益				❹ 20,000		20,000		
前 払 家 賃			70,000				70,000	
未 収 手 数 料			20,000				20,000	
当 期 純 利 益					417,900			417,900
			1,166,100	1,166,100	4,440,000	4,440,000	2,921,000	2,921,000

(2)

貸 倒 引 当 金			4
12/31 次期繰越	23,100		22,000
		12/31 貸倒引当金繰入	1,100
	23,100		23,100

支 払 家 賃			18
	210,000	12/31 前払家賃	70,000
		〃　　損　　益	140,000
	210,000		210,000

解説 決算整理仕訳は，次のとおりである。

a. (借)仕　　入 485,000　(貸)繰越商品 485,000
　　　繰越商品 510,000　　(貸)仕　　入 510,000
b. (借)貸倒引当金繰入 1,100　(貸)貸倒引当金 1,100
c. (借)減価償却費 60,000　(貸)備品減価償却累計額 60,000
d. (借)有価証券 20,000　(貸)有価証券評価益 20,000
e. (借)前払家賃 70,000　(貸)支払家賃 70,000
f. (借)未収手数料 20,000　(貸)受取手数料 20,000

❶売掛金残高¥462,000×0.05－¥22,000
　＝¥1,100
❷¥120,000＋¥60,000＝¥180,000
❸¥3,475,000＋¥485,000－¥510,000
　＝¥3,450,000
❹有価証券評価益
　¥73,000×10株－¥710,000＝¥20,000

精 算 表

令和○年/2月3/日

勘定科目	残高試算表 借方	残高試算表 貸方	整理記入 借方	整理記入 貸方	損益計算書 借方	損益計算書 貸方	貸借対照表 借方	貸借対照表 貸方
現 金	264,000						264,000	
当 座 預 金	990,000						990,000	
売 掛 金	1,280,000						1,280,000	
貸 倒 引 当 金		6,000		❶ 19,600				25,600
有 価 証 券	350,000			25,000			325,000	
繰 越 商 品	417,000		435,000	417,000			435,000	
備 品	600,000						600,000	
備品減価償却累計額		300,000		100,000				❷ 400,000
買 掛 金		593,000						593,000
資 本 金		3,050,000						3,050,000
売 上		4,490,000				4,490,000		
受 取 手 数 料		60,000	15,000			45,000		
仕 入	3,617,000		417,000	435,000	3,599,000 ❸			
給 料	872,000				872,000			
支 払 家 賃	48,000				48,000			
保 険 料	36,000			3,000	33,000			
雑 費	25,000				25,000			
	8,499,000	8,499,000						
貸倒引当金繰入			19,600		19,600			
減 価 償 却 費			100,000		100,000			
有価証券評価損			❹ 25,000		25,000			
前 払 保 険 料			3,000				3,000	
前 受 手 数 料				15,000				15,000
当 期 純 損 失						186,600	186,600	
			1,014,600	1,014,600	4,721,600	4,721,600	4,083,600	4,083,600

解説 決算整理仕訳は，次のとおりである。

a. (借)仕 入 417,000 (貸)繰越商品 417,000
　 繰越商品 435,000 (貸)仕 入 435,000
b. (借)貸倒引当金繰入 19,600 (貸)貸倒引当金 19,600
c. (借)減価償却費 100,000 (貸)備品減価償却累計額 100,000
d. (借)有価証券評価損 25,000 (貸)有価証券 25,000
e. (借)前払保険料 3,000 (貸)保険料 3,000
f. (借)受取手数料 15,000 (貸)前受手数料 15,000

❶売掛金残高 ¥1,280,000×0.02 − ¥6,000
　 = ¥19,600
❷¥300,000 + ¥100,000 = ¥400,000
❸¥3,617,000 + ¥417,000 − ¥435,000
　 = ¥3,599,000
❹有価証券評価損
　 ¥350,000 − ¥32,500×10株 = ¥25,000

精　算　表

令和○年/2月3/日

勘定科目	残高試算表 借方	残高試算表 貸方	整理記入 借方	整理記入 貸方	損益計算書 借方	損益計算書 貸方	貸借対照表 借方	貸借対照表 貸方
現　　　　金	1,205,000						1,205,000	
当 座 預 金	2,406,000						2,406,000	
受 取 手 形	600,000						600,000	
売 掛 金	800,000						800,000	
貸 倒 引 当 金		8,000		6,000				14,000
有 価 証 券	1,300,000			100,000			1,200,000	
繰 越 商 品	520,000		650,000	520,000			650,000	
貸 付 金	1,000,000						1,000,000	
備　　　　品	1,600,000						1,600,000	
備品減価償却累計額		700,000		225,000				925,000
土　　　　地	2,000,000						2,000,000	
支 払 手 形		659,000						659,000
買 掛 金		1,690,000						1,690,000
資 本 金		8,000,000						8,000,000
売　　　　上		7,411,000				7,411,000		
受 取 地 代		156,000	12,000			144,000		
受 取 利 息		25,000		5,000		30,000		
仕　　　　入	5,560,000		520,000	650,000	5,430,000			
給　　　　料	539,000		49,000		588,000			
広 告 料	349,000				349,000			
支 払 家 賃	540,000				540,000			
保 険 料	166,000			80,000	86,000			
租 税 公 課	28,000			3,000	25,000			
雑　　　　費	36,000				36,000			
	18,649,000	18,649,000						
貸倒引当金繰入			6,000		6,000			
減 価 償 却 費			225,000		225,000			
有価証券評価(損)			100,000		100,000			
貯 蔵 品			3,000				3,000	
前 払 保 険 料			80,000				80,000	
前 受 地 代				12,000				12,000
(未 収) 利 息			5,000				5,000	
未 払 給 料				49,000				49,000
当 期 純(利 益)					200,000			200,000
			1,650,000	1,650,000	7,585,000	7,585,000	11,549,000	11,549,000

解説 決算整理事項の仕訳

a. (借)仕　　　入 520,000　(貸)繰越商品 520,000
　　　繰越商品 650,000　　　　仕　　　入 650,000
b. (借)貸倒引当金繰入 6,000　(貸)貸倒引当金 6,000
　　(¥600,000+¥800,000)×0.01−¥8,000=¥6,000
c. (借)減価償却費 225,000　(貸)備品減価償却累計額 225,000
d. (借)有価証券評価損 100,000　(貸)有価証券 100,000
　　¥1,300,000−¥48,000×25株=¥100,000
e. (借)貯 蔵 品 3,000　(貸)租税公課 3,000
f. (借)前払保険料 80,000　(貸)保 険 料 80,000

$$¥96,000×\frac{10か月}{12か月}=¥80,000$$

g. (借)受取地代 12,000　(貸)前受地代 12,000
h. (借)未収利息 5,000　(貸)受取利息 5,000
i. (借)給　　　料 49,000　(貸)未払給料 49,000

30 1

		借	方		貸	方	
決算整理仕訳	a	仕 入	420,000	繰越商品	420,000	
		繰越商品	490,000	仕 入	490,000	
	b	貸倒引当金繰入	24,000	貸倒引当金	24,000	
	c	減価償却費	56,000	備品減価償却累計額	56,000	
	d	支払家賃	20,000	未払家賃	20,000	
	e	貯蔵品	13,000	租税公課	13,000	

	借	方		貸	方	
決算振替仕訳	売 上	3,500,000	損 益	3,565,000	❶
	受取利息	65,000			
	損 益	2,627,000	仕 入	2,330,000	
			支払家賃	120,000	
			租税公課	97,000	❷
			貸倒引当金繰入	24,000	
			減価償却費	56,000	
	損 益	938,000	資 本 金	938,000	❸

総勘定元帳（一部）

貸 倒 引 当 金   3

12/31 次 期 繰 越	30,000			6,000
		12/31 貸倒引当金繰入	24,000
	30,000			30,000

繰 越 商 品   4

1/1 前 期 繰 越	420,000	12/31 仕 入	420,000
12/31 仕 入	490,000	〃 次 期 繰 越	490,000
	910,000		910,000

備品減価償却累計額   6

12/31 次 期 繰 越	168,000	1/1 前 期 繰 越	112,000
		12/31 減価償却費	56,000
	168,000		168,000

資 本 金   9

12/31 次 期 繰 越	2,938,000	1/1 前 期 繰 越	2,000,000
		12/31 損 益	938,000
	2,938,000		2,938,000

売 上   10

12/31 損 益	3,500,000		3,500,000

受 取 利 息   11

12/31 損 益	65,000		65,000

仕 入   12

		2,400,000	12/31 繰越商品	490,000
12/31 繰越商品	420,000	〃 損 益	2,330,000
	2,820,000		2,820,000

支 払 家 賃   13

		100,000	12/31 損 益	120,000
12/31 未 払 家 賃	20,000		
	120,000		120,000

租 税 公 課   14

		110,000	12/31 貯 蔵 品	13,000
			〃 損 益	97,000
	110,000		110,000

貸倒引当金繰入   15

12/31 貸倒引当金	24,000	12/31 損 益	24,000

減 価 償 却 費   16

12/31 備品減価償却累計額	56,000	12/31 損 益	56,000

未 払 家 賃   17

12/31 次 期 繰 越	20,000	12/31 支払家賃	20,000

貯 蔵 品   18

12/31 租税公課	13,000	12/31 次 期 繰 越	13,000

損 益   29

12/31 仕 入	2,330,000	12/31 売 上	3,500,000
〃 支 払 家 賃	120,000	〃 受 取 利 息	65,000
〃 租 税 公 課	97,000		
〃 貸倒引当金繰入	24,000		
〃 減価償却費	56,000		
〃 資 本 金	938,000		
	3,565,000		3,565,000

解説 ❶収益勘定の残高を，損益勘定の貸方に振り替える。
❷費用勘定の残高を，損益勘定の借方に振り替える。
❸損益勘定の貸借差額 ¥938,000 は，当期純利益であり，資本金勘定の貸方に振り替える。

30 2

		借	方		貸	方	
決算整理仕訳	a	仕 入	860,000	繰越商品	860,000	
		繰越商品	1,430,000	仕 入	1,430,000	
	b	貸倒引当金繰入	24,000	貸倒引当金	24,000	
	c	減価償却費	50,000	備品減価償却累計額	50,000	
	d	有価証券評価損	80,000	有価証券	80,000	
	e	受取手数料	56,000	前受手数料	56,000	
	f	貯蔵品	79,000	租税公課	79,000	
	g	支払家賃	120,000	未払家賃	120,000	
決算振替仕訳		売 上	8,520,000	損 益	8,856,000	
		受取手数料	336,000			
		損 益	8,308,000	仕 入	6,468,000	
				給 料	1,107,000	
				租税公課	99,000	
				支払家賃	480,000	
				貸倒引当金繰入	24,000	
				減価償却費	50,000	
				有価証券評価損	80,000	
		損 益	548,000	資 本 金	548,000	

総勘定元帳

現　金　　1

	8,012,000		5,867,000
		12/31 次期繰越	2,145,000
	8,012,000		8,012,000

売　掛　金　　2

	5,965,000		2,365,000
		12/31 次期繰越	3,600,000
	5,965,000		5,965,000

貸倒引当金　　3

12/31 次期繰越	72,000		48,000
		12/31 貸倒引当金繰入	24,000
	72,000		72,000

有　価　証　券　　4

	1,240,000	12/31 有価証券評価損	80,000
		〃　次期繰越	1,160,000
	1,240,000		1,240,000

繰　越　商　品　　5

	860,000	12/31 仕　入	860,000
12/31 仕　入	1,430,000	〃　次期繰越	1,430,000
	2,290,000		2,290,000

備　品　　6

	400,000	12/31 次期繰越	400,000

備品減価償却累計額　　7

12/31 次期繰越	100,000		50,000
		12/31 減価償却費	50,000
	100,000		100,000

買　掛　金　　8

	2,680,000		6,598,000
12/31 次期繰越	3,918,000		
	6,598,000		6,598,000

資　本　金　　9

12/31 次期繰越	4,548,000		4,000,000
		12/31 損　益	548,000
	4,548,000		4,548,000

売　上　　10

	75,000		8,595,000
12/31 損　益	8,520,000		
	8,595,000		8,595,000

受　取　手　数　料　　11

12/31 前受手数料	56,000		392,000
〃　損　益	336,000		
	392,000		392,000

仕　入　　12

	7,096,000		58,000
12/31 繰越商品	860,000	12/31 繰越商品	1,430,000
		〃　損　益	6,468,000
	7,956,000		7,956,000

給　料　　13

	1,107,000	12/31 損　益	1,107,000

租　税　公　課　　14

	178,000	12/31 貯蔵品	79,000
		〃　損　益	99,000
	178,000		178,000

支　払　家　賃　　15

	360,000	12/31 損　益	480,000
12/31 未払家賃	120,000		
	480,000		480,000

貸倒引当金繰入　　16

12/31 貸倒引当金	24,000	12/31 損　益	24,000

減価償却費　　17

12/31 備品減価償却累計額	50,000	12/31 損　益	50,000

有価証券評価損　　18

12/31 有価証券	80,000	12/31 損　益	80,000

前受手数料　　19

12/31 次期繰越	56,000	12/31 受取手数料	56,000

貯　蔵　品　　20

12/31 租税公課	79,000	12/31 次期繰越	79,000

未　払　家　賃　　21

12/31 次期繰越	120,000	12/31 支払家賃	120,000

損　益　　22

12/31 仕　入	6,468,000	12/31 売　上	8,520,000
〃　給　料	1,107,000	〃　受取手数料	336,000
〃　租税公課	99,000		
〃　支払家賃	480,000		
〃　貸倒引当金繰入	24,000		
〃　減価償却費	50,000		
〃　有価証券評価損	80,000		
〃　資本金	548,000		
	8,856,000		8,856,000

繰　越　試　算　表

令和○年12月31日

借　方	勘　定　科　目	貸　方
2,145,000	現　　金	
3,600,000	売　掛　金	
	貸　倒　引　当　金	72,000
1,160,000	有　価　証　券	
1,430,000	繰　越　商　品	
400,000	備　　品	
	備品減価償却累計額	100,000
	買　掛　金	3,918,000
	資　本　金	4,548,000
	前　受　手　数　料	56,000
79,000	貯　蔵　品	
	未　払　家　賃	120,000
8,814,000		8,814,000

解説 繰越試算表は，資産・負債・資本に属する勘定の次期繰越の金額から作成し，貸借合計額の一致は，各勘定の次期繰越額の計算記録が正確であることを意味する。

30 3

仕　訳　帳　　5

令和○年	摘　要	元丁	借　方	貸　方
	決算仕訳			
12 31	仕　入	12	1,370,000	
	繰越商品	4		1,370,000
	期首商品棚卸高の振り替え			
〃	繰越商品	4	980,000	
	仕　入	12		980,000
	期末商品棚卸高の振り替え			
〃	貸倒引当金繰入	16	129,500	
	貸倒引当金	3		129,500
	貸倒引当金の計上			
〃	減価償却費	17	370,000	
	備品減価償却累計額	6		370,000
	減価償却費の計上			
〃	支払利息	15	15,000	
	未払利息	18		15,000
	利息未払高の計上			
〃	前払保険料	19	36,000	
	保険料	14		36,000
	保険料前払高の計上			
〃	売　上	10	10,745,000	
	受取手数料	11	264,000	
	損　益	20		11,009,000
	収益の各勘定を損益勘定に振り替え			
〃	損　益	20	10,319,500	
	仕　入	12		8,110,000
	給　料	13		1,470,000
	保険料	14		180,000
	支払利息	15		60,000
	貸倒引当金繰入	16		129,500
	減価償却費	17		370,000
	費用の各勘定を損益勘定に振り替え			
〃	損　益	20	689,500	
	資本金	9		689,500
	当期純(利益)を資本金勘定に振り替え			
			24,918,500	24,918,500

総　勘　定　元　帳

現　金　1

	7,371,500		2,944,000
		12/31 次期繰越	4,427,500
	7,371,500		7,371,500

売　掛　金　2

	6,300,000		2,420,000
		12/31 次期繰越	3,880,000
	6,300,000		6,300,000

貸倒引当金　3

12/31 次期繰越	194,000		64,500
		12/31 貸倒引当金繰入	129,500
	194,000		194,000

繰越商品　4

	1,370,000	12/31 仕　入	1,370,000
12/31 仕　入	980,000	〃 次期繰越	980,000
	2,350,000		2,350,000

備　品　5

	1,850,000	12/31 次期繰越	1,850,000

備品減価償却累計額　6

12/31 次期繰越	1,110,000		740,000
		12/31 減価償却費	370,000
	1,110,000		1,110,000

買　掛　金　7

	1,903,000		5,788,000
12/31 次期繰越	3,885,000		
	5,788,000		5,788,000

借　入　金　8

12/31 次期繰越	1,200,000		1,200,000

資　本　金　9

12/31 次期繰越	4,769,500		4,080,000
		12/31 損　益	689,500
	4,769,500		4,769,500

売　上　10

	436,000		11,181,000
12/31 損　益	10,745,000		
	11,181,000		11,181,000

受取手数料　11

12/31 損　益	264,000		264,000

仕　入　12

	7,885,000		165,000
12/31 繰越商品	1,370,000	12/31 繰越商品	980,000
		〃 損　益	8,110,000
	9,255,000		9,255,000

給　料　13

	1,470,000	12/31 損　益	1,470,000

保　険　料　14

	216,000	12/31 前払保険料	36,000
		〃 損　益	180,000
	216,000		216,000

支　払　利　息　15

	45,000	12/31 損　益	60,000
12/31 未払利息	15,000		
	60,000		60,000

貸倒引当金繰入　16

12/31 貸倒引当金	129,500	12/31 損　益	129,500

減価償却費　17

12/31 備品減価償却累計額	370,000	12/31 損　益	370,000

未　払　利　息　18

12/31 次期繰越	15,000	12/31 支払利息	15,000

前払保険料　19

12/31 保険料	36,000	12/31 次期繰越	36,000

損 益　　　20

12/31 仕　　入	8,110,000	12/31 売　　上	10,745,000
〃　給　　料	1,470,000	〃　受取手数料	264,000
〃　保　険　料	180,000		
〃　支　払　利　息	60,000		
〃　貸倒引当金繰入	129,500		
〃　減価償却費	370,000		
〃　資　本　金	689,500		
	11,009,000		11,009,000

繰　越　試　算　表
令和○年/2月3/日

借　　方	勘　定　科　目	貸　　方
4,427,500	現　　　　　金	
3,880,000	売　　掛　　金	
	貸　倒　引　当　金	194,000
980,000	繰　越　商　品	
1,850,000	備　　　　　品	
	備品減価償却累計額	1,110,000
	買　　掛　　金	3,885,000
	借　　入　　金	1,200,000
	資　　本　　金	4,769,500
	未　払　利　息	15,000
36,000	前　払　保　険　料	
11,173,500		11,173,500

31　損益計算書・貸借対照表の作成　(p.112)

31 1
損　益　計　算　書
金沢商店　令和○年/月/日から令和○年/2月3/日まで　（単位:円）

費　　用	金　　額	収　　益	金　　額
売　上　原　価	4,764,000	売　上　高	6,135,000
給　　　料	1,200,000	受取手数料	570,000
広　告　料	700,000	受　取　利　息	20,000

31 2
貸　借　対　照　表
福井商店　令和○年/2月3/日　（単位:円）

資　　産	金　　額	負債および純資産	金　　額
現　　金	758,500	支　払　手　形	755,000
当座預金	1,335,000	（買　掛　金）	1,700,000
売掛金 (3,150,000)		（前受手数料）	195,000
（貸倒引当金）(31,500)	3,118,500	（未　払　家　賃）	90,000
有価証券	990,000	資　本　金	5,000,000
（商　品）	600,000	（当期純利益）	289,000
（前払保険料）	27,000		
（備　品）(1,800,000)			
減価償却累計額(600,000)	1,200,000		
	8,029,000		8,029,000

31 3
(1)

	借　　方		貸　　方	
①	仮　受　金	110,000	前　受　金	110,000

(2)

	借　　方		貸　　方		
a	仕　　入	1,060,000	繰越商品	1,060,000	
	繰越商品	1,120,000	仕　　入	1,120,000	
b	貸倒引当金繰入	25,000	貸倒引当金	25,000	❶
c	減価償却費	320,000	備品減価償却累計額	320,000	❷
d	有価証券	90,000	有価証券評価益	90,000	❸
e	貯　蔵　品	21,000	通　信　費	21,000	
f	前払保険料	24,000	保　険　料	24,000	❹
g	支払家賃	120,000	未払家賃	120,000	

(3)
損　益　計　算　書
大阪商店　令和○年/月/日から令和○年/2月3/日まで　（単位:円）

費　　用	金　　額	収　　益	金　　額
売　上　原　価	13,840,000	売　上　高	17,650,000
給　　　料	1,580,000	受取手数料	410,000
（貸倒引当金繰入）	25,000	（有価証券評価益）	90,000
（減価償却費）	320,000		
支　払　家　賃	1,440,000		
保　険　料 ❺	72,000		
通　信　費 ❻	57,000		
雑　　費	113,000		
（当期純利益）	703,000		
	18,150,000		18,150,000

貸　借　対　照　表
大阪商店　令和○年/2月3/日　（単位:円）

資　　産	金　　額	負債および純資産	金　　額
現　　金	523,000	支　払　手　形	730,000
当座預金	2,558,000	買　掛　金	870,000
受取手形 (900,000)		（前　受　金）	110,000
貸倒引当金(27,000)	873,000	従業員預り金	340,000
売掛金 (1,200,000)		（未　払　家　賃）	120,000
貸倒引当金(36,000)	1,164,000	資　本　金	6,000,000
有価証券 ❼	1,950,000	（当期純利益）	703,000
商　　品	1,120,000		
（貯蔵品）	21,000		
（前払保険料）	24,000		
備　品 (1,600,000)			
減価償却累計額(960,000)	640,000		
❽	8,873,000		8,873,000

— 41 —

解説 ❶(受取手形残高¥900,000＋売掛金残高¥1,200,000)
　　×0.03－¥38,000＝¥25,000
❷(¥1,600,000－¥0)÷5(年)＝¥320,000
❸¥65,000×30株－¥1,860,000＝¥90,000
❹¥72,000×$\frac{4か月}{12か月}$＝¥24,000
❺保険料¥96,000－決算整理事項f.¥24,000
　＝¥72,000
❻通信費¥78,000－決算整理事項e.¥21,000
　＝¥57,000
❼有価証券¥1,860,000＋決算整理事項d.¥90,000
　＝¥1,950,000
❽備品減価償却累計額¥640,000＋決算整理事項c.
　¥320,000＝¥960,000

31 4

貸 借 対 照 表

岡山商店　　令和○年/2月3/日　　(単位:円)

資　産	金　額	負債および純資産	金　額
現　　　金	2,924,000	支 払 手 形	650,000
受取手形(1,250,000)		買　掛　金	2,795,000
貸倒引当金(25,000)	1,225,000	(当座借越)	300,000
売　掛　金(2,800,000)		前　受　金	200,000
貸倒引当金(56,000)	2,744,000	(未払家賃)	204,000
有 価 証 券	1,160,000	資　本　金	5,600,000
商　　　品	1,728,000	(当期純利益)	394,000
(貯蔵品)	23,000		
(前払保険料)	39,000		
備　　品(1,200,000)			
減価償却累計額(900,000)	300,000		
	10,143,000		10,143,000

解説 〈付記事項〉
①(借)現　　金 160,000 (貸)売 掛 金 160,000
〈決算整理事項〉
a.(借)仕　　入 1,620,000 (貸)繰越商品 1,620,000
　　　繰越商品 1,728,000 　　　仕　　入 1,728,000
b.(借)貸倒引当 72,000 (貸)貸倒引当金 72,000
　　　金繰入
　(¥1,250,000＋¥2,960,000－¥160,000)×0.02
　－¥9,000＝¥72,000
c.(借)減価償却費 150,000 (貸)備品減価 150,000
　　　　　　　　　　　　償却累計額
　(¥1,200,000－¥0)÷8年＝¥150,000
d.(借)有価証券 40,000 (貸)有価証券 40,000
　　　　　　　　　　　　評価益
　¥29,000×40株－¥1,120,000＝¥40,000
e.(借)貯 蔵 品 23,000 (貸)租税公課 23,000
f.(借)前払保険料 39,000 (貸)保 険 料 39,000
　¥156,000×$\frac{3か月}{12か月}$＝¥39,000
g.(借)支払家賃 204,000 (貸)未払家賃 204,000
h.(借)当座預金 300,000 (貸)当座借越 300,000

31 5

損 益 計 算 書

福島商店 令和○年/月/日から令和○年/2月3/日まで　(単位:円)

費　用	金　額	収　益	金　額
売 上 原 価	8,116,000	売 上 高	10,717,000
給　　料	740,000	(受取利息)	87,000
(貸倒引当金繰入)	2,000		
(減価償却費)	270,000		
支 払 家 賃	650,000		
保 険 料	72,000		
(租税公課)	124,000		
雑　　費	76,000		
支 払 利 息	87,000		
(有価証券評価損)	120,000		
(当期純利益)	547,000		
	10,804,000		10,804,000

解説 〈付記事項〉
①(借)当座預金 200,000 (貸)受取手形 200,000
〈決算整理事項〉
a.(借)仕　　入 750,000 (貸)繰越商品 750,000
　　　繰越商品 770,000 　　　仕　　入 770,000
b.(借)貸倒引当 2,000 (貸)貸倒引当金 2,000
　　　金繰入
　(¥1,500,000＋¥2,400,000－¥200,000)×0.01
　－¥35,000＝¥2,000
c.(借)減価償却費 270,000 (貸)備品減価 270,000
　　　　　　　　　　　　償却累計額
　(¥1,920,000－¥840,000)×0.25＝¥270,000
d.(借)有価証券 120,000 (貸)有価証券 120,000
　　　評価損
　¥1,800,000－¥56,000×30株＝¥120,000
e.(借)貯 蔵 品 14,000 (貸)租税公課 14,000
f.(借)前払保険料 54,000 (貸)保 険 料 54,000
　¥72,000×$\frac{9か月}{12か月}$＝¥54,000
g.(借)支払利息 5,000 (貸)未払利息 5,000

検定問題 (p.118)

31 6

貸 借 対 照 表

九州商店　　令和○年/2月3/日　　(単位:円)

資　産	金　額	負債および純資産	金　額
現　　　金	593,000	支 払 手 形	1,210,000
当 座 預 金	2,156,000	買　掛　金	1,300,000
受取手形(1,200,000)		借　入　金	900,000
貸倒引当金(24,000)	1,176,000	(従業員預り金)	230,000
売　掛　金(1,650,000)		(未払家賃)	76,000
貸倒引当金(33,000)	1,617,000	資　本　金	5,500,000
有 価 証 券	1,980,000	(当期純利益)	403,000
商　　　品	1,320,000		
(貯蔵品)	29,000		
(前払保険料)	208,000		
備　　品(1,280,000)			
減価償却累計額(740,000)	540,000		
	9,619,000		9,619,000

解説 〈付記事項〉

①(借)売 上 30,000 (貸)売 掛 金 30,000

〈決算整理事項〉

a.(借)仕 入 1,040,000 (貸)繰越商品 1,040,000
　　　繰越商品 1,320,000 　　仕 入 1,320,000

b.(借)貸倒引当金繰入 52,000 (貸)貸倒引当金 52,000
　(¥1,200,000＋¥1,680,000−¥30,000)×0.02−¥5,000
　　＝¥52,000

c.(借)減価償却費 180,000 (貸)備品減価償却累計 180,000
　(¥1,280,000−¥560,000)×0.25＝¥180,000

d.(借)有価証券 60,000 (貸)有価証券評価益 60,000
　¥66,000×30株−¥1,920,000＝¥60,000

e.(借)貯蔵品 29,000 (貸)通信費 29,000

f.(借)前払保険料 208,000 (貸)保険料 208,000

$$¥312,000×\frac{8か月}{12か月}＝¥208,000$$

g.(借)支払家賃 76,000 (貸)未払家賃 76,000

31 7

損 益 計 算 書

山陽商店　令和○年/月/日から令和○年/2月3/日まで　(単位：円)

費　用	金　額	収　益	金　額
売 上 原 価	12,410,000	売 上 高	17,200,000
給 　料	2,328,000	受取手数料	193,000
(貸倒引当金繰入)	41,000	(受取利息)	14,000
(減価償却費)	675,000	(有価証券評価益)	60,000
支 払 家 賃	708,000		
保 険 料	233,000		
租 税 公 課	53,000		
雑 　費	37,000		
(当期純利益)	982,000		
	17,467,000		17,467,000

解説 〈付記事項〉

①(借)仮受金 160,000 (貸)売 掛 金 160,000

〈決算整理事項〉

a.(借)仕 入 1,240,000 (貸)繰越商品 1,240,000
　　　繰越商品 1,370,000 　　仕 入 1,370,000

b.(借)貸倒引当金繰入 41,000 (貸)貸倒引当金 41,000
　(¥1,400,000＋¥1,760,000−¥160,000)×0.02
　　−¥19,000＝¥41,000

c.(借)減価償却費 675,000 (貸)備品減価償却累計額 675,000
　(¥3,600,000−¥900,000)×0.25＝¥675,000

d.(借)有価証券 60,000 (貸)有価証券評価益 60,000
　¥53,000×30株−¥1,530,000＝¥60,000

e.(借)貯蔵品 26,000 (貸)租税公課 26,000

f.(借)前払保険料 39,000 (貸)保険料 39,000

$$¥234,000×\frac{2か月}{12か月}＝¥39,000$$

g.(借)未収利息 14,000 (貸)受取利息 14,000

31 8

損 益 計 算 書

福岡商店　令和○年/月/日から令和○年/2月3/日まで　(単位：円)

費　用	金　額	収　益	金　額
売 上 原 価	6,993,000	売 上 高	10,780,000
給 　料	2,130,000	有価証券売却益	90,000
(貸倒引当金繰入)	29,000	(有価証券評価益)	60,000
(減価償却費)	80,000		
発 送 費	232,000		
支 払 家 賃	780,000		
保 険 料	151,000		
(通 信 費)	68,000		
雑 　費	93,000		
(支 払 利 息)	24,000		
(当期純利益)	350,000		
	10,930,000		10,930,000

貸 借 対 照 表

福岡商店　令和○年/2月3/日　(単位：円)

資　産	金　額	負債および純資産	金　額
現　金	903,000	支 払 手 形	925,000
当 座 預 金	2,191,000	買 掛 金	1,539,000
受取手形 (1,400,000)		(借 入 金)	800,000
貸倒引当金 (14,000)	1,386,000	(未 払 利 息)	8,000
売 掛 金 (2,300,000)		資 本 金	6,000,000
貸倒引当金 (23,000)	2,277,000	(当期純利益)	350,000
(有価証券)	1,980,000		
(商 品)	317,000		
貯 蔵 品	23,000		
(前払保険料)	65,000		
備 品 (1,200,000)			
減価償却累計額 (720,000)	480,000		
	9,622,000		9,622,000

解説 〈付記事項〉

①(借)当座預金 78,000 (貸)売 掛 金 78,000

〈決算整理事項〉

a.(借)仕 入 281,000 (貸)繰越商品 281,000
　　　繰越商品 317,000 　　仕 入 317,000

b.(借)貸倒引当金繰入 29,000 (貸)貸倒引当金 29,000
　(¥1,400,000＋¥2,378,000−¥78,000)×0.01
　　−¥8,000＝¥29,000

c.(借)減価償却費 80,000 (貸)備品減価償却累計額 80,000
　(¥1,200,000−¥0)÷15年＝¥80,000

d.(借)有価証券 60,000 (貸)有価証券評価益 60,000
　¥33,000×60株−¥1,920,000＝¥60,000

e.(借)貯蔵品 23,000 (貸)通信費 23,000

f.(借)前払保険料 65,000 (貸)保険料 65,000

$$¥156,000×\frac{5か月}{12か月}＝¥65,000$$

g.(借)支払利息 8,000 (貸)未払利息 8,000

損　益　計　算　書

東北商店　令和○年/月/日から令和○年/2月3/日まで　（単位：円）

費　　用	金　　額	収　　益	金　　額
売 上 原 価	14,882,000	売 上 高	21,980,000
給 　 料	5,280,000	受取手数料	196,000
（貸倒引当金繰入）	36,000		
（減価償却費）	350,000		
支 払 家 賃	780,000		
保 険 料	183,000		
租 税 公 課	54,000		
雑 　 費	96,000		
支 払 利 息	45,000		
（有価証券評価損）	60,000		
（当期純利益）	410,000		
	22,176,000		22,176,000

貸　借　対　照　表

東北商店　令和○年/2月3/日　（単位：円）

資　　産	金　額	負債および純資産	金　額
現 　 金	694,000	支 払 手 形	1,570,000
当 座 預 金	2,560,000	買 掛 金	1,851,000
受取手形（ 1,800,000）		借 入 金	1,500,000
貸倒引当金（ 18,000）	1,782,000	従業員預り金	140,000
売 掛 金（ 2,700,000）		（未払家賃）	65,000
貸倒引当金（ 27,000）	2,673,000	資 本 金	7,000,000
有 価 証 券	1,280,000	（当期純利益）	410,000
商 　 品	1,720,000		
（貯 蔵 品）	32,000		
（前払保険料）	45,000		
備 　 品（ 2,800,000）			
減価償却累計額（ 1,050,000）	1,750,000		
	12,536,000		12,536,000

解説〈付記事項〉

①（借）仮 受 金 260,000　（貸）売 掛 金 260,000

〈決算整理事項〉

a.（借）仕 入 1,470,000　（貸）繰越商品 1,470,000
　　　　繰越商品 1,720,000　　　仕 入 1,720,000

b.（借）貸倒引当金繰入 36,000　（貸）貸倒引当金 36,000
　　（¥1,800,000＋¥2,960,000−¥260,000）×0.01
　　−¥9,000＝¥36,000

c.（借）減価償却費 350,000　（貸）備品減価償却累計額 350,000
　　（¥2,800,000−¥0）÷8年＝¥350,000

d.（借）有価証券評価損 60,000　（貸）有価証券 60,000
　　¥1,340,000−¥6,400×200株＝¥60,000

e.（借）貯 蔵 品 32,000　（貸）租税公課 32,000

f.（借）前払保険料 45,000　（貸）保 険 料 45,000
$$¥180,000×\frac{3か月}{12か月}＝¥45,000$$

g.（借）支払家賃 65,000　（貸）未払家賃 65,000

5—5

(1)

	借　　　方		貸　　　方	
①	当 座 預 金	50,000	受取手数料	50,000

(2)

	借　　　方		貸　　　方		
a	仕 　 入	287,000	繰 越 商 品	287,000	
	繰 越 商 品	312,000	仕 　 入	312,000	
b	貸倒引当金繰入	7,500	貸 倒 引 当 金	7,500	❶
c	減 価 償 却 費	225,000	備品減価償却累計額	225,000	❷
d	有価証券評価損	215,000	有 価 証 券	215,000	❸
e	前 払 保 険 料	7,000	保 険 料	7,000	❹
f	支 払 家 賃	56,000	未 払 家 賃	56,000	
g	貯 蔵 品	18,000	租 税 公 課	18,000	

(3)

総　勘　定　元　帳

損　　　　　益　　　　　31

12/31	仕 入 ❺	3,600,000	12/31 売 上	4,800,000	
〃	給 料	385,000	〃 受取手数料	92,000	
〃	広 告 料	116,000	〃 （資 本 金）	121,500	
〃	（貸倒引当金繰入）	7,500			
〃	（減価償却費）	225,000			
〃	支 払 家 賃 ❻	336,000			
〃	保 険 料 ❼	26,000			
〃	租 税 公 課 ❽	19,000			
〃	雑 費	52,000			
〃	支 払 利 息	32,000			
〃	（有価証券評価損）	215,000			
		5,013,500		5,013,500	

(4)

<table>
<tr><th colspan="3">繰 越 試 算 表</th></tr>
<tr><th colspan="3">令和○年/2月3/日</th></tr>
<tr><th>借　　方</th><th>勘　定　科　目</th><th>貸　　方</th></tr>
<tr><td>345,000</td><td>現　　　　　金</td><td></td></tr>
<tr><td>1,330,000</td><td>当　座　預　金</td><td></td></tr>
<tr><td>1,750,000</td><td>売　　掛　　金</td><td></td></tr>
<tr><td></td><td>貸 倒 引 当 金</td><td>52,500</td></tr>
<tr><td>❾ 580,000</td><td>有　価　証　券</td><td></td></tr>
<tr><td>312,000</td><td>繰　越　商　品</td><td></td></tr>
<tr><td>18,000</td><td>（ 貯　蔵　品 ）</td><td></td></tr>
<tr><td>7,000</td><td>（ 前 払 保 険 料 ）</td><td></td></tr>
<tr><td>1,200,000</td><td>備　　　　　品</td><td></td></tr>
<tr><td></td><td>備品減価償却累計額</td><td>❿ 525,000</td></tr>
<tr><td></td><td>支　払　手　形</td><td>595,000</td></tr>
<tr><td></td><td>買　　掛　　金</td><td>635,000</td></tr>
<tr><td></td><td>借　　入　　金</td><td>800,000</td></tr>
<tr><td></td><td>（ 未 払 家 賃 ）</td><td>56,000</td></tr>
<tr><td></td><td>資　　本　　金</td><td>⓫ 2,878,500</td></tr>
<tr><td>5,542,000</td><td></td><td>5,542,000</td></tr>
</table>

解説 ❶売掛金残高（¥4,950,000 − ¥3,200,000）× 0.03
= ¥52,500
¥52,500 − 貸倒引当金残高（¥75,000 − ¥30,000）
= ¥7,500
❷（¥1,200,000 − ¥300,000）× 0.25 = ¥225,000
❸¥795,000 − （時価）¥580,000 = ¥215,000
❹¥21,000 × $\frac{4か月}{12か月}$ = ¥7,000
❺（¥3,660,000 − ¥35,000）+ ¥287,000 = ¥312,000
= ¥3,600,000
❻支払家賃¥280,000 + 決算整理事項f.¥56,000
= ¥336,000
❼保険料¥33,000 − 決算整理事項e.¥7,000 = ¥26,000
❽租税公課¥37,000 − 決算整理事項g.¥18,000
= ¥19,000
❾有価証券¥795,000 − 決算整理事項d.¥215,000
= ¥580,000
❿備品減価償却累計額¥300,000 + 決算整理事項c.
¥225,000 = ¥525,000
⓫資本金¥3,000,000 −（当期純損失）¥121,500
= ¥2,878,500

5—6

(1)

<table>
<tr><th colspan="2">借　　　　方</th><th colspan="2">貸　　　　方</th></tr>
<tr><td>①</td><td>仮　受　金　　230,000</td><td>売　掛　金</td><td>230,000</td></tr>
</table>

(2)

<table>
<tr><th></th><th colspan="2">借　　　方</th><th colspan="2">貸　　　方</th></tr>
<tr><td rowspan="2">a</td><td>仕　　入</td><td>1,840,000</td><td>繰 越 商 品</td><td>1,840,000</td></tr>
<tr><td>繰 越 商 品</td><td>1,680,000</td><td>仕　　入</td><td>1,680,000</td></tr>
<tr><td>b</td><td>貸倒引当金繰入</td><td>54,000</td><td>貸倒引当金</td><td>54,000 ❶</td></tr>
<tr><td>c</td><td>減価償却費</td><td>600,000</td><td>備品減価償却累計額</td><td>600,000 ❷</td></tr>
<tr><td>d</td><td>有価証券評価損</td><td>320,000</td><td>有価証券</td><td>320,000 ❸</td></tr>
<tr><td>e</td><td>前払保険料</td><td>42,000</td><td>保険料</td><td>42,000 ❹</td></tr>
<tr><td>f</td><td>支払利息</td><td>45,000</td><td>未払利息</td><td>45,000</td></tr>
<tr><td>g</td><td>貯蔵品</td><td>40,000</td><td>通信費</td><td>40,000</td></tr>
</table>

(3)

<table>
<tr><th colspan="4">損 益 計 算 書</th></tr>
<tr><th colspan="4">中国商店 令和○年/月/日から令和○年/2月3/日まで</th></tr>
<tr><th>費　　用</th><th>金　　額</th><th>収　　益</th><th>金　　額</th></tr>
<tr><td>売 上 原 価</td><td>13,580,000</td><td>売 上 高</td><td>18,074,000</td></tr>
<tr><td>給　　料</td><td>1,680,000</td><td>受取手数料</td><td>380,000</td></tr>
<tr><td>（貸倒引当金繰入）</td><td>54,000</td><td></td><td></td></tr>
<tr><td>（減価償却費）</td><td>600,000</td><td></td><td></td></tr>
<tr><td>支 払 家 賃</td><td>912,000</td><td></td><td></td></tr>
<tr><td>保 険 料 ❺</td><td>30,000</td><td></td><td></td></tr>
<tr><td>通 信 費 ❻</td><td>160,000</td><td></td><td></td></tr>
<tr><td>雑　　費</td><td>14,000</td><td></td><td></td></tr>
<tr><td>支 払 利 息 ❼</td><td>159,000</td><td></td><td></td></tr>
<tr><td>（有価証券評価損）</td><td>320,000</td><td></td><td></td></tr>
<tr><td>（当期純利益）</td><td>945,000</td><td></td><td></td></tr>
<tr><td></td><td>18,454,000</td><td></td><td>18,454,000</td></tr>
</table>

<table>
<tr><th colspan="4">貸 借 対 照 表</th></tr>
<tr><th colspan="2">中国商店</th><th colspan="2">令和○年/2月3/日</th></tr>
<tr><th>資　　産</th><th>金　額</th><th>負債および純資産</th><th>金　額</th></tr>
<tr><td>現　金</td><td>1,690,000</td><td>買 掛 金</td><td>1,840,000</td></tr>
<tr><td>当座預金</td><td>4,598,000</td><td>借 入 金</td><td>3,210,000</td></tr>
<tr><td>受取手形 （2,320,000）</td><td></td><td>従業員預り金</td><td>116,000</td></tr>
<tr><td>貸倒引当金（ 116,000）</td><td>2,204,000</td><td>（未 払 利 息）</td><td>45,000</td></tr>
<tr><td>売 掛 金 （1,960,000）</td><td></td><td>資 本 金</td><td>12,000,000</td></tr>
<tr><td>貸倒引当金（ 98,000）</td><td>1,862,000</td><td>（当期純利益）</td><td>945,000</td></tr>
<tr><td>有価証券 ❽</td><td>4,240,000</td><td></td><td></td></tr>
<tr><td>（商　品）</td><td>1,680,000</td><td></td><td></td></tr>
<tr><td>（貯蔵品）</td><td>40,000</td><td></td><td></td></tr>
<tr><td>（前払保険料）</td><td>42,000</td><td></td><td></td></tr>
<tr><td>備　品 （3,600,000）</td><td></td><td></td><td></td></tr>
<tr><td>減価償却累計額（1,800,000）</td><td>1,800,000</td><td></td><td></td></tr>
<tr><td>❾</td><td>18,156,000</td><td></td><td>18,156,000</td></tr>
</table>

解説 ❶ (受取手形残高 ¥2,320,000 + 売掛金残高
¥2,190,000 − 付記事項① ¥230,000) × 0.05
− ¥160,000 = ¥54,000

❷ (¥3,600,000 − ¥0) ÷ 6(年) = ¥600,000

❸ ¥4,560,000 − ¥53,000 × 80株 = ¥320,000

❹ ¥72,000 × $\dfrac{7か月}{12か月}$ = ¥42,000

❺ 保険料 ¥72,000 − 決算整理事項e. ¥42,000
= ¥30,000

❻ 通信費 ¥200,000 − 決算整理事項g. ¥40,000
= ¥160,000

❼ 支払利息 ¥114,000 + 決算整理事項f. ¥45,000
= ¥159,000

❽ 有価証券 ¥4,560,000 − 決算整理事項d. ¥320,000
= ¥4,240,000

❾ 備品減価償却累計額 ¥1,200,000 + 決算整理事項c.
¥600,000 = ¥1,800,000

第6編 株式会社の記帳

32 株式会社の設立と株式の発行 (p.128)

32 1

	借　方	貸　方
(1)	当座預金 10,000,000	資　本　金 10,000,000
(2)	当座預金 12,000,000	資　本　金 12,000,000
(3)	当座預金 30,000,000	資　本　金 21,000,000 資本準備金 9,000,000
(4)	当座預金 7,000,000	資　本　金 7,000,000
(5)	当座預金 32,000,000	資　本　金 16,000,000 資本準備金 16,000,000

解説 資本金に計上しない額は, 資本準備金勘定で仕訳する。

(1)資本金　¥50,000 × 200株 = ¥10,000,000
(2)資本金　¥60,000 × 200株 = ¥12,000,000
(3)資本金に計上しない額は, 資本準備金勘定の増加とする。
　当座預金(払込金)
　¥100,000 × 300株 = ¥30,000,000
　資本金　¥70,000 × 300株 = ¥21,000,000
　資本準備金　¥30,000 × 300株 = ¥9,000,000
(4)資本金　¥70,000 × 100株 = ¥7,000,000
(5)資本金　¥40,000 × 400株 = ¥16,000,000
　資本準備金　¥40,000 × 400株 = ¥16,000,000

32 2

	借　方	貸　方
(1)	創　立　費 400,000	当座預金 400,000
(2)	開　業　費 300,000	当座預金 300,000
(3)	株式交付費 300,000	当座預金 300,000

解説 (1)会社設立に要した諸費用は, 創立費勘定で仕訳する。
(2)開業準備に要した諸費用は, 開業費勘定で仕訳する。
(3)会社設立後, 事業規模拡大のための株式発行の諸費用は, 株式交付費勘定で仕訳する。

32 3

	借　方	貸　方
(1)	当座預金 20,000,000	資　本　金 20,000,000
(2)	当座預金 16,000,000	資　本　金 8,000,000 資本準備金 8,000,000
(3)	当座預金 45,000,000	資　本　金 22,500,000 資本準備金 22,500,000
(4)	当座預金 13,000,000	資　本　金 13,000,000

32 4

	借　　　方	貸　　　方
(1)	当座預金 40,000,000	資　本　金 35,000,000 資本準備金 5,000,000
(2)	当座預金 7,000,000	資　本　金 5,000,000 資本準備金 2,000,000
(3)	当座預金 12,000,000	資　本　金 10,000,000 資本準備金 2,000,000

32 5

	借　　　方	貸　　　方
(1)	当座預金 15,000,000 創　立　費 450,000	資　本　金 15,000,000 当座預金 450,000
(2)	開　業　費 800,000	当座預金 800,000
(3)	当座預金 28,000,000 株式交付費 600,000	資　本　金 28,000,000 当座預金 600,000
(4)	当座預金 24,000,000 創　立　費 700,000	資　本　金 12,000,000 資本準備金 12,000,000 当座預金 700,000

32 6

	借　　　方	貸　　　方
(1)	当座預金 14,000,000 創　立　費 400,000	資　本　金 14,000,000 当座預金 400,000
(2)	開　業　費 900,000	当座預金 900,000
(3)	当座預金 27,000,000 株式交付費 420,000	資　本　金 27,000,000 当座預金 420,000

検定問題　(p.132)

32 7

	借　　　方	貸　　　方
(1)	当座預金 51,000,000 創　立　費 460,000	資　本　金 30,000,000 資本準備金 21,000,000 当座預金 460,000
(2)	当座預金 52,000,000 株式交付費 460,000	資　本　金 32,000,000 資本準備金 20,000,000 当座預金 460,000
(3)	当座預金 36,000,000 創　立　費 370,000	資　本　金 20,000,000 資本準備金 16,000,000 当座預金 370,000
(4)	当座預金 24,000,000 創　立　費 470,000	資　本　金 24,000,000 当座預金 470,000
(5)	株式交付費 760,000	当座預金 760,000

33 剰余金の配当と処分　(p.133)

33 1

	借　　　方	貸　　　方
(1)	損　　益 2,450,000	繰越利益剰余金 2,450,000
(2)	繰越利益剰余金 2,200,000	未払配当金 1,500,000 利益準備金 150,000 新築積立金 350,000 別途積立金 200,000
(3)	未払配当金 1,500,000	当座預金 1,500,000

解説 (1)当期純利益は，損益勘定から繰越利益剰余金勘定の貸方へ振り替えて，次期に繰り越す。
(2)配当金は，未払配当金勘定で仕訳する。
利益準備金は，利益準備金勘定で仕訳する。
新築積立金は，新築積立金勘定で仕訳する。
別途積立金は，別途積立金勘定で仕訳する。
(3)配当金の支払いは，未払配当金（負債）を減少させたということである。

33 2

	借　　　方	貸　　　方
(1)	損　　益 2,000,000	繰越利益剰余金 2,000,000
(2)	繰越利益剰余金 2,390,000	未払配当金 1,400,000 利益準備金 140,000 新築積立金 350,000 別途積立金 500,000
(3)	未払配当金 1,400,000	当座預金 1,400,000

33 3

	借　　　方	貸　　　方	
(1)	損　　益 2,400,000	繰越利益剰余金 2,400,000	
(2)	繰越利益剰余金 2,120,000	未払配当金 1,400,000 利益準備金 140,000 新築積立金 320,000 別途積立金 260,000	❶
(3)	未払配当金 1,400,000	当座預金 1,400,000	
(4)	損　　益 2,650,000	繰越利益剰余金 2,650,000	

解説 ❶1株につき¥3,500×発行済株式数400株
＝¥1,400,000

33 4

	借　　　方	貸　　　方
(1)	損　　益 1,240,000	繰越利益剰余金 1,240,000
(2)	繰越利益剰余金 2,600,000	未払配当金 2,000,000 利益準備金 200,000 新築積立金 400,000
(3)	繰越利益剰余金 2,800,000	未払配当金 2,000,000 利益準備金 200,000 別途積立金 600,000

33 5

	借　　　方	貸　　　方
(1)	繰越利益剰余金　*1,260,000*	損　　益　*1,260,000*
(2)	繰越利益剰余金　*690,000*	損　　益　*690,000*

解説 当期純損失は，損益勘定から繰越利益剰余金勘定の
借方へ振り替えて，次期に繰り越す。

33 6

	借　　　方	貸　　　方
○1/ 3/31	損　　益　*1,260,000*	繰越利益剰余金　*1,260,000*
○1/ 6/28	繰越利益剰余金　*1,085,000*	未払配当金　*450,000* 利益準備金　*45,000* 新築積立金　*200,000* 別途積立金　*390,000*
○2/ 3/31	損　　益　*860,000*	繰越利益剰余金　*860,000*

33 7

繰越利益剰余金

3/31	次期繰越	*1,260,000*	3/31	損　益	*1,260,000*
6/28	諸　口	*1,085,000*	4/1	前期繰越	*1,260,000*
3/31	次期繰越	*1,035,000*	3/31	損　益	*860,000*
		2,120,000			*2,120,000*

検定問題 (p.137)

33 8

	借　　　方	貸　　　方
(1)	損　　益　*2,210,000*	繰越利益剰余金　*2,210,000*
(2)	繰越利益剰余金　*837,000*	損　　益　*837,000*
(3)	繰越利益剰余金　*4,123,000*	未払配当金　*2,030,000* 利益準備金　*203,000* 別途積立金　*1,890,000*
(4)	未払配当金　*3,720,000*	当座預金　*3,720,000*
(5)	繰越利益剰余金　*3,779,000*	未払配当金　*1,890,000* 利益準備金　*189,000* 別途積立金　*1,700,000*
(6)	損　　益　*2,700,000*	繰越利益剰余金　*2,700,000*
(7)	繰越利益剰余金　*2,130,000*	未払配当金　*1,700,000* 利益準備金　*170,000* 別途積立金　*260,000*
(8)	未払配当金　*4,300,000*	当座預金　*4,300,000*

---

34 株式会社の税金　(p.138)

34 1

	借　　　方	貸　　　方
(1)	仮払法人税等　*400,000*	当座預金　*400,000*
(2)	法人税等　*900,000*	仮払法人税等　*400,000* 未払法人税等　*500,000* ❶
(3)	未払法人税等　*500,000*	当座預金　*500,000*

解説 法人税・住民税及び事業税の中間申告をしたときは，
仮払法人税等勘定で仕訳する。
　決算にあたり，法人税・住民税及び事業税の合計額
を計上したときは，法人税等勘定で仕訳し，この合
計額から中間申告で納付した額を差し引いた残高を
未払法人税等勘定に計上する。
❶未払法人税等額＝法人税・住民税及び事業税の計
上額−中間申告額
　未払法人税等　*¥900,000−¥400,000＝¥500,000*

34 2

	借　　　方	貸　　　方
(1)	仮払法人税等　*470,000*	当座預金　*470,000*
(2)	法人税等　*900,000*	仮払法人税等　*470,000* 未払法人税等　*430,000*
(3)	未払法人税等　*430,000*	当座預金　*430,000*

34 3

	借　　　方	貸　　　方
(1)	仮払法人税等　*710,000*	現　　金　*710,000*
(2)	法人税等　*1,300,000*	仮払法人税等　*490,000* 未払法人税等　*810,000*
(3)	未払法人税等　*850,000*	現　　金　*850,000*

34 4

	借　　　方	貸　　　方
(1)	仮払法人税等　*750,000*	当座預金　*750,000*
(2)	法人税等　*1,000,000*	仮払法人税等　*530,000* 未払法人税等　*470,000*
(3)	未払法人税等　*1,240,000*	現　　金　*1,240,000*

34 5

	借　　　方	貸　　　方
(1)	仮払法人税等　*960,000*	現　　金　*960,000*
(2)	法人税等　*1,500,000*	仮払法人税等　*800,000* 未払法人税等　*700,000*
(3)	未払法人税等　*750,000*	現　　金　*750,000*

34 6

	借 方	貸 方
(1)	租税公課(固定資産税) 160,000 引出金(資本金) 40,000	現 金 200,000
(2)	租税公課(固定資産税) 350,000	未 払 税 金 350,000
(3)	未 払 税 金 350,000	現 金 350,000

解説 固定資産税を納付したときは，租税公課勘定または固定資産税勘定で仕訳する。ただし，家計の負担分があるときは，店主個人の負担分であるので引出金勘定または資本金勘定で仕訳する。
納税通知書を受け取り，ただちに納付しないときは，未払税金勘定（負債）で仕訳する。

検定問題 (p.141)

34 7

	借 方	貸 方
(1)	仮払法人税等 1,790,000	当座預金 1,790,000
(2)	法人税等 2,950,000	仮払法人税等 1,210,000 未払法人税等 1,740,000
(3)	未払法人税等 1,200,000	現 金 1,200,000
(4)	仮払法人税等 1,065,000	当座預金 1,065,000
(5)	法人税等 1,578,000	仮払法人税等 750,000 未払法人税等 828,000
(6)	仮払法人税等 1,440,000	当座預金 1,440,000
(7)	未払法人税等 1,360,000	現 金 1,360,000
(8)	未払法人税等 420,000	現 金 420,000

総合問題 6 (p.142)

6—1

	借 方	貸 方
(1)	当座預金 20,000,000 創 立 費 800,000	資 本 金 20,000,000 当座預金 800,000
(2)	開 業 費 500,000	当座預金 500,000
(3)	当座預金 20,000,000 株式交付費 420,000	資 本 金 16,000,000 資本準備金 4,000,000 当座預金 420,000

解説 (1)資本金 ￥80,000×250株＝￥20,000,000
設立登記費用や株式の発行に要した諸費用は，設立のための諸費用であり，創立費勘定で仕訳する。
(3)資本金 （￥100,000－￥20,000)×200株
＝￥16,000,000
資本準備金 ￥20,000×200株＝￥4,000,000
会社設立後，あらたな株式の発行に要した諸費用は，株式交付費勘定で仕訳する。

6—2

	借 方	貸 方
(1)	損 益 580,000	繰越利益剰余金 580,000
(2)	損 益 2,170,000	繰越利益剰余金 2,170,000
(3)	繰越利益剰余金 850,000	損 益 850,000

6—3

	借 方	貸 方
(1)	繰越利益剰余金 2,270,000	未払配当金 1,700,000 利益準備金 170,000 別途積立金 400,000
(2)	未払配当金 1,700,000	当座預金 1,700,000
(3)	損 益 400,000	繰越利益剰余金 400,000

6—4

	借 方	貸 方
(1)	繰越利益剰余金 4,810,000	未払配当金 4,200,000 利益準備金 420,000 別途積立金 190,000
(2)	繰越利益剰余金 3,680,000	未払配当金 2,800,000 利益準備金 280,000 新築積立金 600,000
(3)	繰越利益剰余金 290,000	損 益 290,000

6—5

	借 方	貸 方
(1)	仮払法人税等 930,000	当座預金 930,000
(2)	法 人 税 等 1,957,000	仮払法人税等 900,000 未払法人税等 1,057,000
(3)	未払法人税等 740,000	現 金 740,000
(4)	仮払法人税等 580,000	現 金 580,000

6—6

	借 方	貸 方
(1)	仮払法人税等 850,000	現 金 850,000
(2)	法 人 税 等 1,550,000	仮払法人税等 850,000 未払法人税等 700,000
(3)	未払法人税等 700,000	現 金 700,000

6—7

借 方	貸 方
租税公課(固定資産税) 420,000 引出金(資本金) 280,000	現 金 700,000

	借 方		貸 方	
2/25	未払法人税等	310,000	当座預金	310,000
3/28	繰越利益剰余金	1,740,000	未払配当金	1,400,000
			利益準備金	140,000
			別途積立金	200,000
6/28	仮払法人税等	280,000	当座預金	280,000
10/5	当座預金	5,000,000	資 本 金	5,000,000
12/31	法 人 税 等	540,000	仮払法人税等	280,000
			未払法人税等	260,000
〃	損 益	1,260,000	繰越利益剰余金	1,260,000

仮払法人税等

6/28	当座預金	280,000	12/31	法 人 税 等	280,000

未払法人税等

2/25	当座預金	310,000	1/1	前 期 繰 越	310,000
12/31	次 期 繰 越	260,000	12/31	法 人 税 等	260,000
		570,000			570,000

資 本 金

12/31	次 期 繰 越	13,000,000	1/1	前 期 繰 越	8,000,000
			10/5	当 座 預 金	5,000,000
		13,000,000			13,000,000

繰越利益剰余金

3/28	諸 口	1,740,000	1/1	前 期 繰 越	1,850,000
12/31	次 期 繰 越	1,370,000	12/31	損 益	1,260,000
		3,110,000			3,110,000

第 7 編　その他の取引

35　固定資産の売却　(p.146)

35 1

	借 方		貸 方	
(1)	備品減価償却累計額	216,000	備　　品	300,000
	未 収 入 金	50,000		
	固定資産売却損	34,000		
(2)	備品減価償却累計額	252,000	備　　品	400,000
	未 収 入 金	150,000	固定資産売却益	2,000

(解説) 備品を売却したときは，備品勘定の取得原価とこの備品の減価償却累計額を減少させる。備品減価償却累計額勘定は，備品の評価勘定であり，残高は貸方にある。

売却価額と帳簿価額（＝取得原価－減価償却累計額）との差額は，固定資産売却損勘定（費用）または固定資産売却益勘定（収益）で仕訳する。

商品以外の売却代金を後日受け取るときは，未収入金勘定（資産）で仕訳する。

35 2

	借 方		貸 方	
(1)	備品減価償却累計額	432,000	備　　品	600,000
	現　　金	200,000	固定資産売却益	32,000
(2)	備品減価償却累計額	144,000	備　　品	200,000
	当 座 預 金	30,000		
	固定資産売却損	26,000		

(解説) (1)備品勘定の減少額　取得原価である¥600,000
備品減価償却累計額の減少額　¥432,000
備品の帳簿価額　¥600,000－¥432,000
＝¥168,000
固定資産売却（損益）　¥200,000－¥168,000
＝¥32,000（プラスなので固定資産売却益）

35 3

	借 方		貸 方	
(1)	減価償却費	250,000	備品減価償却累計額	250,000

備　　品

1/1	前 期 繰 越	1,500,000	12/31	次 期 繰 越	1,500,000

備品減価償却累計額

12/31	次 期 繰 越	1,000,000	1/1	前 期 繰 越	750,000
			12/31	減価償却費	250,000
		1,000,000			1,000,000

減 価 償 却 費

12/31	備品減価償却累計額	250,000	12/31	損 益	250,000

備品の帳簿価額		¥	500,000

	借 方		貸 方	
(2)	備品減価償却累計額	1,000,000	備　　品	1,500,000
	未 収 入 金	380,000		
	固定資産売却損	120,000		

解説 (1)減価償却費＝$\dfrac{¥1,500,000}{6年}$＝$¥250,000$

帳簿価額＝取得原価$¥1,500,000$－減価償却累計額

$¥1,000,000＝¥500,000$

(2)固定資産売却損＝帳簿価額$¥500,000$－売却価額

$¥380,000＝¥120,000$

検定問題 (p.148)

35 4

	借	方	貸	方
(1)	備品減価償却累計額 当座預金	465,000 205,000	備　　品 固定資産売却益	620,000 50,000
(2)	備品減価償却累計額 未収入金 固定資産売却損	400,000 80,000 20,000	備　　品	500,000
(3)	備品減価償却累計額 未収入金 固定資産売却損	720,000 400,000 80,000	備　　品	1,200,000
(4)	備品減価償却累計額 未収入金 固定資産売却損	600,000 230,000 70,000	備　　品	900,000
(5)	備品減価償却累計額 当座預金 固定資産売却損	500,000 250,000 50,000	備　　品	800,000
(6)	備品減価償却累計額 未収入金 固定資産売却損	1,250,000 680,000 70,000	備　　品	2,000,000

36 クレジット売掛金 (p.149)

36 1

	借	方	貸	方
(1)	クレジット売掛金 支払手数料	665,000 35,000	売　　上	700,000
(2)	当座預金	665,000	クレジット売掛金	665,000

37 電子記録債権・債務 (p.150)

37 1

(1)

	借	方	貸	方
千葉商店	買掛金	350,000	電子記録債務	350,000
銚子商店	電子記録債権	350,000	売掛金	350,000

(2)

	借	方	貸	方
千葉商店	電子記録債務	350,000	当座預金	350,000
銚子商店	当座預金	350,000	電子記録債権	350,000

(3)

	借	方	貸	方
館山商店	買掛金	150,000	電子記録債権	150,000
君津商店	電子記録債権	150,000	売掛金	150,000

37 2

(1)

	借	方	貸	方
横浜商店	電子記録債権	50,000	売掛金	50,000
川崎商店	買掛金	50,000	電子記録債務	50,000

(2)

	借	方	貸	方
横浜商店	当座預金	50,000	電子記録債権	50,000
川崎商店	電子記録債務	50,000	当座預金	50,000

(3)

借	方	貸	方
当座預金 電子記録債権売却損	98,000 2,000	電子記録債権	100,000

総合問題 7 (p.152)

7-1

	借	方	貸	方
(1)	備品減価償却累計額 未収入金	791,000 400,000	備　　品 固定資産売却益	1,130,000 61,000
(2)	備品減価償却累計額 営業外受取手形 固定資産売却損	312,000 180,000 28,000	備　　品	520,000
(3)	建物減価償却累計額 未収入金 固定資産売却損	1,440,000 780,000 180,000	建　　物	2,400,000

解説 (2)商品売買や，金銭の貸借以外の取引で約束手形を受け取ったので営業外受取手形勘定を用いる。

7-2

	借	方	貸	方
(1)	備品減価償却累計額 営業外受取手形 固定資産売却損	320,000 60,000 20,000	備　　品	400,000
(2)	備品減価償却累計額 現　　金	560,000 210,000	備　　品 固定資産売却益	700,000 70,000
(3)	未収入金 固定資産売却損	2,000,000 100,000	土　　地	2,100,000

解説 (3)土地は減価償却を行わないので，帳簿価額は取得原価と同じである。

7—3

	借	方	貸	方
(1)	クレジット 売　掛　金 支払手数料	48,500 1,500	売　　　上	50,000
(2)	クレジット 売　掛　金 支払手数料	77,600 2,400	売　　　上	80,000
(3)	当 座 預 金	126,100	クレジット 売　掛　金	126,100

7—4

	借	方	貸	方
(1)	買 掛 金	80,000	電子記録債務	80,000
(2)	電子記録債権	100,000	売 掛 金	100,000
(3)	当 座 預 金	100,000	電子記録債権	100,000
(4)	買 掛 金	60,000	電子記録債務	60,000
(5)	買 掛 金	50,000	電子記録債権	50,000
(6)	当 座 預 金 電子記録債権 売　却　損	117,000 3,000	電子記録債権	120,000

38 仕訳の問題 　　　　　　　　(p.154)

38 1

	借	方	貸	方	
(1)	当 座 預 金	450,000	当 座 借 越❶	450,000	
(2)	不 渡 手 形❷	564,500	受 取 手 形 現　　　金	560,000 4,500	
(3)	現　　　金	240,000	本　　　店	240,000	❸
(4)	当 座 預 金	1,500,000	有 価 証 券 有価証券売却益❹	1,200,000 300,000	
(5)	繰越利益剰余金	3,670,000	未 払 配 当 金 利 益 準 備 金 別 途 積 立 金	3,200,000 320,000 150,000	❺
(6)	未払法人税等	620,000	現　　　金	620,000	❻

解説 ❶当座預金が貸方残高の場合は，決算時に当座借越
勘定に振り替える。
❷受け取っていた手形が不渡りとなったときは，手
形金額に償還請求の諸費用を含めた合計額を，不
渡手形勘定（資産）で仕訳する。
❸本店集中計算制度では，各支店は支店相互間の取
引をすべて本店相手の取引として記帳する。
❹売却価額＞帳簿価額の場合は，差額を有価証券売
却益勘定（収益）で処理する。
　売却価額　￥5,000×300株＝￥1,500,000
　帳簿価額　￥4,000×300株＝￥1,200,000
　有価証券売却益　￥300,000
❺繰越利益剰余金を配当・処分するので減少させる。
配当金は，未払配当金勘定（負債）で仕訳する。
❻決算時に次の仕訳をしている。
　(借)法人税等　×××　(貸)仮払法人税等　×××
　　　　　　　　　　　　　　未払法人税等　620,000

38 2

	借	方	貸	方	
(1)	仕　　　入 仮払消費税❶	250,000 25,000	買 掛 金	275,000	
(2)	受 取 手 形 現　　　金	850,000 4,500	受 取 手 形 受 取 利 息	850,000 4,500	❷
(3)	玉 野 支 店	80,000	備 前 支 店	80,000	❸
(4)	有 価 証 券❹	2,400,000	普 通 預 金	2,400,000	
(5)	備 品 減 価 償却累計額 未 収 入 金 固定資産売却損	875,000 200,000 175,000	備　　　品	1,250,000	❺
(6)	繰越利益剰余金	412,000	損　　　益	412,000	❻

解説 ❶消費税について，商品を仕入れたときは仮払消費
税勘定（資産）で処理する。
❷旧手形の手形債権（受取手形）が減少し，新手形
の手形債権（受取手形）が増加する。

❸本店集中計算制度では，各支店は支店相互間の取引をすべて本店相手の取引として記帳する。

[備前支店]
(借)本　店　80,000　(貸)現　金　80,000
　　本店に対する債権

[玉野支店]
(借)広告料　80,000　(貸)本　店　80,000
　　　　　　　　　　　　本店に対する債務

[本　店]
(借)玉野支店　80,000　(貸)備前支店　80,000
　　玉野支店に対する債権　備前支店に対する債務

❹有価証券の取得原価＝1株の取得価額×株式数
$$＝¥800×3,000株$$
$$＝¥2,400,000$$

❺帳簿価額　＝　取得原価　－　減価償却累計額
(¥375,000)　(¥1,250,000)　(¥875,000)
帳簿価額　－　売却額　＝　固定資産売却損
(¥375,000)　(¥200,000)　(¥175,000)

❻純損失額を，損益勘定から繰越利益剰余金勘定(資本)の借方に振り替える。

38 3

	借　　　方	貸　　　方	
(1)	交　通　費　3,300	現金過不足❶　1,500 受取手数料　1,800	
(2)	損　　益　1,746,000	繰越利益剰余金❷　1,746,000	
(3)	仕　入　300,000	受取手形　300,000	❸
(4)	当座預金　48,000,000 創　立　費　240,000	資　本　金　30,000,000 資本準備金　18,000,000 当座預金　240,000	❹
(5)	仮払法人税等❺　820,000	当座預金　820,000	
(6)	支払手形　500,000 支払利息　4,000	支払手形❻　504,000	

解説
❶不一致額が発生したときに次の処理をしている。
(借)現金過不足　1,500　(貸)現　金　1,500
原因が判明したとき
　　　　　　　　　　(貸)現金過不足　1,500
と現金過不足を(貸方)に記入し，次に，判明した収益や費用の勘定を仕訳する。
(借)交　通　費　3,300　(貸)現金過不足　1,500
　　　　　　　　　　　　　受取手数料　1,800
❷損益勘定で集計された純利益は，繰越利益剰余金勘定(資本)の貸方に振り替える。
❸手形の裏書譲渡により，手形債権が消滅するので，受取手形勘定(資産)の貸方に記入する。
❹資本金　(¥96,000－¥36,000)×500株
＝¥30,000,000
資本準備金　¥36,000×500株＝¥18,000,000
また，設立に要した諸費用は創立費勘定(費用)で仕訳する。
❺法人税・住民税及び事業税の中間申告時は仮払法人税等勘定(資産)で仕訳する。
❻旧手形の手形債務(支払手形)が減少するので借方に記入し，新手形を振り出したことで手形債務(支払手形)が増加するので貸方に記入する。

38 4

	借　　　方	貸　　　方	
(1)	現　金　506,000	売　上　460,000 仮受消費税　46,000	❶
(2)	備品減価償却累計額　288,000 未収入金　25,000 固定資産売却損　47,000	備　品　360,000	❷
(3)	現　金　465,000	不渡手形　463,000 受取利息　2,000	❸
(4)	広告料　126,000 支　店　84,000	現　金　210,000	❹
(5)	当座預金　36,000,000 株式交付費　185,000	資　本　金　21,000,000 資本準備金　15,000,000 当座預金　185,000	❺
(6)	法人税等　1,320,000	仮払法人税等　600,000 未払法人税等　720,000	❻

解説
❶消費税について，商品を売り渡したときは仮受消費税勘定(負債)で処理する。
なお，¥506,000は消費税を含んだ金額なので，売上の金額は，¥506,000－¥46,000
＝¥460,000となる。
❷帳簿価額　＝　取得原価　－　減価償却累計額
(¥72,000)　(¥360,000)　(¥288,000)
帳簿価額　－　売却価額　＝　固定資産売却損
(¥72,000)　(¥25,000)　(¥47,000)
❸不渡手形は償還請求権を意味する。請求額を回収できたときは不渡手形勘定(資産)を減少させる。
❹本店が支払った広告料のうち，支店の負担分は，本店の支店に対する債権を増加させる。支店は，本店に対する債務が増加する。
〈本店の仕訳〉
(借)広告料　126,000　(貸)現　金　210,000
　　支　店　84,000
〈支店の仕訳〉
(借)広告料　84,000　(貸)本　店　84,000
❺資本金　(¥120,000－¥50,000)×300株
＝¥21,000,000
資本準備金　¥50,000×300株＝¥15,000,000
また，あらたに株式を発行するために要した諸費用は，株式交付費勘定(費用)で仕訳する。
❻法人税・住民税及び事業税の中間申告時は仮払法人税等勘定(資産)で仕訳している。決算で計上した金額と中間申告で納付した金額との差額は，未払法人税等勘定(負債)で仕訳する。

39 計算の問題　(p.158)

39 1

a	仕　入　高	¥	1,882,000
b	繰越利益剰余金勘定の次期繰越高(アの金額)	¥	932,000

解説 a.仕入高

損益勘定の（借方）3/31仕入¥1,947,000は売上原価を意味する。

売上原価＝期首商品棚卸高＋仕入高－期末商品棚卸高

¥1,947,000＝¥645,000＋¥（　a　）－¥580,000

仕	入
仕 入 高 （　a　）	売上原価 ¥1,947,000
期首商品 ¥645,000	期末商品 ¥580,000

（　a　）＝¥1,882,000

b.繰越利益剰余金勘定の次期繰越高（アの金額）

当期純利益を計上したときの仕訳

（借）損　益　682,000　（貸）繰越利益剰余金　682,000

よって，繰越利益剰余金勘定の貸方3/31損益（　）には，¥682,000が入る。

前期繰越¥760,000＋当期純利益¥682,000－（¥400,000＋¥40,000＋¥70,000)＝次期繰越（　ア　）¥932,000

39 2

①	未 収 地 代	②	¥	324,000

解説 ¥162,000÷6か月＝¥27,000／1か月分

前年12/31　決算　11月分と12月分の2か月分が未収

（借）未収地代　54,000　（貸）受取地代　54,000

当期1/1　再振替仕訳

（借）受取地代　54,000　（貸）未収地代　54,000

4/30　6か月分の地代受け取り

（借）現　金　162,000　（貸）受取地代　162,000

10/31　6か月分の地代受け取り

（借）現　金　162,000　（貸）受取地代　162,000

12/31　決算　11月分と12月分の2か月分が未収

（借）未収地代　54,000　（貸）受取地代　54,000

〃　決算　受取地代勘定の残高を損益勘定へ振り替え

（借）受取地代　324,000　（貸）損　益　324,000

以上の仕訳を受取地代勘定に転記し，

① 未収地代　② 324,000

39 3

①	法 人 税 等	②	¥	440,000

解説 資料 i から

2/24（借）未払法人税等　410,000（貸）当座預金　410,000

資料 ii・iii・iv から

8/26（借）仮払法人税等　※400,000（貸）当座預金　400,000

※前期の計上額¥800,000÷2＝¥400,000

資料ivから当期の法人税等の計上

12/31（借）法人税等　840,000（貸）仮払法人税等　400,000

未払法人税等　440,000

以上の仕訳をそれぞれの勘定に転記し，

① 法人税等　② 440,000

39 4

①	前 受 家 賃	②	¥	780,000

解説 ¥390,000÷6か月＝¥65,000／1か月分

前年12/31　決算　1月分と2月分の2か月分が前受け

（借）受取家賃　130,000　（貸）前受家賃　130,000

当期1/1　再振替仕訳

（借）前受家賃　130,000　（貸）受取家賃　130,000

2/28　翌月以降の6か月分の家賃受け取り

（借）現　金　390,000　（貸）受取家賃　390,000

8/31　翌月以降の6か月分の家賃受け取り

（借）現　金　390,000　（貸）受取家賃　390,000

12/31　決算　来期の1月分と2月分の2か月分が前受け

（借）受取家賃　130,000　（貸）前受家賃　130,000

〃　決算　受取家賃勘定の残高を損益勘定へ振り替え

（借）受取家賃　780,000　（貸）損　益　780,000

以上の仕訳を受取家賃勘定に転記し，

① 前受家賃　② 780,000

39 5

a	仕 入 高	¥	3,560,000
b	期末の負債総額	¥	3,189,000

解説 a.仕入高

売上原価＝期首商品棚卸高＋仕入高－期末商品棚卸高

¥3,575,000＝¥410,000＋¥（　a　）－¥395,000

仕	入
仕 入 高 （　a　）	売上原価 ¥3,575,000
期首商品 ¥410,000	期末商品 ¥395,000

（　a　）＝¥3,560,000

b.期末の負債総額

資料 i より当期純利益を求める。

（¥5,500,000＋¥24,000）－（¥3,575,000＋¥1,540,000＋¥116,000）

＝当期純利益¥293,000　仕訳をすると，

（借）損　益　293,000　（貸）資本金　293,000

よって，資本金勘定の貸方12/31損益（　）は，¥293,000となり，貸借差額により次期繰越（期末資本）は¥3,283,000

資料 ii より

期末の負債総額＝期末の資産総額－期末資本

¥3,189,000＝¥6,472,000－¥3,283,000

39 6

a	仕 入 高	¥	3,284,000
b	繰越利益剰余金勘定の次期繰越高(アの金額)	¥	701,000

解説 a.仕入高

損益勘定の「仕入」¥3,374,000は売上原価なので下記の式から求める。

売上原価＝期首商品棚卸高＋仕入高－期末商品棚卸高

¥3,374,000＝¥670,000＋（　a　）－¥580,000

よって，（　a　）は¥3,284,000

— 54 —

b.繰越利益剰余金勘定の次期繰越高（アの金額）
当期純利益を計上したときの仕訳
（借）損　　　益　486,000（貸）繰越利益
剰余金　486,000
よって，繰越利益剰余金勘定の貸方 3/31 損益
（　　）には，¥486,000が入る。
その結果，繰越利益剰余金勘定の貸借差額で借方
の次期繰越（　ア　）¥701,000を求めることが
できる。

39 7

a	期首資本 ¥ 852,000	b	仕　入　高 ¥6,630,000

解説 a.繰越試算表の資本金は期末資本，損益勘定の資本
金は当期純利益を示すことを理解する。
期首資本＝期末資本＋引出金－追加元入－当期純
利益
¥852,000＝¥1,483,000＋¥80,000－¥110,000
－¥601,000
b.損益勘定の仕入が売上原価，繰越試算表の繰越商
品が期末の商品を示すことを理解する。
売上原価＝期首の商品＋仕入高－期末の商品
¥6,560,000＝¥420,000＋仕入高－¥490,000
よって，仕入高＝¥6,630,000

39 8

a	仕　入　高 ¥8,994,000	b	期首負債 ¥1,727,000

解説 a.売上原価＝期首の商品＋仕入高－期末の商品
¥8,970,000＝¥756,000＋仕入高－¥780,000
仕入高＝¥8,970,000－¥756,000＋¥780,000
＝¥8,994,000
b.当期純利益＝収益－費用
¥508,000＝¥11,244,000－（¥8,970,000
＋¥1,702,000＋¥64,000）
期首資本＝期末資本＋引出金－追加元入－当期純
利益
¥1,287,000＝¥1,900,000＋¥75,000－¥180,000
－¥508,000
期首負債＝期首資産－期首資本
¥1,727,000＝¥3,014,000－¥1,287,000

39 9

a	期　首　資　本 ¥2,170,000	b	売 上 原 価 ¥6,850,000

解説 a.期首資本＝期末資本＋当期純損失＋引出金
－追加元入
¥2,170,000＝（¥2,100,000－¥170,000）
＋¥170,000＋¥210,000－¥140,000
b.売上原価＝期首の商品＋仕入高－期末の商品
¥6,850,000＝¥480,000＋¥6,900,000－¥530,000

---

40 英語の問題 (p.161)

40 1

ア	3	イ	2

解説 (1)語群の1.は試算表　2.は貸借対照表　3.は損
益計算書を表している。
(2)語群の1.は負債　2.は資産　3.は簿記を表し
ている。

---

40 2

ア	1	イ	2

解説 (1)語群の1.は精算表　2.は売上帳　3.は決算を
表している。
(2)語群の1.は定額資金前渡法　2.は移動平均法
3.は先入先出法を表している。

40 3

ア	3	イ	2

解説 (1)語群の1.は現金　2.は純資産　3.は負債を表
している。
(2)語群の1.は借方　2.は勘定　3.は貸方を表し
ている。

---

41 本支店会計の問題 (p.162)

41 1

		借　　　　　方	貸　　　　　方
a	本　　店	三沢支店　120,000	八戸支店　120,000
	八戸支店	本　　店　120,000	現　　金　120,000
	三沢支店	広　告　料　120,000	本　　店　120,000
b	本　　店	八戸支店　450,000	三沢支店　450,000
	八戸支店	受取手形　450,000	本　　店　450,000
	三沢支店	本　　店　450,000	売　掛　金　450,000

解説 a.本店集中計算制度では，各支店は支店相互間の取
引をすべて本店相手の取引として，本店は各支店
からその通知を受け各支店と取引したように記帳
する。八戸支店と三沢支店では，ともに本店と取
引したものとして記帳する。また，本店では，各
支店と取引したものとして記帳する。
b.八戸支店は，手形を受け取ったが，これを本店と
取引したものとして記帳する。三沢支店は，売掛
金が減少（回収）したが，これを本店と取引した
ものとして記帳する。本店では，各支店と取引し
たものとして記帳する。

41 2

		借　　　　　方	貸　　　　　方
a	本　　店	能代支店　80,000	横手支店　80,000
	能代支店	現　　金　80,000	本　　店　80,000
	横手支店	本　　店　80,000	受取手数料　80,000
b	本　　店	横手支店　325,000	能代支店　325,000
	能代支店	本　　店　325,000	当座預金　325,000
	横手支店	買　掛　金　325,000	本　　店　325,000

解説 a.能代支店と横手支店では，ともに本店と取引した
ものとして記帳する。また，本店では，各支店と
取引したものとして記帳する。
b.能代支店は，小切手を振り出したが，これを本店
と取引したものとして記帳する。横手支店は，買
掛金が減少したが，これを本店と取引したものと
して記帳する。本店では，各支店と取引したもの
として記帳する。

41 3

a	支店勘定残高と本店勘定残高の一致額	¥	711,000
b	本支店合併後の買掛金	¥	905,000
c	本支店合併後の売上総利益	¥	2,895,000

解説 12/31における本支店間の取引
①本店(借)支　店 187,000 (貸)現　金 187,000
　支店(借)買 掛 金 187,000 (貸)本　店 187,000
②支店(借)仕　入 120,000 (貸)本　店 120,000
a.

支		店	
	524,000	(残高	711,000)
①	187,000		

本		店	
(残高	711,000)		404,000
		①	187,000
		②	120,000

b.本支店合併後の買掛金＝本店＋支店−12/31の取引
　¥905,000＝¥725,000＋¥367,000−¥187,000
c.本支店合併後の売上原価＝合併後の期首商品棚卸高
　＋合併後の仕入高−合併後の期末商品棚卸高
　¥9,725,000＝(¥690,000＋¥246,000)
　＋(¥7,035,000＋¥2,527,000＋¥120,000)
　−(¥638,000＋¥135,000＋¥120,000)
　本支店合併後の売上総利益＝合併後の売上高
　−合併後の売上原価
　¥2,895,000＝(¥9,380,000＋¥3,240,000)
　−¥9,725,000

41 4

a	支店勘定残高と本店勘定残高の一致額	¥	724,000
b	本支店合併後の買掛金	¥	1,043,000

解説 12/31における本支店間の取引
①本店(借)買 掛 金 150,000 (貸)支　店 150,000
　支店(借)本　店 150,000 (貸)現　金 150,000
②支店(借)仕　入 95,000 (貸)本　店 95,000
12/31における本支店間以外の取引
①支店(借)仕　入 124,000 (貸)買 掛 金 124,000
a.

支		店	
	874,000	①	150,000
		(残高	724,000)

本		店	
①	150,000		779,000
(残高	724,000)	②	95,000

b.本支店合併後の買掛金＝本店＋支店±12/31の取引
　¥1,043,000＝¥586,000＋¥483,000
　−¥150,000＋¥124,000

41 5

a	支店勘定残高と本店勘定残高の一致額	¥	323,000
b	本支店合併後の現金	¥	806,000

解説 12/31における本支店間の取引
①本店(借)現　金 110,000 (貸)支　店 110,000
　支店(借)本　店 110,000 (貸)売 掛 金 110,000
②本店(借)広 告 料 55,000 (貸)現　金 85,000
　　　　　 支　店 30,000
　支店(借)広 告 料 30,000 (貸)本　店 30,000
③本店(借)現　金 68,000 (貸)支　店 143,000
　　　　　 仕　入 75,000
a.

支		店	
	546,000	①	110,000
②	30,000	③	143,000
		(残高	323,000)

本		店	
①	110,000		403,000
(残高	323,000)	②	30,000

b.本支店合併後の現金＝本店＋支店±12/31の取引
　¥806,000＝¥429,000＋¥284,000
　＋①¥110,000−②¥85,000＋③¥68,000

41 6

a	支店勘定残高と本店勘定残高の一致額	¥	526,000
b	本支店合併後の当期純利益(アの金額)	¥	322,000

解説 12/31における本支店間の取引
①本店(借)支　店 95,000 (貸)現　金 95,000
　支店(借)買 掛 金 95,000 (貸)本　店 95,000
②本店(借)支　店 84,000 (貸)当座預金 84,000
　支店(借)発 送 費 84,000 (貸)本　店 84,000
③本店(借)仕　入 76,000 (貸)支　店 76,000
a.

支		店	
	423,000	③	76,000
①	95,000	(残高	526,000)
②	84,000		

本		店	
(残高	526,000)		347,000
		①	95,000
		②	84,000

b.本支店合併後の貸借対照表の貸借差額で求める。
　現　金　¥803,000＝¥625,000＋¥273,000−①¥95,000
　当座預金　¥2,275,000＝¥1,374,000＋¥985,000
　　　　　　　　　　　　−②¥84,000
　買掛金　¥982,000＝¥760,000＋¥317,000−①¥95,000
合併後のB／S

現　　　金	(803,000)	支 払 手 形	865,000
当 座 預 金	(2,275,000)	買 掛 金	(982,000)
売 掛 金	1,854,000	資 本 金	5,000,000
商　　　品	987,000	当期純利益	(322,000)
備　　　品	1,250,000		
	(7,169,000)		(7,169,000)

41 7

a	支店勘定残高と本店勘定残高の一致額	¥	444,000
b	当 期 の 売 上 原 価	¥	2,602,000

解説 12/31における本支店間の取引

①本店(借)支　店 *180,000*　(貸)現　金 *180,000*
　　支店(借)買掛金 *180,000*　(貸)本　店 *180,000*
②支店(借)仕　入 *65,000*　(貸)本　店 *65,000*

a.
支	店	
	264,000	(残高　*444,000*)
①	*180,000*	

本	店	
(残高 *444,000*)		*199,000*
	①	*180,000*
	②	*65,000*

b.当期の売上原価＝期首商品棚卸高＋仕入－期末商品棚卸高
　¥2,602,000＝(*¥218,000*＋*¥105,000*)
　＋(*¥1,947,000*＋*¥578,000*＋②*¥65,000*)
　－(*¥198,000*＋*¥113,000*)

41 8

a	支店勘定残高と本店勘定残高の一致額	*¥*	*272,000*
b	本支店合併後の現金	*¥*	*1,467,000*

解説 12/31における本支店間の取引

①本店(借)通信費 *24,500*　(貸)現　金 *36,800*
　　　　支　店 *12,300*
　　支店(借)通信費 *12,300*　(貸)本　店 *12,300*
②本店(借)支　店 *124,700*　(貸)売掛金 *124,700*
　　支店(借)現　金 *124,700*　(貸)本　店 *124,700*
③本店(借)現　金 *83,000*　(貸)支　店 *191,000*
　　　　仕　入 *108,000*

a.
支	店	
	326,000	③ *191,000*
①	*12,300*	(残高 *272,000*)
②	*124,700*	

本	店	
(残高 *272,000*)		*135,000*
	①	*12,300*
	②	*124,700*

b.本支店合併後の現金＝本店＋支店±12/31の取引
　¥1,467,000＝*¥804,500*＋*¥491,600*
　－①*¥36,800*＋②*¥124,700*＋③*¥83,000*

---

42 伝票の問題　(p.166)

42 1

仕 訳 集 計 表
令和○年*1*月*15*日

借　　方	元丁	勘定科目	元丁	貸　　方
1,289,900	1	現　　　金	1	*343,000*
210,000		当 座 預 金		*530,000*
352,000		売 　掛 　金		*512,100*
70,000		受 取 商 品 券		
357,500		備　　　品		
170,000		支 払 手 形		*118,000*
272,000		買 　掛 　金		*401,500*
		未 　払 　金		*357,500*
		前 　受 　金		*80,000*
		売　　　上		*991,000*
529,500		仕　　　入		
20,000		広 　告 　料		
14,000		旅　　　費		
8,400		通 　信 　費		
8,000		消 耗 品 費		
12,000		租 税 公 課		
18,600		水 道 光 熱 費		
1,200		支 払 利 息		
3,333,100				*3,333,100*

総 勘 定 元 帳
現　　金　　　1

	9,542,800		*7,619,500*
1/15	*1,289,900*	1/15	*343,000*

解説 追加取引の仕訳
1/15(借)受取商品券 *70,000*　(貸)売　上 *70,000*…振替伝票
　〃 (借)現　金 *80,000*　(貸)前受金 *80,000*…入金伝票

入金伝票
(借)現　金 *1,289,900*　(貸)売掛金 *89,100*
　　　　　　　　　　当座預金 *152,400*
　　　　　　　　　　売　上 *85,000*
　　　　　　　　　　売　上 *145,000*
　　　　　　　　　　売掛金 *66,000*
　　　　　　　　　　売　上 *234,500*
　　　　　　　　　　売掛金 *147,000*
　　　　　　　　　　売　上 *104,500*
　　　　　　　　　　当座預金 *186,400*
　　　　　　　　　　前受金 *80,000*

出金伝票
(借)消耗品費 *3,750*　(貸)現　金 *343,000*
　　水道光熱費 *18,600*
　　租税公課 *12,000*
　　買掛金 *85,500*
　　通信費 *8,400*
　　仕　入 *128,000*
　　消耗品費 *4,250*
　　旅　費 *14,000*
　　買掛金 *68,500*

振替伝票
仕訳は省略する。
以上から，仕訳集計表に集計する。

仕 訳 集 計 表
令和○年/月25日

借 方	元丁	勘 定 科 目	元丁	貸 方
879,300		現　　　　金		676,200
		普 通 預 金		36,500
172,000	3	当 座 預 金	3	184,000
219,000		受 取 手 形		172,000
252,800		売 掛 金		365,500
		貸 付 金		200,000
80,000		仮 払 金		60,000
184,000		支 払 手 形		498,000
785,500		買 掛 金		137,000
90,000		前 受 金		70,000
		売　　　　上		796,700
		受 取 手 数 料		6,400
		受 取 利 息		2,500
355,000		仕　　　　入		
39,600		広 告 料		
19,150		発 送 費		
63,600		旅 費		
3,850		消 耗 品 費		
61,000		租 税 公 課		
3,204,800				3,204,800

総 勘 定 元 帳
当 座 預 金　　　3

	7,284,250		5,964,850
1/25	172,000	1/25	184,000

解説 追加取引の仕訳

1/25(借)旅　費 3,600 (貸)現　金 3,600…出金伝票
〃 (借)買掛金 280,000 (貸)支払手形 280,000…振替伝票

入金伝票

(借)現　金 879,300 (貸)売 掛 金 125,000
売　　上 86,500
貸 付 金 200,000
受取利息 2,500
売 掛 金 86,000
売　　上 148,400
受取手数料 6,400
前 受 金 70,000
売 掛 金 154,500

出金伝票

(借)買 掛 金 176,000 (貸)現　金 676,200
租税公課 24,500
広 告 料 39,600
買 掛 金 114,000
発 送 費 7,150
仮 払 金 80,000
消耗品費 3,850
買 掛 金 215,500
発 送 費 12,000
旅　費 3,600

振替伝票

仕訳は省略する。

以上から，仕訳集計表に集計する。

仕 訳 集 計 表
令和○年/月/8日

借 方	元丁	勘 定 科 目	元丁	貸 方
1,139,500		現　　　　金		856,700
92,500		普 通 預 金		149,500
292,500		当 座 預 金		317,500
868,500	4	売 掛 金	4	687,800
70,000		仮 払 金		
343,300		買 掛 金		377,300
140,000		借 入 金		300,000
		前 受 金		54,000
201,000		未 払 金		
		売　　　　上		868,500
		受 取 利 息		3,400
377,300		仕　　　　入		
12,900		通 信 費		
73,000		支 払 家 賃		
4,200		支 払 利 息		
3,614,700				3,614,700

総 勘 定 元 帳
売 掛 金　　　4

	5,975,500		3,738,300
1/18	868,500	1/18	687,800

解説 追加取引の仕訳

1/18(借)売掛金 380,000 (貸)売 上 380,000…振替伝票
(借)現 金 230,000 (貸)売掛金 230,000…入金伝票
〃 (借)未払金 85,000 (貸)現 金 85,000…出金伝票

入金伝票

(借)現　金 1,139,500 (貸)当座預金 120,500
売 掛 金 87,300
借 入 金 295,800
前 受 金 54,000
受取利息 3,400
当座預金 125,000
売 掛 金 63,000
普通預金 76,500
売 掛 金 84,000
売 掛 金 230,000

出金伝票

(借)普通預金 92,500 (貸)現　金 856,700
未 払 金 116,000
買 掛 金 141,500
通 信 費 8,600
当座預金 69,000
借 入 金 140,000
仮 払 金 70,000
買 掛 金 129,800
通 信 費 4,300
未 払 金 85,000

振替伝票

仕訳は省略する。

以上から，仕訳集計表に集計する。

<table>
<tr><td colspan="6" style="text-align:center">仕 訳 集 計 表</td></tr>
<tr><td colspan="6" style="text-align:center">令和○年 / 月 27 日</td></tr>
</table>

借 方	元丁	勘 定 科 目	元丁	貸 方
1,030,200		現　　　金		1,048,100
320,000		当 座 預 金		178,500
120,000		受 取 手 形		
592,500		売 掛 金		513,400
		受 取 商 品 券		52,000
220,000		貸 付 金		187,000
40,000		仮 払 金		80,000
		支 払 手 形		295,000
593,000	9	買 掛 金	9	636,500
150,000		借 入 金		96,000
		前 受 金		130,000
		売　　　上		592,500
		受 取 利 息		3,200
		受 取 家 賃		54,000
636,500		仕　　　入		
77,500		広 告 料		
83,800		旅　　　費		
2,700		支 払 利 息		
3,866,200				3,866,200

<table>
<tr><td colspan="4" style="text-align:center">総 勘 定 元 帳</td></tr>
<tr><td colspan="3" style="text-align:center">買　　掛　　金</td><td style="text-align:right">9</td></tr>
<tr><td></td><td style="text-align:right">4,846,800</td><td></td><td style="text-align:right">6,174,500</td></tr>
<tr><td>1/27</td><td style="text-align:right">593,000</td><td>1/27</td><td style="text-align:right">636,500</td></tr>
</table>

解説 追加取引の仕訳

1/27(借)仕　入　180,000　(貸)買掛金　180,000…振替伝票
　　(借)買掛金　180,000　(貸)現　金　180,000…出金伝票
　〃　(借)現　金　52,000　(貸)受取商品券　52,000…入金伝票

入金伝票

(借)現　金	1,030,200	(貸)売 掛 金	132,000
		貸 付 金	187,000
		当 座 預 金	114,000
		前 受 金	130,000
		売 掛 金	186,000
		受 取 家 賃	54,000
		仮 払 金	3,800
		借 入 金	96,000
		売 掛 金	75,400
		受 取 商 品 券	52,000

出金伝票

(借)旅　費	7,600	(貸)現　金	1,048,100
買 掛 金	48,500		
支 払 利 息	2,700		
貸 付 金	216,800		
広 告 料	13,000		
仮 払 金	40,000		
当 座 預 金	320,000		
借 入 金	150,000		
買 掛 金	69,500		
買 掛 金	180,000		

振替伝票

仕訳は省略する。
以上から，仕訳集計表に集計する。

43 帳簿の問題 (p.170)

43 1

(1)

<table>
<tr><td colspan="12" style="text-align:center">総 勘 定 元 帳</td></tr>
</table>

	現　　金	1		当 座 預 金		2		受 取 手 形		3
1/1	421,700		1/1	2,796,300	1/25	317,000	1/23	324,000		
			16	420,000	30	298,000				

	売　掛　金	6		前　払　金		8		支 払 手 形		17
1/1	1,173,500	1/16　420,000	1/1	80,000	1/21	80,000	1/30	298,000	1/4	298,000
14	402,000	23　324,000							18	385,000
27	245,000									

	買　掛　金	18		売　　上		24		仕　　入		30
1/18	385,000	1/1　860,500			1/14	402,000	1/4	298,000		
25	317,000	12　276,000			27	245,000	12	276,000		
		21　242,000					21	322,000		

(2)

<table>
<tr><td colspan="7" style="text-align:center">当 座 預 金 出 納 帳</td><td style="text-align:right">1</td></tr>
</table>

令和○年		摘　　　　　要	預　入	引　出	借または貸	残　高
1	1	前月繰越	2,796,300		借	2,796,300
	16	新潟商店から売掛金回収	420,000		〃	3,216,300
	25	埼玉商店に買掛金支払い　小切手#5		317,000	〃	2,899,300
	30	約束手形#20　支払い		298,000	〃	2,601,300
	31	次月繰越		2,601,300		
			3,216,300	3,216,300		

(3)

受 取 手 形 記 入 帳　　　　　1

令和○年		摘　要	金　額	手形種類	手形番号	支 払 人	振 出 人	振出日		満期日		支払場所	てん末 月	日	摘　要
1	23	売掛金回収	324,000	約手	7	富山商店	富山商店	1	23	4	23	北銀行本店			

支 払 手 形 記 入 帳　　　　　1

令和○年		摘　要	金　額	手形種類	手形番号	受 取 人	振 出 人	振出日		満期日		支払場所	てん末 月	日	摘　要
1	4	仕 入 れ	298,000	約手	20	埼玉商店	当　　店	1	4	1	30	東銀行本店	1	30	支 払 い
	18	買掛金支払い	385,000	約手	21	神奈川商店	当　　店	1	18	3	18	東銀行本店			

(4)

売 掛 金 元 帳
富 山 商 店　　　　2

令和○年		摘 要	借 方	貸 方	借または貸	残 高
1	1	前 月 繰 越	561,000		借	561,000
	23	回 収		324,000	〃	237,000
	27	売 り 上 げ	245,000		〃	482,000
	31	次 月 繰 越		482,000		
			806,000	806,000		

買 掛 金 元 帳
埼 玉 商 店　　　　1

令和○年		摘 要	借 方	貸 方	借または貸	残 高
1	1	前 月 繰 越		317,000	貸	317,000
	12	仕 入 れ		276,000	〃	593,000
	25	支 払 い	317,000		〃	276,000
	31	次 月 繰 越	276,000			
			593,000	593,000		

(5)

商 品 有 高 帳
(先入先出法)　　　　品名　A　品　　　　単位：枚

令和○年		摘 要	受 入 数量	単価	金 額	払 出 数量	単価	金 額	残 高 数量	単価	金 額
1	1	前 月 繰 越	200	860	172,000				200	860	172,000
	12	埼 玉 商 店	200	900	180,000			❶	200	860	172,000
									200	900	180,000
	14	新 潟 商 店			❷	200	❸860	172,000			
						40	900	36,000	160	900	144,000
	21	神奈川商店	350	920	322,000				160	900	144,000
									350	920	322,000
	31	次 月 繰 越				160	900	144,000			
						350	920	322,000			
			750		674,000	750		674,000			

(解説) ❶前月繰越高の単価￥860と1/12の仕入単価￥900
が異なるので，分けて記入する。

❷先入先出法なので，売上数量240枚を前月繰越分
の200枚と1/12仕入分の40枚に分けて記入する。

❸1/14の販売単価￥1,400で記入しない。払出単価
の欄は仕入単価を記入する。

各取引を仕訳し，記入が必要な帳簿は次のようにな
る。

月日		借 方		貸 方		当座預金出納帳	受取手形記入帳	支払手形記入帳	売掛金元帳(富山)	買掛金元帳(埼玉)	商品有高帳(A品)
1/12	仕 入	276,000	買掛金(埼玉)	276,000						○	○
14	売 掛 金	402,000	売 上	402,000							○
16	当 座 預 金	420,000	売 掛 金	420,000	○					
18	買 掛 金	385,000	支 払 手 形	385,000			○			
21	仕 入	322,000	前 払 金	80,000						○
			買 掛 金	242,000							
23	受 取 手 形	324,000	売掛金(富山)	324,000		○		○		
25	買掛金(埼玉)	317,000	当 座 預 金	317,000	○				○	
27	売掛金(富山)	245,000	売 上	245,000				○		
30	支 払 手 形	298,000	当 座 預 金	298,000	○		○			

43 2

(1)

<table>
<tr><td colspan="9" align="center">総 勘 定 元 帳</td></tr>
</table>

現　　金　　1		
1/1	487,400	
6	175,000	

当 座 預 金　　2			
1/1	1,829,600	1/11	391,000
19	370,000	25	435,000
24	275,000		

受 取 手 形　　3			
1/1	370,000	1/19	370,000

売 掛 金　　6			
1/1	972,800	1/24	275,000
16	557,500	30	12,000
27	180,000		

買 掛 金　　16			
1/11	391,000	1/1	913,200
25	435,000	14	690,000
		22	633,000

前 受 金　　18			
1/16	175,000	1/6	175,000

売　　上　　26			
1/30	12,000	1/16	732,500
		27	180,000

仕　　入　　31		
1/14	690,000	
22	633,000	

(2)

当 座 預 金 出 納 帳　　1

令和○年		摘　　要	預　入	引　出	借または貸	残　高
1	1	前月繰越	1,829,600		借	1,829,600
	11	茨城商店に買掛金支払い　小切手#6		391,000	〃	1,438,600
	19	約束手形#14 入金	370,000		〃	1,808,600
	24	石川商店から売掛金回収	275,000		〃	2,083,600
	25	栃木商店に買掛金支払い　小切手#7		435,000	〃	1,648,600
	31	次月繰越		1,648,600		
			2,474,600	2,474,600		

(3)

売 上 帳　　1

令和○年		摘　　要	内　訳	金　額
1	16	福井商店　　　　内金・掛け		
		A品　350箱　@¥1,750	612,500	
		B品　100 〃　 〃 1,200	120,000	732,500
	27	石川商店　　　　掛け		
		B品　150箱　@¥1,200		180,000
	30	石川商店　　　　掛け返品		
		B品　10箱　@¥1,200		12,000
	31	総売上高		912,500
	〃	売上返品高		12,000
		純売上高		900,500

(4)

売 掛 金 元 帳

石 川 商 店　　2

令和○年		摘　要	借　方	貸　方	借または貸	残　高
1	1	前月繰越	467,000		借	467,000
	24	回　収		275,000	〃	192,000
	27	売り上げ	180,000		〃	372,000
	30	返　品		12,000	〃	360,000
	31	次月繰越		360,000		
			647,000	647,000		

買 掛 金 元 帳

栃 木 商 店　　1

令和○年		摘　要	借　方	貸　方	借または貸	残　高
1	1	前月繰越		435,000	貸	435,000
	14	仕入れ		690,000	〃	1,125,000
	25	支払い	435,000		〃	690,000
	31	次月繰越	690,000			
			1,125,000	1,125,000		

(5)

商 品 有 高 帳

(移動平均法)　　　　　　　品名　A品　　　　　　　　　　　　単位：箱

令和○年		摘　要	受　入			払　出			残　高		
			数量	単価	金　額	数量	単価	金　額	数量	単価	金　額
1	1	前月繰越	100	1,200	120,000				100	1,200	120,000
	14	栃木商店	400	1,250	500,000				500	❶1,240	620,000
	16	福井商店				350	❷1,240	434,000	150	1,240	186,000
	22	茨城商店	500	1,266	633,000				650	1,260	819,000
	31	次月繰越				650	1,260	819,000			
			1,000		1,253,000	1,000		1,253,000			

解説 ❶ $\dfrac{前月繰越¥120,000＋1/14仕入¥500,000}{前月繰越100箱＋1/14仕入400箱}＝¥1,240/箱$

❷払出単価の欄は1/14の残高の単価¥1,240を記入
する。1/16の販売単価¥1,750を記入しない。
各取引を仕訳し，記入が必要な帳簿は次のようにな
る。

月日	借　方		貸　方		当座預金出納帳	売上帳	売掛金元帳(石川)	買掛金元帳(栃木)	商品有高帳(A品)
1/11	買　掛　金	391,000	当座預金	391,000	○				
14	仕　　　入	690,000	買掛金(栃木)	690,000				○	○
16	前　受　金	175,000	売　　上	732,500		○			○
	売　掛　金	557,500							
19	当座預金	370,000	受取手形	370,000	○				
22	仕　　　入	633,000	買　掛　金	633,000					○
24	当座預金	275,000	売掛金(石川)	275,000	○		○		
25	買掛金(栃木)	435,000	当座預金	435,000	○			○	
27	売掛金(石川)	180,000	売　　上	180,000		○	○		
30	売　　上	12,000	売掛金(石川)	12,000		○	○		

43 3

(1)

総 勘 定 元 帳

現　　金　　　　1

1/1	6/3,200	1/19	6,000

当 座 預 金　　　　2

1/1	1,824,500	1/17	682,000
28	516,000	21	429,000
		30	482,000

受 取 手 形　　　　3

1/27	630,000		

売　掛　金　　　　6

1/1	1,487,500	1/27	630,000
13	960,000	28	516,000
23	425,000		

前　払　金　　　　8

1/1	180,000	1/19	180,000

支 払 手 形　　　　17

1/30	482,000	1/4	482,000

買　掛　金　　　　18

1/17	682,000	1/1	1,773,500
21	429,000	10	856,000
		19	272,000

売　　上　　　　24

		1/13	960,000
		23	425,000

仕　　入　　　　30

1/4	482,000		
10	856,000		
19	458,000		

(2)

当 座 預 金 出 納 帳　　　　　　　　　　1

令和○年		摘　　要	預　入	引　出	借または貸	残　高
1	1	前月繰越	1,824,500		借	1,824,500
	17	山梨商店に買掛金支払い　小切手＃7		682,000	〃	1,142,500
	21	群馬商店に買掛金支払い　小切手＃8		429,000	〃	713,500
	28	静岡商店から売掛金回収	516,000		〃	1,229,500
	30	約束手形＃23　支払い		482,000	〃	747,500
	31	次月繰越		747,500		
			2,340,500	2,340,500		

(3)

令和〇年		摘　要	金　額	手形種類	手形番号	支払人	振出人	振出日		満期日		支払場所	てん末		
													月	日	摘　要
1	27	売掛金回収	630,000	約手	9	愛知商店	愛知商店	1	27	4	27	西銀行本店			

支 払 手 形 記 入 帳　　　　　　　　　　1

令和〇年		摘　要	金　額	手形種類	手形番号	受取人	振出人	振出日		満期日		支払場所	てん末		
													月	日	摘　要
1	4	仕入れ	482,000	約手	23	山梨商店	当　店	1	4	1	30	北銀行本店	1	30	支払い

(4)

売 掛 金 元 帳
静 岡 商 店　　2

令和〇年		摘　要	借　方	貸　方	借または貸	残　高
1	1	前月繰越	516,000		借	516,000
	13	売り上げ	960,000		〃	1,476,000
	28	回　収		516,000	〃	960,000
	31	次月繰越		960,000		
			1,476,000	1,476,000		

買 掛 金 元 帳
群 馬 商 店　　1

令和〇年		摘　要	借　方	貸　方	借または貸	残　高
1	1	前月繰越		782,500	貸	782,500
	10	仕入れ		856,000	〃	1,638,500
	21	支払い	429,000		〃	1,209,500
	31	次月繰越	1,209,500			
			1,638,500	1,638,500		

(5)

商 品 有 高 帳
（先入先出法）　　　　　　　　品名　B 品　　　　　　　　単位：台

令和〇年		摘　要	受　入			払　出			残　高		
			数量	単価	金　額	数量	単価	金　額	数量	単価	金　額
1	1	前月繰越	150	1,120	168,000				150	1,120	168,000
	10	群馬商店	300	1,160	348,000			❶	150	1,120	168,000
									300	1,160	348,000
	13	静岡商店			❷	150	❸1,120	168,000			
						90	1,160	104,400	210	1,160	243,600
	19	山梨商店	400	❹1,145	458,000				210	1,160	243,600
									400	1,145	458,000
	23	愛知商店				210	1,160	243,600			
						40	1,145	45,800	360	1,145	412,200
	31	次月繰越				360	1,145	412,200			
			850		974,000	850		974,000			

解説 ❶前月繰越高の単価￥1,120と1/10の仕入単価￥1,160が異なるので，分けて記入する。

❷先入先出法なので，1/13の売上数量240台を前月繰越からの150台と1/10仕入分の90台に分けて記入する。

❸払出単価の欄は残高欄の単価を記入する。150台は￥1,120　90台は￥1,160と記入し，販売単価の￥1,600では記入しない。

❹商品仕入時の引取費用は購入代価に含める。
購入代価￥458,000＝400台×@￥1,130
＋￥6,000
購入単価￥1,145＝￥458,000÷400台
各取引を仕訳し，記入が必要な帳簿は次のようになる。

月日	借　　方		貸　　方		当座預金出納帳	受取手形記入帳	支払手形記入帳	売掛金元帳(静岡)	買掛金元帳(群馬)	商品有高帳(B品)
1/10	仕　　入	856,000	買掛金(群馬)	856,000					○	○
13	売掛金(静岡)	960,000	売　　上	960,000				○		○
17	買　掛　金	682,000	当座預金	682,000	○					
19	仕　　入	458,000	前　払　金　180,000 買　掛　金　272,000 現　　金　　6,000							○
21	買掛金(群馬)	429,000	当座預金	429,000	○				○	
23	売　掛　金	425,000	売　　上	425,000						○
27	受取手形	630,000	売　掛　金	630,000		○				
28	当座預金	516,000	売掛金(静岡)	516,000	○			○		
30	支払手形	482,000	当座預金	482,000	○		○			

43 4

(1)

総 勘 定 元 帳

現　　　金 1			
1/1	514,300	1/4	200,000
		26	3,000

当 座 預 金 2			
1/1	2,573,500	1/17	268,000
28	415,000	22	38,000
30	320,000		

受 取 手 形 3			
1/3	320,000	1/22	374,000
15	374,000	30	320,000

売 掛 金 6			
1/1	1,265,500	1/15	374,000
24	249,400	28	415,000

前 払 金 9			
1/4	200,000	1/12	200,000

買 掛 金 16			
1/13	13,800	1/1	924,800
17	268,000	12	309,000
22	412,000	26	578,000

売　　　上 26			
		1/3	320,000
		24	249,400

仕　　　入 31			
1/12	509,000	1/13	13,800
26	581,000		

(2)

当 座 預 金 出 納 帳　　　　　　　　　1

令和○年		摘　　　　要	預　入	引　出	借または貸	残　高
1	1	前月繰越	2,573,500		借	2,573,500
	17	広島商店に買掛金支払い　小切手#2		268,000	〃	2,305,500
	22	岡山商店に買掛金支払い　小切手#3		38,000	〃	2,267,500
	28	福岡商店から売掛金回収	415,000		〃	2,682,500
	30	約束手形#11　入金	320,000		〃	3,002,500
	31	次月繰越		3,002,500		
			3,308,500	3,308,500		

(3)

仕　　入　　帳　　　　　　　　1

令和○年		摘　　　　要	内　訳	金　額
1	12	岡山商店　　　　内金・掛け		
		A品　600袋　@¥580	348,000	
		B品　350〃　〃460	161,000	509,000
	13	岡山商店　　　　掛け返品		
		B品　30袋　@¥460		13,800
	26	広島商店　　　　掛　け		
		A品　1,000袋　@¥578	578,000	
		引取運賃現金払い	3,000	581,000
	31	総仕入高		1,090,000
	〃	仕入返品高		13,800
		純仕入高		1,076,200

(4)

令和○年		摘　要	金　額	手形種類	手形番号	支払人	振出人	振出日		満期日		支払場所	て　ん　末		
													月	日	摘要
1	3	売り上げ	320,000	約手	11	長崎商店	長崎商店	1	3	1	30	北銀行本店	1	30	入　金
	15	売掛金回収	374,000	約手	9	佐賀商店	佐賀商店	1	15	4	15	南銀行本店	1	22	裏書譲渡

(5)

		売 掛 金 元 帳 佐 賀 商 店				1
令和○年		摘　要	借　方	貸　方	借または貸	残　高
1	1	前月繰越	591,000		借	591,000
	15	回　　収		374,000	〃	217,000
	24	売り上げ	249,400		〃	466,400
	31	次月繰越		466,400		
			840,400	840,400		

		買 掛 金 元 帳 広 島 商 店				2
令和○年		摘　要	借　方	貸　方	借または貸	残　高
1	1	前月繰越		471,000	貸	471,000
	17	支 払 い	268,000		〃	203,000
	26	仕 入 れ		578,000	〃	781,000
	31	次月繰越	781,000			
			1,049,000	1,049,000		

解説 各取引を仕訳し，記入が必要な帳簿は次のようになる。

月日	借　方		貸　方		当座預金出納帳	仕入帳	受取手形記入帳	売掛金元帳(佐賀)	買掛金元帳(広島)
1/12	仕　　入	509,000	前 払 金	200,000		○			
			買 掛 金	309,000					
13	買 掛 金	13,800	仕　　入	13,800		○			
15	受 取 手 形	374,000	売掛金(佐賀)	374,000			○	○	
17	買掛金(広島)	268,000	当 座 預 金	268,000	○				○
22	買 掛 金	412,000	受 取 手 形	374,000	○		○		
			当 座 預 金	38,000					
24	売掛金(佐賀)	249,400	売　　上	249,400				○	
26	仕　　入	581,000	買掛金(広島)	578,000		○			○
			現　　金	3,000					
28	当 座 預 金	415,000	売 掛 金	415,000	○				
30	当 座 預 金	320,000	受 取 手 形	320,000	○		○		

44　決算の問題　　　　　　　　(p.178)

44 1

(1)

	借　　　方		貸　　　方	
①	買 掛 金	180,000	当 座 預 金	180,000

(2)

	借　　　方		貸　　　方		
a	仕　　入	2,460,000	繰 越 商 品	2,460,000	
	繰 越 商 品	2,280,000	仕　　入	2,280,000	
b	貸倒引当金繰入	93,000	貸 倒 引 当 金	93,000	❶
c	減 価 償 却 費	400,000	備品減価償却累計額	400,000	❷
d	有 価 証 券	160,000	有価証券評価益	160,000	❸
e	未 収 利 息	28,000	受 取 利 息	28,000	
f	支 払 家 賃	106,000	未 払 家 賃	106,000	
g	貯 蔵 品	8,000	租 税 公 課	8,000	

(3)

損 益 計 算 書

関東商店　令和○年1月1日から令和○年12月31日まで　（単位：円）

費　用	金　額	収　益	金　額
売 上 原 価	❹ 22,390,000	売 上 高	29,200,000
給　料	3,768,000	受 取 手 数 料	380,000
(貸倒引当金繰入)	❶ 93,000	(受 取 利 息)	28,000
(減価償却費)	❷ 400,000	(有価証券評価益)	❸ 160,000
広 告 料	238,000		
支 払 家 賃	❺ 1,272,000		
保 険 料	288,000		
租 税 公 課	❻ 24,000		
雑　費	82,000		
(当期純利益)	1,213,000		
	29,768,000		29,768,000

(4)

貸借対照表

関東商店　　令和○年/2月3/日　　（単位：円）

資　産	金　額	負債および純資産	金　額
現　　金	981,000	買　掛　金	7,500,000
当座預金	3,446,000	借　入　金	1,300,000
受取手形 (2,400,000)		従業員預り金	310,000
貸倒引当金 (24,000)	2,376,000	(未 払 家 賃)	106,000
売掛金 (9,000,000)		資　本　金	16,000,000
貸倒引当金 (90,000)	8,910,000	(当期純利益)	1,213,000
有価証券 ❼	4,800,000		
商　　品	2,280,000		
(貯 蔵 品)	8,000		
貸 付 金	1,600,000		
(未 収 利 息)	28,000		
備　品 (3,200,000)			
減価償却累計額(1,200,000) ❽	2,000,000		
	26,429,000		26,429,000

解説 ❶(受取手形残高￥2,400,000＋売掛金残高￥9,000,000)
　　×0.01－￥21,000＝￥93,000
　❷(￥3,200,000－￥0)÷8年＝￥400,000
　❸(￥60,000×80株)－￥4,640,000＝￥160,000
　❹￥22,210,000＋決算整理事項a.￥2,460,000
　　－決算整理事項a.￥2,280,000＝￥22,390,000
　❺支払家賃￥1,166,000＋決算整理事項f.￥106,000
　　＝￥1,272,000
　❻租税公課￥32,000－決算整理事項g.￥8,000
　　＝￥24,000
　❼有価証券￥4,640,000＋決算整理事項d.￥160,000
　　＝￥4,800,000
　❽備品減価償却累計額￥800,000＋決算整理事項c.
　　￥400,000＝￥1,200,000

44 2

(1)

	借　　方		貸　　方	
①	当座預金	300,000	受取手形	300,000

(2)

	借　　方		貸　　方		
a	仕　　入	3,460,000	繰越商品	3,460,000	
	繰越商品	3,200,000	仕　　入	3,200,000	
b	貸倒引当金繰入	65,000	貸倒引当金	65,000	❶
c	減価償却費	440,000	備品減価償却累計額	440,000	❷
d	有価証券評価損	212,000	有価証券	212,000	❸
e	貯 蔵 品	40,000	通 信 費	40,000	
f	前払保険料	63,000	保 険 料	63,000	❹
g	支払利息	24,000	未払利息	24,000	

(3)

損 益 計 算 書

信越商店　令和○年/月/日から令和○年/2月3/日まで（単位：円）

費　用	金　　額	収　益	金　　額
売 上 原 価 ❺	35,720,000	売　上　高	41,875,500
給　　料	3,680,000	受取手数料	54,600
(貸倒引当金繰入) ❶	65,000	(有価証券売却益)	85,500
(減価償却費) ❷	440,000		
通 信 費 ❻	81,600		
保 険 料 ❼	249,000		
租 税 公 課	39,500		
支 払 家 賃	564,000		
雑　　費	62,500		
支 払 利 息 ❽	72,000		
有価証券(評価損) ❸	212,000		
(当期純利益)	830,000		
	42,015,600		42,015,600

(4)

貸 借 対 照 表

信越商店　　令和○年/2月3/日　　（単位：円）

資　産	金　額	負債および純資産	金　額
現　金	2,621,500	買　掛　金	4,135,000
当座預金	5,582,000	借　入　金	3,800,000
受取手形 (3,500,000)		所得税預り金	171,500
貸倒引当金 (35,000)	3,465,000	(未 払 利 息)	24,000
売掛金 (5,400,000)		資　本　金	16,545,000
貸倒引当金 (54,000)	5,346,000	(当期純利益)	830,000
有価証券 ❾	2,548,000		
商　品	3,200,000		
(貯 蔵 品)	40,000		
(前払保険料) ❹	63,000		
備　品 (4,400,000)			
減価償却累計額(1,760,000) ❿	2,640,000		
	25,505,500		25,505,500

解説 ❶(受取手形残高￥3,800,000－付記事項①
　　￥300,000＋売掛金残高￥5,400,000)×0.01
　　－￥24,000＝￥65,000
　❷(￥4,400,000－￥0)÷10年＝￥440,000
　❸￥2,760,000－￥6,370×400株＝￥212,000
　❹￥252,000×$\dfrac{3か月}{12か月}$＝￥63,000
　❺仕入￥35,460,000＋決算整理事項a.￥3,460,000
　　－決算整理事項a.￥3,200,000＝￥35,720,000
　❻通信費￥121,600－決算整理事項e.￥40,000
　　＝￥81,600
　❼保険料￥312,000－決算整理事項f.￥63,000
　　＝￥249,000
　❽支払利息￥48,000＋決算整理事項g.￥24,000
　　＝￥72,000
　❾有価証券￥2,760,000－決算整理事項d.￥212,000
　　＝￥2,548,000
　❿備品減価償却累計額￥1,320,000＋決算整理事項
　　c.￥440,000＝￥1,760,000

44 3

精 算 表

令和○年/2月3/日

勘定科目	残高試算表 借方	残高試算表 貸方	整理記入 借方	整理記入 貸方	損益計算書 借方	損益計算書 貸方	貸借対照表 借方	貸借対照表 貸方
現 金	380,000						380,000	
当 座 預 金	2,567,000						2,567,000	
受 取 手 形	1,250,000						1,250,000	
売 掛 金	2,250,000						2,250,000	
貸 倒 引 当 金		4,000		31,000				35,000
有 価 証 券	1,215,000		❸ 90,000				1,305,000	
繰 越 商 品	430,000		578,000	430,000			578,000	
備 品	1,680,000						1,680,000	
備品減価償却累計額		1,050,000		210,000				1,260,000
土 地	1,720,000						1,720,000	
支 払 手 形		653,000						653,000
買 掛 金		2,135,000						2,135,000
借 入 金		1,100,000						1,100,000
資 本 金		6,208,000						6,208,000
売 上		20,511,000				20,511,000		
受 取 手 数 料		53,000				53,000		
受 取 地 代		104,000	8,000			96,000		
仕 入	15,372,000		430,000	578,000	15,224,000			
給 料	3,576,000				3,576,000			
支 払 家 賃	1,020,000				1,020,000			
保 険 料	220,000			❹ 56,000	164,000			
租 税 公 課	91,000			18,000	73,000			
雑 費	38,000				38,000			
支 払 利 息	9,000		3,000		12,000			
	31,818,000	31,818,000						
貸倒引当金繰入			❶ 31,000		31,000			
減 価 償 却 費			❷ 210,000		210,000			
有価証券評価(益)				❸ 90,000		90,000		
貯 蔵 品			18,000				18,000	
前 払 保 険 料			❹ 56,000				56,000	
(未 払)利 息				3,000				3,000
(前 受)地 代				8,000				8,000
(当期純利益)					402,000			402,000
			1,424,000	1,424,000	20,750,000	20,750,000	11,804,000	11,804,000

解説 〈決算整理事項〉

a.（借）仕 入 430,000 （貸）繰越商品 430,000
　　　繰越商品 578,000 　　仕 入 578,000
b.（借）貸倒引当金繰入 31,000 （貸）貸倒引当金 31,000 ❶
c.（借）減価償却費 210,000 （貸）備品減価償却累計額 210,000 ❷
d.（借）有価証券 90,000 （貸）有価証券評価益 90,000 ❸
e.（借）貯蔵品 18,000 （貸）租税公課 18,000
f.（借）前払保険料 56,000 （貸）保険料 56,000 ❹
g.（借）支払利息 3,000 （貸）未払利息 3,000
h.（借）受取地代 8,000 （貸）前受地代 8,000

❶（受取手形¥1,250,000＋売掛金¥2,250,000）
　×0.01 - ¥4,000 = ¥31,000
❷（¥1,680,000 - ¥0）÷8年 = ¥210,000
❸（¥2,900×450株）- ¥1,215,000 = ¥90,000
❹ $¥168,000×\dfrac{4か月}{12か月} = ¥56,000$

(1)

	借　　　　　方		貸　　　　　方	
①	仮 受 金	250,000	売 掛 金	250,000

(2)

	借　　　方		貸　　　方		
a	仕　　　入	857,000	繰 越 商 品	857,000	
	繰 越 商 品	921,000	仕　　　入	921,000	
b	貸倒引当金繰入	26,000	貸 倒 引 当 金	26,000	❷
c	減 価 償 却 費	256,000	備 品 減 価償却累計額	256,000	❸
d	有 価 証 券	62,000	有価証券評価益	62,000	❹
e	貯 蔵 品	21,500	通 信 費	21,500	
f	前 払 保 険 料	35,000	保 険 料	35,000	❼
g	未 収 利 息	8,000	受 取 利 息	8,000	
h	支 払 家 賃	59,000	未 払 家 賃	59,000	
i	当 座 預 金	150,000	当 座 借 越	150,000	

(3)

損 益 計 算 書

近畿商店 令和○年/月/日から令和○年/2月3/日まで （単位：円）

費　　用	金　　額	収　　益	金　　額
売 上 原 価 ❶	11,741,000	売 上 高	16,151,000
給 料	2,328,000	受 取 手 数 料	93,000
（貸倒引当金繰入）❷	26,000	受 取 利 息 ❾	32,000
（減 価 償 却 費）❸	256,000	（有価証券評価益）❹	62,000
広 告 料	115,000		
支 払 家 賃 ❿	708,000		
保 険 料 ❽	209,000		
通 信 費 ❻	57,800		
雑 費	37,000		
（当 期 純 利 益）	860,200		
	16,338,000		16,338,000

(4)

貸 借 対 照 表

近畿商店　　令和○年/2月3/日　　（単位：円）

資　　　産	金　　額	負債および純資産	金　　額
現 金	2,095,700	支 払 手 形	865,000
受取手形 (1,800,000)		買 掛 金	1,154,000
貸倒引当金 (18,000)	1,782,000	（当 座 借 越）	150,000
売 掛 金 (1,400,000)		従業員預り金	146,000
貸倒引当金 (14,000)	1,386,000	（未 払 家 賃）	59,000
有 価 証 券 ❺	1,302,000	資 本 金	6,841,000
商 品	921,000	（当期純利益）	860,200
（貯 蔵 品）	21,500		
貸 付 金	1,500,000		
（前払保険料）❼	35,000		
（未 収 利 息）	8,000		
備 品 (2,500,000)			
減価償却累計額 (1,476,000)	1,024,000		
⓫	10,075,200		10,075,200

解説 ❶元帳残高の仕入¥11,805,000
　＋決算整理事項a.¥857,000
　－決算整理事項a.¥921,000＝¥11,741,000

❷（受取手形残高¥1,800,000＋売掛金残高
　¥1,650,000－付記事項①¥250,000）×0.01
　－¥6,000＝¥26,000

❸（¥2,500,000－¥1,220,000）×0.2＝¥256,000

❹（¥6,510×200株）－¥1,240,000＝¥62,000

❺有価証券残高¥1,240,000＋決算整理事項d.
　¥62,000＝¥1,302,000

❻通信費残高¥79,300－決算整理事項e.¥21,500
　＝¥57,800

❼$¥210,000 \times \dfrac{2か月}{12か月} = ¥35,000$

❽保険料残高¥244,000－決算整理事項f.¥35,000
　＝¥209,000

❾受取利息残高¥24,000＋決算整理事項g.¥8,000
　＝¥32,000

❿支払家賃残高¥649,000＋決算整理事項h.¥59,000
　＝¥708,000

⓫備品減価償却累計額残高¥1,220,000
　＋決算整理事項c.¥256,000＝¥1,476,000

精 算 表

令和○年12月31日

勘定科目	残高試算表 借方	残高試算表 貸方	整理記入 借方	整理記入 貸方	損益計算書 借方	損益計算書 貸方	貸借対照表 借方	貸借対照表 貸方
現 金	418,700						418,700	
当 座 預 金	1,881,000						1,881,000	
受 取 手 形	900,000						900,000	
売 掛 金	1,300,000						1,300,000	
貸 倒 引 当 金		5,000		17,000				22,000
有 価 証 券	714,000		❸ 54,000				768,000	
繰 越 商 品	846,000		795,000	846,000			795,000	
備 品	1,536,000						1,536,000	
備品減価償却累計額		672,000		216,000				888,000
土 地	1,218,000						1,218,000	
支 払 手 形		300,000						300,000
買 掛 金		728,000						728,000
借 入 金		610,000						610,000
従業員預り金		230,000						230,000
資 本 金		5,576,000						5,576,000
売 上		18,067,000				18,067,000		
受 取 手 数 料		89,500				89,500		
受 取 地 代		72,000	27,000			45,000		
仕 入	13,176,000		846,000	795,000	13,227,000			
給 料	2,940,000				2,940,000			
通 信 費	112,000			34,500	77,500			
保 険 料	448,000			❹ 184,000	264,000			
租 税 公 課	60,400				60,400			
支 払 家 賃	748,000		68,000		816,000			
雑 費	32,900				32,900			
支 払 利 息	18,500				18,500			
	26,349,500	26,349,500						
貸倒引当金繰入			❶ 17,000		17,000			
減 価 償 却 費			❷ 216,000		216,000			
有価証券評価(益)				❸ 54,000		54,000		
貯 蔵 品			34,500				34,500	
前 払 保 険 料			❹ 184,000				184,000	
（未 払）家 賃				68,000				68,000
（前 受）地 代				27,000				27,000
（当 期 純 利 益）					586,200			586,200
			2,241,500	2,241,500	18,255,500	18,255,500	9,035,200	9,035,200

解説 〈決算整理事項〉

a. (借)仕　　入　846,000　(貸)繰越商品　846,000
　　　繰越商品　795,000　　　仕　　入　795,000
b. (借)貸倒引当金繰入　17,000　(貸)貸倒引当金　17,000 ❶
c. (借)減価償却費　216,000　(貸)備品減価償却累計額　216,000 ❷
d. (借)有価証券　54,000　(貸)有価証券評価益　54,000 ❸
e. (借)貯蔵品　34,500　(貸)通信費　34,500
f. (借)前払保険料　184,000　(貸)保険料　184,000 ❹
g. (借)支払家賃　68,000　(貸)未払家賃　68,000
h. (借)受取地代　27,000　(貸)前受地代　27,000

❶（受取手形¥900,000＋売掛金¥1,300,000）×0.01
　　－¥5,000＝¥17,000
❷（備品¥1,536,000－減価償却累計額¥672,000）
　　×0.25＝¥216,000
❸（¥640×1,200株）－¥714,000＝¥54,000
❹ $¥276,000 × \dfrac{8か月}{12か月} = ¥184,000$